ポスト・ローマ期フランク史の研究

ポスト・ローマ期フランク史の研究

佐藤彰一 著

岩波書店

目　次

目　次

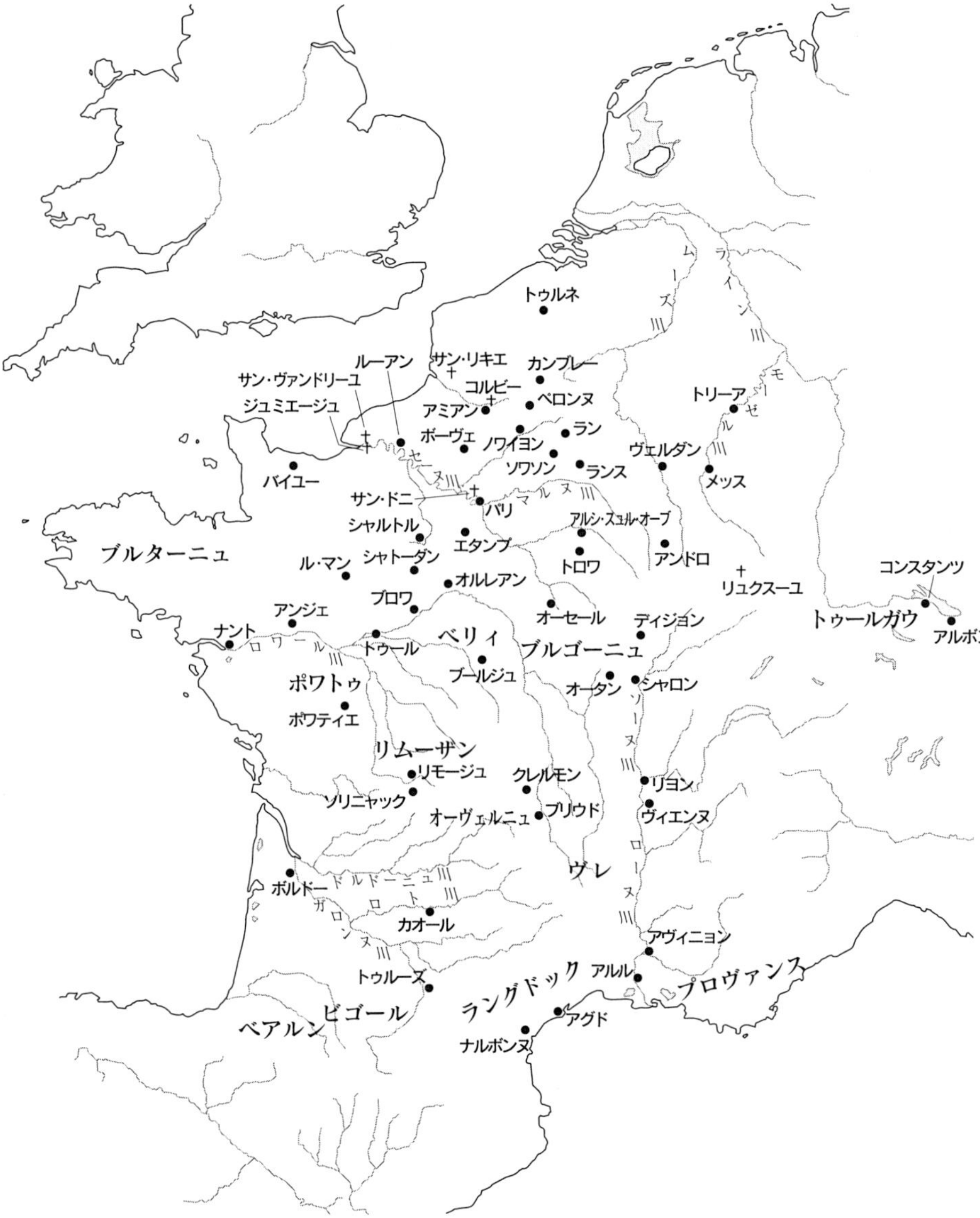

ポスト・ローマ期フランク王国の関連地名図

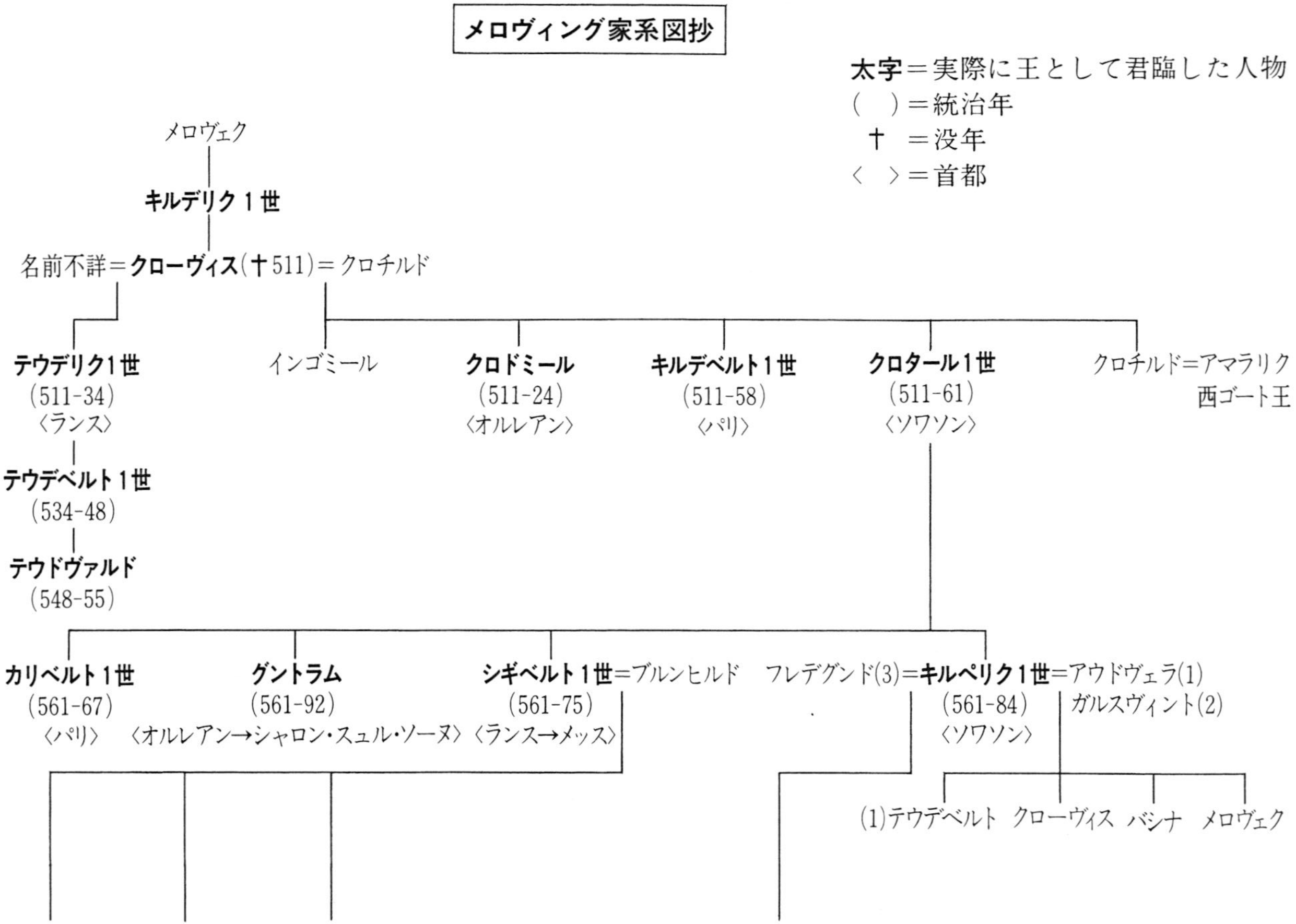

メロヴィング家系図抄
太字＝実際に王として君臨した人物
(　)＝統治年
十＝没年
〈　〉＝首都
メロヴェク
キルデリク1世
名前不詳＝クローヴィス(十511)＝クロチルド
テウデリク1世 (511-34) 〈ランス〉
テウデベルト1世 (534-48)
テウドヴァルド (548-55)
インゴミール
クロドミール (511-24) 〈オルレアン〉
キルデベルト1世 (511-58) 〈パリ〉
クロタール1世 (511-61) 〈ソワソン〉
クロチルド＝アマラリク
西ゴート王
カリベルト1世 (561-67) 〈パリ〉
グントラム (561-92) 〈オルレアン→シャロン・スュル・ソーヌ〉
シギベルト1世＝ブルンヒルド (561-75) 〈ランス→メッス〉
フレデグンド(3)＝キルペリク1世＝アウドヴェラ(1)
(561-84) 〈ソワソン〉
ガルスヴィント(2)
(1)テウデベルト
クローヴィス
バシナ
メロヴェク

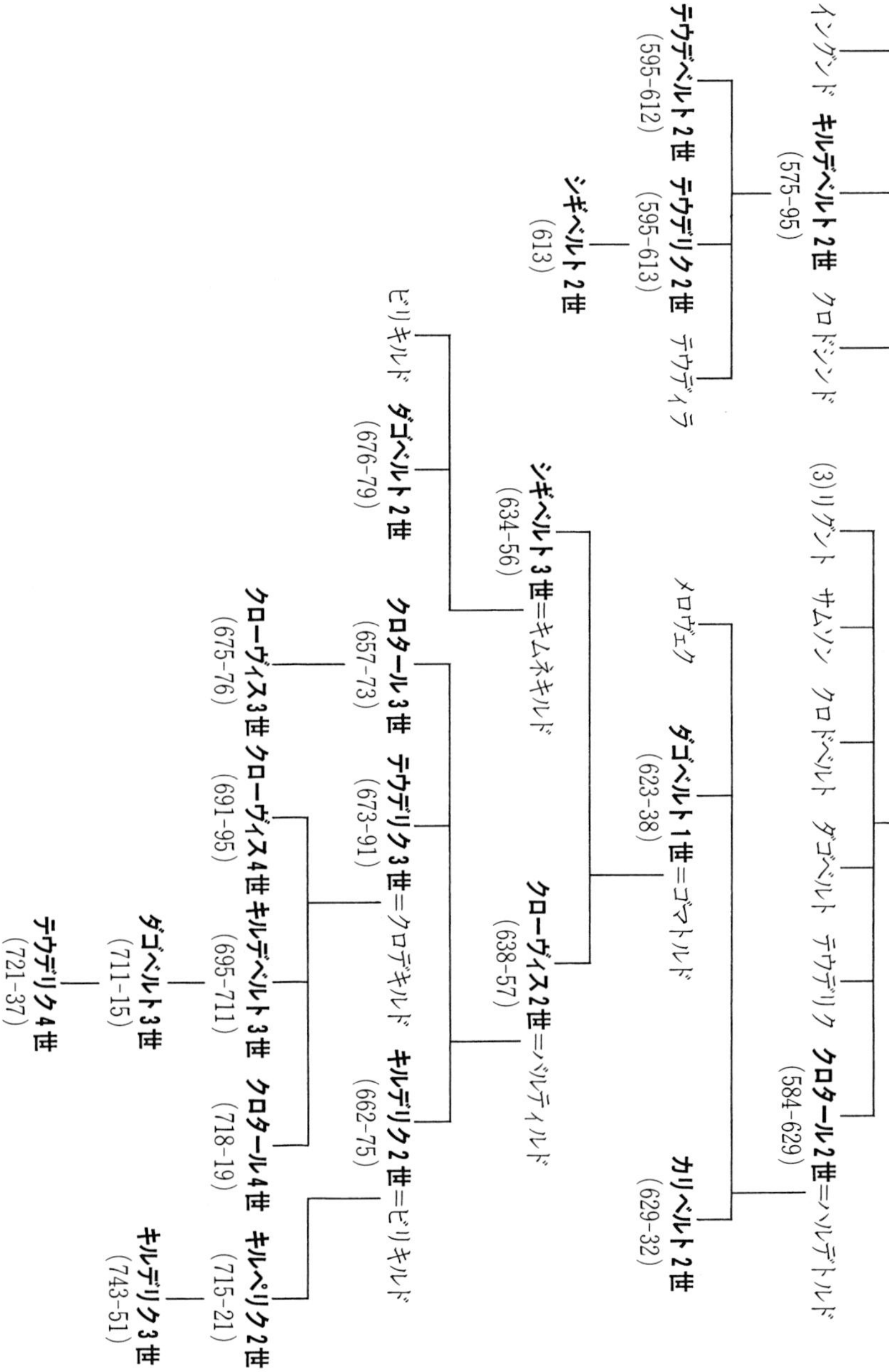
イングンド
キルデベルト2世
(575-95)
クロドシンド
(3)リグント
サムソン
クロドベルト
ダゴベルト
テウデリク
クロタール2世＝ハルデトルド
(584-629)
テウデベルト2世
(595-612)
テウデリク2世
(595-613)
テウディラ
メロヴェク
ダゴベルト1世＝ゴマトルド
(623-38)
カリベルト2世
(629-32)
シギベルト2世
(613)
シギベルト3世＝キムネキルド
(634-56)
クローヴィス2世＝バルティルド
(638-57)
ビリキルド
ダゴベルト2世
(676-79)
クロタール3世
(657-73)
テウデリク3世＝クロデキルド
(673-91)
キルデリク2世＝ビリキルド
(662-75)
クローヴィス3世
(675-76)
クローヴィス4世
(691-95)
キルデベルト3世
(695-711)
クロタール4世
(718-19)
キルペリク2世
(715-21)
ダゴベルト3世
(711-15)
キルデリク3世
(743-51)
テウデリク4世
(721-37)

序章　ポスト・ローマ世界の系譜

本書に収められた九篇はすべて、ポスト・ローマ世界の秩序はどのようであったかという中心主題をめぐっての考察である。ポスト・ローマ世界とは「ローマ以後」の世界という意味であるが、具体的には四七六年のラヴェンナで勃発した、傭兵隊長オドアケルによる西ローマ皇帝ロムルス・アウグストルスの追放という出来事を始まりとする世界である。通例の時代区分法ではこの事件は古代の終焉を画するものであり、中世はその直後から開始するのであるから、素直に中世、あるいは中世初期と呼べばよいのであって、ことさらに「ポスト・ローマ」という耳慣れない時代名称を言いたてる意味はどこにあるのか訝しく思われるむきもあろう。まずこのことについて、いささかの解説が必要である。

歴史という時間の流れを時間軸に沿って分類する時代区分が、それ自体の効用を持つことは論をまたない。人間の生の営みの発露である多様な事象を時間的な経過に沿ってくくり、それぞれの纏まりをある特定の刻印のもとに特徴づけるのは、その展開の様相を頭の中で思い描くうえで便利な道具立てと言えよう。人間活動のどの側面を重視するかにより時代区分の仕方は異なるが、歴史学の分野で長く伝統的に採用されてきた区分法は、古代、中世、近代の三区分法であった。最近では、「近代」からより近い近代として「現代」を取り出し、これを独立の区分として設定する考え方が定着し、また近代の初期を「近世」として範疇化しようとの試みも目立ち、古典的な三分割法が過去のものとなりつつあるのは周知のとおりである。けれども私が言いたいのはそのことではない。これら三区分、あるいはそれが四区分になったにせよ、五区分になったにせよ、それらは所詮かりそめの目安でしかない。これら時代区分の枠組を作業仮説として、あるいは背景として個別の問題を考え、その結果を当該時代区分の修正、あるいは変更として、再び研究に投げ返すそのような対象であることを強調しなければならない。

ロムルス・アウグストルスの廃位とその後の西ローマ皇帝の不在は、西帝国の事実上の消滅を意味しており、これを古代の終わりとして意味づけるのを、誤りとするわけにはいかないであろう。事実一九世紀ドイツの古代史家たちは、この事件の世界史的意義を重視したのであった。政治的な大事件を重視する史観をもってすれば、そうした認識も当然と言える。だが社会の変化という一般的な視点から見たとき、西暦四七六年を境に何が変わったのであろうか。皇帝という法的資格をもつ人間が西ローマ世界から姿を消したという事実のほか、現実にはこの異変の前と後で社会にほとんど変化はなかったように見えるからである。皇帝が南イタリアに追放された後の社会の特徴は、すでに一世紀半も前からそのようであったのだ。人々の社会的営みという真に意味ある指標を手がかりに時代を区分するならば、伝統的な古代社会は四世紀の初めにすでに終焉を迎えていたのであり、その後西欧古代は新しい段階に踏み込んでいるのである。(1)

かりに四世紀初頭にローマ社会に根底的な変化がもたらされたとし、その原因を探ろうとしたとき、最初に念頭に浮かぶのはコンスタンティヌス帝(在位三〇六―三三七年)によるキリスト教公認という事態である。実際ローマ史研究の分野では、これ以前の時代を「古典古代」、それ以後を「キリスト教古代」というように歴史の流れを分類する考えも見られる。(2) 四世紀以降の変化は、キリスト教の承認、ついでその国教化という事態の展開につよく結びつけられているのは確かであるが、それだけではない。あるいは宗教的変化と連動する分野に限られた現象ではない。実はそれより遥かに広範かつ深甚な意味をもった転換であった。

ローマ帝国におけるこうしたほぼ全面的な構造転換の兆候に着目して、これを「後期古代 Late Antiquity」として概念化し、豊かな意味づけをしたのはピーター・ブラウンであった。ブラウンにとって後期古代の開始は紀元二〇〇年頃であるが、それは彼が東ローマ世界をも含めて論じているからである。周知のように東地中海世界では、後期古代的な諸現象の胎動は西方よりもより早期に萌したのであった。大事なことは、後期古代という時代範疇を、古代が没落にむかって歩んだ隘路、出口のない袋小路にむかう歴史としてではなく、四七六年を遥かに越えて、おおよそ七世紀まで伸びる道程、古典古代とは異なる思考様式、芸術表現の形式、感性、社会規範、心性、文化形態を具えた独立の数世紀とみなしたことであった[3]。

三世紀からの変化に積極的な意味を見て取り、これを「後期古代」と称したのはブラウンが最初ではない。二〇世紀の最初の年にウィーン派の美術史家アロイス・リーグルは、美術表現の様式において古典期とは異なる規範を感じとり、これに「後期古代」の名を冠していた。けれどもその認識は美術様式の次元を越えるものではなかった[4]。

古代から中世への転換をめぐっては、ベルギーの経済史家アンリ・ピレンヌが遺稿『マホメットとシャルルマーニュ』において体系的に描きだしてみせた、あの史学史上まことに有名なイスラームの地中海制覇、すなわち七世紀を画期とする理論を忘れてはならないであろう[5]。後期古代と呼ばれる時代の終期が奇しくもおなじ七世紀であることで、あたかもピレンヌの所説が別の面から確証されたかのごとく見るむきがあるかも知れない。けれどもそうではない。ピレンヌ説の核心は、七世紀のイスラーム教徒による地中海制海権の掌握が、古代世界を成り立たせていた地中海という舞台を西欧人から奪い、彼らの活動の主軸をアルプス以北に移さざるをえなくさせたことにより、古代世界の息の根を止めたとするところにあった。けれどもその後なされた歴史学や考古学の夥しい研究は、少なくともピレンヌが主張するような広がりと徹底さをともなった地中海交易の停止はなかった事実を明らかにしている(6)。なによりも中世史家ピレンヌには、古代世界内部の構造変化について認識が稀薄であり、あたかも古典古代的世界がイスラームの膨張まで静穏に推移しているかのごとき、その素朴な観照が印象的である。

後期古代論についての認識の深化は、現段階で見るならば四世紀から七世紀をその時代幅とするところに諸家の見解を収斂せしめているといえる。ここで確認しておかなければならないのは、私が冒頭に挙げた「ポスト・ローマ」の概念が、「後期古代」と完全に重なる概念ではないということである。それはいわば「後期古代」を上位の包括的概念として、その下に位置づけられる部分概念である。それは四七六年の西帝国の政治的終焉から七世紀までを覆う区分として想定されており、「後期古代」概念の君臨によって忘却されかねない歴史の政治的次元を救うため、あるいはそれにしかるべき正当な位置を与えるための下位の時代概念と考えられている。西ローマ皇帝政権の不在という事実をまったく考慮することなしに、後期古代社会の事象と構造を取りあつかうのは、西暦四七六年を過度に重視したかつての事件史的歴史認識にもまして非歴史的な姿勢であると言うべきであろう。問題なのは、その歴史的意義を様々の連関のなかで正確に評価することなのである。このような立場からすれば、仮説的な時代枠としての「ポスト・ローマ」という概念の使用が、然るべき根拠をもつことを容易に理解してもらえるであろう。

ポスト・ローマ期の最大の問題は、西ローマ帝国の領土へのゲルマン諸民族の国家建設である。四〇六年ヴァンダル、アラン、スエヴィなどの部族連合が大挙してライン川を渡り、ゲルマン人のローマ領内への定着と建国の本格的な動きが始まった。四一八年西ゴート人がトゥルーズを首都とする王国を興し、四三九年ヴァンダル人が北アフリカのカルタゴに、四四三年ブルグンド人がジュネーヴにそれぞれ建国し、四九三年に東ゴート王国がラヴェンナを首都に成立する。ほとんど移動らしき移動を経験せずライン川河口地帯からわずかに西に動いたフランク人は、四八六年

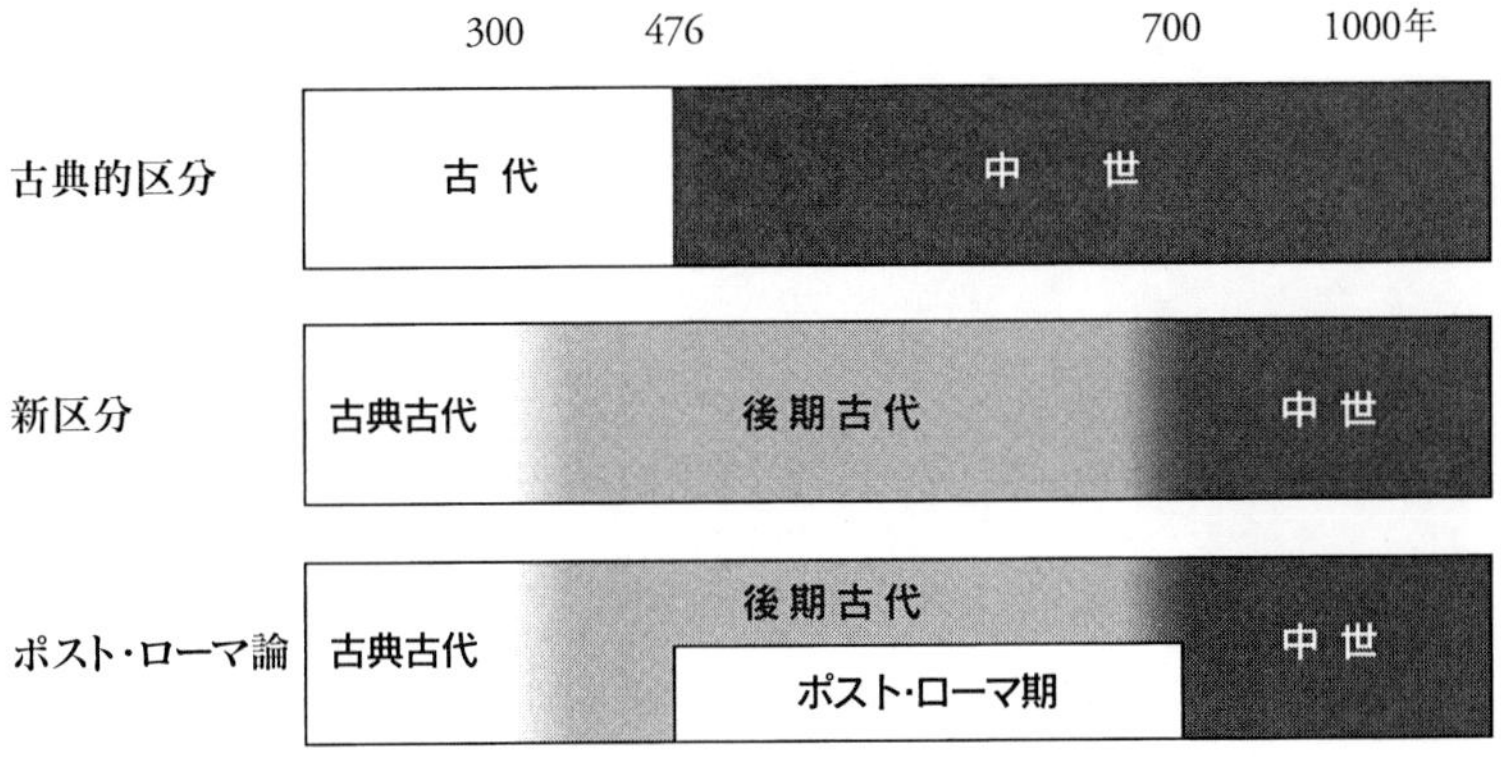

時代区分論模式図

にソワソンに建国した。

ゲルマン人の動向をこのように事件史的に並べてみると、確かに五世紀は過去との大いなる断絶の時代のように見える。なによりも、それまでローマ世界と関わることがあったにしても、例外的な事例を別にすればどう見ても周縁的でしかなかったゲルマン人が、かつての帝国の領土のここかしこで覇権を掌握し、ローマ人民をも支配したのである。後の時代から回顧的まなざしをこの時代にそそぐならば、やがてその一員であった人々がヨーロッパの歴史の担い手として成長してくる経過を知っているだけに、なおのこと「ヨーロッパ文明世界へ新たに登場した人間集団」と、彼らの文化に決定的な重要性を与えたくなるのも無理からぬところである。

けれども、これらのゲルマン人国家のなかで一世紀を越えて命脈を保ったのはフランクと西ゴートのそれだけである。北アフリカのヴァンダル王国と東ゴート王国は、東ローマ帝国のユスティニアヌス大帝（在位五二七―五六五年）のもとでの国土回復政策により、前者は五三三年にははやばやと屈伏し、また後者は五五二年に長期の激しい戦いの果てに敗北し、歴史の表舞台から退いた。ブルグンド王国は五三四年にフランクの軍門に下り、その支配に併合された。これら三民族は、いずれも永続的な存在たりえなかった。西ゴート人とフランク人という、ヨーロッパ大陸の最も西に地歩を占めた二つのゲルマン集団のみが生き延びた。これはおそらく偶然ではない。二つの王国の地政学的条件、すなわち東ローマ帝国からの距離の遠さが大きく働いたにちがいない。帝国は、イタリアの東ゴート人を屠った後で西ゴート王国にも征服の軍隊を送り込み、南スペインを一時期占領した。イタリア戦役の負担と、東の大国ホスロー一世が統《す》べるササン朝ペルシアの絶えざる圧力が、ユスティニアヌス帝とその幕僚をして、本格的なスペイン奪回に踏み切らせるのを躊躇させたのであった。(7) フランクにたいしても、帝国は手を拱《こまね》いていたわけではなく、ガリアへの遠征軍の派遣というあからさまな軍事行動を取りはしなかったものの、外交的瀬踏みや、グンドウァルドゥスという王位僭称者を送り込み内乱を誘発させる策略などに、その領土的野心が表われていることは、橋本龍幸の労作によりかなり明らかになっている。(8) 場合によっては旧西ローマの国土全体が、コンスタンティノープルの手により完全回復された可能性が大いにありえたのである。それを実現させなかったのが、なんら構造的な要因ではなく、空間的懸隔となによりも東帝国の絶えざる脅威であったササン朝ペルシアの存在という偶然的要因であったところから、西方でのゲルマン人支配の存続には、大きな歴史的必然性があったとは言えないのである。

だが現実には、西ゴート王国はやがて南スペインから東ローマ＝ビザンツ勢力を駆逐し、イスラーム教徒の侵入によって七一一年に滅ぼされるまでイベリア半島を支配し、フランク王国は、王朝の変動を経験しながらも中世ヨーロッパの母胎となるべき発展を成し遂げたのは周知の事実である。この二つの王国の命運を分けた差異は、西ゴートがアフリカにあまりに近かったという、きわめて単純な事実に存していると思われる。スペインに在ったのが西ゴートではなく、フランクであったとしたならば、打ち倒されたのはフランク人であったに違いなかったからである。

建国の時点において、フランク王国は社会・経済構造、支配統治機構、文化状況などあらゆる点で、西ゴート王国にもまして後期古代的色彩が濃厚であった。ポスト・ローマ期のフランク社会を論ずるとき、踏まえておかなければならないのはこの事実である。この点を強調することの妥当性は、フランク人の歴史そのものに内在している。ゲルマン諸部族のなかで、フランク人は最も移動をすることをしなかった民である。そもそもライン川中・下流地帯に住んでいたいくつかの部族が連合して形成された政治同盟という性格を色濃くもった集団であったフランク人は、四世紀後半にガリアで皇帝に推戴され、後に「背教者」の烙印を押されることになるユリアヌス帝(在位三六一—三六三年)に仕え、ローマ政界に深く関わった。この部族の王家出身と目されるメロバウドゥスは、二度にわたり西ローマの執政官(コンスル)に選ばれたが、これは皇帝家以外の者では極めて異例なことであった。おなじくユリアヌスに仕えたテウトメールと息子のリキメールもフランク人であり、二人ともローマの雄弁家で名高いリバニオスの友人であった。テウトメールのもう一人の息子バウトは、三八五年に西ローマ帝国の執政官に就任し、かれの娘はコンスタンティノープル宮廷で教育をうけ、後に東ローマ皇帝アルカディウスの妃となり、テオドシウス二世の母となった女性である。(9)

このように四世紀のフランク人は、その指導層に属する幾人かの経歴からも容易に窺われるように、東西ローマの政治世界で然るべき位置を占め、ラテン文明、いやギリシア文明の洗礼さえ浴びた、そのような人々であったのだ。そうであればこそ、四五九年にクローヴィスの父キルデリクがその不行跡のゆえに一時部族王の地位から逐われたとき、フランク人が自らの王として戴いたのが、ガリアを統治したローマの軍司令官であったアエギディウスであった事実が、さほど無理なく納得されるのである。また一六五三年にベルギーの古都トゥルネで偶然に発見されたキルデリクの墓と遺体の埋葬の様子から、彼がフランクの支配者の地位に復帰したのち、北西ガリアのローマ軍の一支隊として活動するフランク人をローマ風の軍服に身を包んで指揮したことや、息子クローヴィスが五〇七年にヴイエの戦闘で西ゴートに勝利してトゥールに凱旋した折、東ローマ皇帝アナスタシオスから彼を西ローマの執政官職に任命する旨の書状が届いたのも、いずれもこの時期までのフランク人がローマ世界の秩序にどれほど融和していたか、かつローマ人によってもそのように見なされていたかを雄弁に物語っている。

それゆえ、ことフランク人に関するかぎり、彼らのガリア属州内部への定着と勢力拡張は、少なくとも当初はローマ文明へのゲルマン的秩序の進出ではなかったのである。[10] リュシアン・ミュッセは、東ゴート王テオドリックがカシオドルスと交わした書簡や、彼がスカンジナヴィアに住むゲルマン人にまで軍事力の援助の代償として多額の給金を惜しげもなく支払っている事実によく表われているように、この大王がライン川の東に留まっていたゲルマン勢力との強い連帯意識をもっていたと見ている。対照的にフランク人においては、クローヴィスもその子孫たちも他のゲルマン諸族との連帯感覚を欠いていたという。東ゴートのテオドリック大王の思想ではなく、フランクが勝利したことがゲルマン人の歴史にとって不運であった。[11] 七世紀末葉の中ピピンの時代になってようやく、ライン川以東の塞外ゲルマン人への関心と働きかけ、なかでも彼らのキリスト教化が現実の課題として取り組まれるようになり、そうした交流の中からライン彼岸からのフランク王国核心地帯への持続的な人の流れが生まれた。私見では七世紀前半からこうした動きが兆していて、後期メロヴィング王朝の最有力門閥として君臨し、カロリング王朝誕生の母体となったピピン一門(ピピニーデン)はこれを決定的に加速したのであった。

ポスト・ローマ期とわれわれが名づける時代が、いかに「ローマ帝国」の観念に呪縛されていたかを示すのは、教会の伝道理念の裡に如実に表われている。帝国の継承者としての「教会」を統べる歴代教皇の布教理念は、何よりも「Orbis Terrarum Romanus」、すなわち旧ローマ帝国版図内に住む人々の教化であり、帝国の境界の外に住む人々は考慮の外にあったという事実であろう。帝国という枠組は依然として生きた現実であったのである。この呪縛を払拭したのが、修道士出身の最初の教皇グレゴリウス一世(在位五九〇—六〇四年)であった。彼は『マタイによる福音書』にあるすべての民族への布教という考えに支えられ、ローマ帝国の境界を越えて伝道活動を拡大しようとした。これが世界伝道の理念の誕生である。いちはやくグレゴリウスが関心を向けたのがアングロ・サクソン・イングランドであり、やがて八世紀に、ここから大陸の塞外ゲルマン人への布教の大きな流れが発するのは周知のことである[12]。伝道理念の変化はひとつの例でしかないが、このようにして「帝国」観念の破砕が七世紀に静かに展開していった。いわばローマ帝国は第二の臨終の刻を迎えたのであった。

けれどもメロヴィング王朝期の大方は、まだポスト・ローマ的秩序の支配下にあった。一例として法秩序を定めた法典を挙げよう。ゲルマン国家において、法適用の原理は属人法主義であったとするのが通説的な考えである。西ゴート王国でもブルグンド王国でも、征服者であるゲルマン人と被支配者であるローマ人のための二つの法典が存在した事実はこのように解釈されている。フランク人のもとではどうであったか。よく知られているのがフランク人の『サリカ法典 *Lex Salica, Pactus legis Salicae*』である。これはクローヴィスの晩年に編纂された最古の部族法典とされている。フランク人以外の、換言すれば王国の多数派たるガロ・ローマ人に適用されたのは『テオドシウス法典 *Codex Theodosianus*』であった。この法典がカロリング朝期にまで使われ続けたとする見解に異論を唱える研究者はいないであろう[13]。

翻って『サリカ法典』の最古の版である六五章本は、本当にいわゆるゲルマン部族法に属していると考えてよいのであろうか。なぜこの法典はゲルマン語ではなくラテン語で叙され[14]、ルーン文字ではなくラテン・アルファベットで表記されているのか。これは先に挙げた、大陸の他のゲルマン人の部族法にも妥当する疑問である。六世紀末にブリテン島のケント王エセルベルトが布告した『エセルベルト法典 *Lex Aethelberti*』は、紛れもなくアングロ・サクソン語で書かれているのである。最新の研究動向は、西ゴートやブルグンドのそれを含めてラテン語で記録されたいわゆる部族法は、実はゲルマン人の伝統的な法ではなく、属州のローマ法であったとする見方が有力である。なかでもフランスの法制史家ジャン゠ピエール・ポリィの最近の考察は、『サリカ法典』成立の背景とその法的系譜をまったく新しい発想で検討し直し、それが生きたまま捕虜となった「蛮族民」――彼らを形容するラエティ laeti とは「生かされた者たち」の謂である――を辺境地帯に定着させる三世紀以降のローマ帝国の政策との関わりで、これらの民に与えられた法 lex data、ローマ属州法であったとの結論に達したのである。(15) これには部族民が享受してきた以前からの慣習も取り入れられてはいるものの、基本的にはローマ属州権力が定めた法であり、とりわけ有名な贖罪金秩序と称される一連の規定は、古来の慣習には存在しない、ローマ当局により設けられた新規の条項であった。

ポリィの独創は、この法典に付された名高い序文を、これまでの部族法研究者が事実とは無関係な空想的・神話的内容のものとしたのに対して、歴史的事実を物語る叙述と評価し、立法を行ったとされる四名の古老と三つの地名を、それぞれ四世紀中葉に知られている帝国の役人と、ライン川とアルデンヌの森の間に、当時現実に存在したウィラに同定した点にある。こうした議論が正しいとするならば、『サリカ法典』の最古の部分はこれまで想定されているよりも、約一世紀半も古い歴史を有していたことになる。(16) 東ローマの歴史家プロコピウスは一世紀後にライン川下流の、こうした帝国服属のゲルマン人に触れて、「彼らは父祖の法を保持するように、ローマ風の服装で、靴を履いていた」と書いているが、それはトゥルネで発見されたクローヴィスの父キルデリクが、自身の指輪に刻ませた自らの肖像を彷彿とさせるのである。

＊

これまで述べたいくつかの事実に象徴的に示されているように、フランク国家の出発は極めてローマ的な色彩に彩られたそれであり、その諸制度は古ゲルマン的なそれよりも、むしろローマ的な法文化の系譜に位置づけられるべき性格を示している。第一章「後期古代社会における聖人・司教・民衆」は、考察の対象は後期古代としてはいるものの、副題に述べているように、わたくしがポスト・ローマ期の概念で考えている時期における司教権能の権力的性格を提示し、それがいかなる歴史的系譜に立つものであるかの素描を試みた論考である。キリスト教徒の魂の救済を旨とする教会の上長たる司教の揮った力を、「権力」の概念で捉えるのには違和感がつきまとうかも知れないが、四世紀後半から一斉に各地の司教座に進出したのが、帝国ローマのヘゲモニー集団であったセナトール貴族に属する門閥であった事実が、プロソポグラフィカル(人物史的)に明らかにされるにつれて、司教の宗教的権能に寄りそった統括的機能が、紛れもない「権力現象」として理解されるようになってきている。貴族層が具えていた社会経済的性格を、司教像のなかにもち込んだのである。それだけでなく、本来宗教的祭司の働きとは異質な司法機能――司教仲裁権audientia episcopalis――を加えることにより、それは「司教支配体制」と称されるひとつの支配体系と考えなければならないのだという提言は、いまや専門家の間で共通の認識となっている。(17) 問題はこの「司教支配」の体制が典型的に実現された時期をどの時代に想定すべきか、司教座による実現時期の遅速が考えられるとすればその原因は何であり、またその終期はポスト・ローマ期のいつに設定され、そうした変化をもたらした要因は何であったのか、などの個別の論点を解明することである。そうした個別問題のなかでも最大の重要性をもつのは、最上位の世俗権力である王権との「超越権力」間の競合関係を解き明かすという課題であろう。聖と俗とが相互浸透状態にある権力現象を前にして、司教が聖界の至上権力として機能し、王権が世俗の超越権力であったとするような単純な二分法では、もはや満足な解答が得られないのである。司教権力により世俗的超越性のある部分を浸蝕された王権は、司教支配最盛期にいかなる権力として顕現していたかという王権観念を、理念的ではなく現象学的に明らかにする必要がある。つまりポスト・ローマ期に独自の王権観を剔出するのが、司教支配体制論にとって副次的でしかないとしても、それ自体ポスト・ローマ期における総体的支配構造論の枢要な課題なのである。その一端は第四章の主題である軍隊王権をめぐる考察において論じられているが、軍隊統率以外の側面について触れられておらず、十全な王権論とは言いがたい。いずれ稿をあらためて本格的に論ずる必要がある。

第二章「教会登録貧民考」には二つの課題が託されている。ひとつは第一章で素描を試みたポスト・ローマ期の司教権力を、いわば下から支えた民衆イデオロギー的基盤に探索のメスを入れてみることであり、もうひとつは、奇跡的治癒が創りだした特殊な聖人崇敬集団としての顔をもつ「登録貧民 matricularius」と称される人々の存在を通して、この時代の聖性の社会的次元を捉えるという課題である。貧者に救いの手をさし伸べるべしとする徳目は、キリスト教だけでなく世界宗教とされる主要な大宗教に共通した理念であるが、キリスト教会はとりわけ初発から熱心にこの課題を実践していた。これを統括したのが地方教会の長たる司教であった。ローマ帝国の統治下にあっては、貧民をはじめとする社会的救済は国家の事業として実施されていたが、ポスト・ローマ期に入るとこの種の社会的事業は自然に教会に託されることになり、いわば機能の連続性が、司教をして皇帝権力の相続人たらしめる一つの要因となったのである。その際、司教教会の現実の救貧能力の限界によって司教の光暈に翳りが射すのを回避するために、常時教会の給養によって養われる一定数の人々を登録貧民として範疇化し、貧民の象徴としての彼らにたえず働きかける組織として教会を提示することにより、その課題遂行の証人たらしめようとした。

さらにそれらの登録貧民が、第一義的に聖人の墓での奇跡により病いの癒えた者たちが、平癒後も墓廟から離れず、平信徒の崇敬者として聖人とその後継者たる司教の顕揚に日夜勤しむ者たちにより構成されていたという社会的側面が重要である。奇跡的治癒は聖人の「力 virtus」の作用であり、平癒者は聖なる世界と俗世との境界で生きる者たちとして特別な存在と見られた。[18] 登録貧民が漂わせていたこの周縁性が、人々が懐いた彼らへの畏怖の感情の源泉であり、彼らを率いた司教へ人々が懐いた崇敬心を、畏怖の薄布で裏張りするような効果をもったのであった。

こうした司教崇敬の構造は、ガリアにおいては一般に七世紀の中頃に大きな転機に立たされる。時代の宗教心性は後期古代以来の司教支配が体現するような世俗的価値観に強く染められたそれから、聖コルンバヌスの影響のもとに田園に建立された修道院の厳しい贖罪観念の規律へと指向を変えたのであった。これがポスト・ローマ的な全体構造終焉の避けがたい帰結という側面をもっていたのは言うまでもない。後期古代的な都市社会のあり方、都市を主要な場とする社会的結合の衰退が一段と顕わになり、その歴史的本質からして長期的には常に下降の弧を描くしかなかった後期古代的支配の一形態としての司教支配が、その存立の基盤を失うのが七世紀の経過中であった。

英国の考古学者K・R・ダークはブリテン島におけるローマ都市の変容段階を四段階に分類し、第二段階の後期古代都市と第三段階の多核行政センターを、四世紀から七世紀に設定している。[19] 後期古代都市とダークが位置づける指標は、都市における大量生産産業の存在である。それが消滅し、宗教施設と支配者の拠点の存在をメルクマールとするのが多核行政センター段階である。まさしくこの第三段階が、ガリアにおけるポスト・ローマ期の都市の構造といえる。ちなみにイングランドでは、これに続く第四段階は八世紀に開始する中世都市であり、その構造的特徴は古典古代都市に特有の広場、公衆浴場、神殿、記念建造物などの公共施設を欠いているという一点だけである。いずれにしても、ポスト・ローマ期の都市現象はここに終わりを告げ、その構造の一部であった後期古代に胚胎した司教支配もまた終末を迎えたと見るべきである。

聖人伝は量的にはポスト・ローマ期における叙述記録の最も多くを占め、時期によっては唯一の史料類型を構成している。したがってこの時代の社会や政治、時によっては経済まで、この種の文学ジャンルの助けをかりずには、史料に依拠しての研究は不可能である。第三章「メロヴィング朝期聖人伝研究の動向」は、史料に即しての独自の考察というより、一九七〇年代末までの欧米における聖人伝研究の成果をふまえ、フランティシェク・グラウスの議論とフリードリヒ・プリンツのそれとを批判的に検討し、ポスト・ローマ期の叙述史料の大多数を占めるこの聖人伝作品の社会的機能についての二人の異なる見方を紹介している。論点それ自体はまったく同一ではないので、一方の主張が妥当であれば、他方が成り立たないという厳密な二律背反関係にあるわけではない。両者の見解がともに正しいこともありうる。

ただポスト・ローマ期の聖人伝をひとつの文学ジャンルとして分析する鋭さと、議論展開の論理性の点で、また記号論的読解に最も好適と思われるこの種のジャンルへの洞察の点で、グラウスの論考のもつ豊かさは圧倒的と思える。最近アメリカの中世史家P・ギアリが、やはりグラウスのメロヴィング朝期聖人伝研究の卓越した水準を賞讃しているのが想起される。(20) この研究が公刊されてから四〇年近くが経過しているが、未だこれを凌駕する業績は現われてないと言ってよい。

ここで私が取り上げたグラウスとプリンツの論文の目的は、ポスト・ローマ世界における法意識や社会意識を聖人伝に探ること、あわせてこれらの伝記がどのような目的をもって書かれ流布されたかを明らかにすることであった。この時代の観念世界の解明が、二人の歴史家の主要な関心事であったのである。その後のポスト・ローマ期聖人伝研究は、そうした問題関心を受け継ぎながら、いくつかの異なる方向に分岐してゆく。

ひとつは聖人伝のなかに「硬い核」としての歴史的事実を読み取ること、もしくはそのための手法を洗練させようとする試みである。そうした試みとして、フン族の攻撃からパリを奇跡によって救ったとされる聖女ジュヌヴィエーヴの伝記『ゲノヴェファ古伝 *Vita Genovefae auctore vetere*』を、写本系統を吟味しながら探索したM・ハインツェルマンとJ＝Cl・プーランの共著が挙げられる。[21] この伝記の作者は流布しはじめたばかりのスュルピキウス・セウェルス著『マルティヌス伝 *Vita Martini Sulpicii Severi*』や聖書から多くの借用をしているもの[22]の、その記述には歴史的な核が確実に存在していて、充分に歴史史料としての価値をもっていると、著者たちは考えている。ボッビオ修道院のヨナスが著わした『コルンバヌス伝 *Vita Columbani*』の奇跡記述を、歴史的事実の強調機能として位置づけるCh・ロールの考察も、これとおなじ立場に立っている。[23]

聖人伝を歴史的事実探索の場としてではなく、「マンタリテの歴史」の素材と見るべきであるという考えは、グラウスの姿勢と共通するものがあるが、英国のメロヴィング朝史の専門家イアン・ウッドはこの時期の聖人伝における捏造問題を論じた短い論文で、同主旨の主張を展開している。[24] けれども、この論文ではポスト・ローマ期の聖人伝を用いて、その見通しを具体的に展開して見せているわけではない。この点で言えば、グラウスのような方法論的な鋭さを具えて、かつ六〇〇年から七五〇年というポスト・ローマ期の後半から終焉にかけての聖人伝を、聖書の様式史研究の手法を借りながら網羅的に分析して見せたM・ファン・ウィトファンゲの『メロヴィング朝期聖人伝における聖書的様式化と人間の条件』(一九八七年)が、群を抜いた成果として挙げられる。[25] 聖書の様式をかりながらも、それがポスト・ローマ期の現実の生、つまり人間の生きる条件によって様式の典型から逸脱するところに、歴史的現実が見てとれるというのが著者の考えである。彼は当時の人々にとって、聖人伝は譬えて言えばローカルな聖書、当代の聖書のごときものであったと結論づけている。

＊

メロヴィング朝期の国家の性格についての考察は、端的に言ってまだ充分に深められてはいない。われわれはいまやメロヴィング朝期を、「ポスト・ローマ期」という概念で頻繁に置換しているのだから、ポスト・ローマ期の国家の性格と言いなおしてもよいであろう。こうした認識にたいして、たとえばすでに十九世紀にフュステル・ド・クーランジュがあの浩瀚な『フランク王国論』[26]で、おなじ頃ドイツのハインリヒ・ブルンナーが比類ない体系性を具えた『ドイツ法制史』[27]で、共にポスト・ローマ期フランク国家の政治制度や法制度を論じつくしたではないかという反論があるかもしれない。確かに国家の制度装置や法原理について、系統的で委曲を尽くした説明がなされており、基本知識の習得のための教本としては優れている。けれどもそれらの諸制度がどのように作用し、また裁判が具体的にどのような手続きと過程を経て展開し、どの部局や役人がどのように関与し、また役人のような人的スタッフがいかなる社会層から、どのような契機でリクルートされるのか、つまり国家が生きた組織体として機能する諸条件が、ほとんど明らかにされていないのである。国家の性格規定と歴史的位置づけは、これらの条件の解明に大きく依存している。

近年、I・ウッドが、長年の研究成果を結晶させた総合的著作『メロヴィング王国。四五〇—七五一年』(一九九四年)を著わし[28]、随所に前記のような課題に迫る犀利な分析を見せているものの、全体として年代順の論述を基礎にして、それぞれのトピックを配置する伝統的論述形式に終始している。おなじころゲルマン後継諸国家すべてを対象にして、国王権力や宮廷のあり方、その他の制度などについて論じた二冊本が、やはり英国の歴史家P・S・バーンウェルにより公刊されている。けれども、宮廷の分析が端的に示すように、史料所見の網羅的紹介という印象を大きく出ない内容である[29]。

本書の第四章から最後の第九章までの六篇は、直接あるいは間接にポスト・ローマ期国家の性格規定、国家構造の解明に向けられている。最初の三篇が目標としているのは、この国家の初期の段階に固有な軍事力の存在形態や、中央権力である宮廷集団の存立態様、そして国家の財源手段たる公的賦課がどのような社会機能を結果として果たしたかなどの、中央から発する権力現象の解明である。それに続く二篇はむしろ古典的制度論に属するといえるかも知れないが、中世の地方機構の起源を探求するためにポスト・ローマ期の在地社会の統治形態に考察の測錘を垂れた作業である。最後の第九章は、カロリング朝期の「自由身分」が、いかにして成立したかをポスト・ローマ期の法観念の変化と社会変動のうちに探ったものである。

さて第四章「五・六世紀ガリアにおける王権と軍隊」は、元来異なる条件のもとで生成し、発達してきたローマ軍制とフランク人のそれが、後期古代ガリアという沸騰する坩堝の中で、前者の大幅に私兵制的な軍隊への傾斜とフランクの軍隊王権としての国王権力の成長が、ポスト・ローマ期の王権と軍隊の性格を規定する要素として融合を遂げた過程を、長いタイム・スパンで素描している。軍隊王権論は、一九五〇年代に華やかに繰り広げられていた「国王自由人」学説のコロラリーを成していた。「神聖王権」という宗教のうちに正当性の根拠をもつ旧い王権に代わって、連戦連勝によって培われた軍事カリスマ性に存在の根拠をもつ「軍隊王権」の概念が、後期古代のゲルマン王権の性格をより的確にとらえ得る装置のように思われたからである。基本的には貴族的血統によりながら、同輩貴族に一段抜きんでた戦争遂行能力により王の地位に上昇する軍隊王の概念は、国王自由人学説が下火になった現在でも、ポスト・ローマ期の王権の存在構造を説明するのに有効である。

この時代の軍隊についての研究の現状は、一九七二年に出版されたバーナード・S・バクラクの『メロヴィング朝軍隊組織。四八一―七五一年』から目覚ましい前進を遂げているわけではない(30)。私が試みたのは、これまで諸家が行ってきたように、史料のなかにあれこれの軍隊の制度面に関わる所見を拾い集めることで、軍制を解明しようとするのではなく、いわば軍事に関する現象から軍隊の制度や本質を再構成してみることであった。軍隊の社会学を通して、ポスト・ローマ国家としてのメロヴィング国家の歴史的位相と、存立条件を認識するのが目的であったのである。検討の結果は、メロヴィングの軍隊が政治の延長としての戦争という、軍事力使用の古典的・クラウゼヴィッツ的定義から著しく離れた、生活資糧と財貨の獲得という性格が濃厚であること、それゆえ王権はこうした民を指揮する存在として軍隊王たらざるを得ないという論理連関が明らかになる。(31) おそらくこの王権が、なかなか超越的な神聖性を獲得しえない理由もそこにある。ポスト・ローマ期の王は、マギステル・ミリトゥム magister militum 的な、つまりまさしくポスト・ローマ期に独特の軍官的な軍隊王を本質としていたのではなかっただろうか。

第五章は、権力集団としての「宮廷」の存在構造を探求した「六世紀メロヴィング王権の宮廷と権力構造」である。欧米において、現時点でもこうした視角からの先行研究がなく、議論はもっぱらトゥール司教グレゴリウスが叙述した『歴史十書 *Historiarum Libri X*』の、網羅的検討に依拠している。これが書かれた段階では、K・ゼーレ＝ホスバッハの未刊行のプロソポグラフィー研究がなく、(32) 六世紀だけで二一七名の官職担当者の人物史的データを収録した豊かな情報源を利用できなかったが、いまではこれに加えて七世紀に関するさらに豊富な内容をもつプロソポグラフィーが公刊されている。(33) これらを活用するならば、これまでとは比較にならないほど充実した史料的基盤に立って、宮廷官職や地方官職をになった人々ひとりひとりの詳細な経歴を掌握し、この作業を通じてポスト・ローマ期の支配機構に固有な原理を抽出することができるはずである。

それにしてもクローヴィスの統治に始まり、約三世紀にわたって存続したメロヴィング諸王の「宮廷」の具体的な場所についての記述や伝承、そして考古学的な遺跡についての所見の少なさはいささか異常というほかはない。クローヴィス没後の王国分割の結果生まれた四分王国の「首都」の役割を果たしたソワソン、ランス、オルレアン、メッスの諸都市のうち、この時代の宮廷の所在地が確認されている都市は一つもない。わずかにパリのシテ島にあったローマ皇帝の宮廷が、クローヴィスがその晩年の数年間をすごした施設として知られているだけである。支配権力としてのこの奇妙な影の薄さのうちに、すでに先に指摘したメロヴィング王権初期の「役人的」性格が表現されているのかもしれない。C・ブリュールは、カロリング朝期までを含む都市と宮廷の関係を論じた大部の研究の中で、ポスト・ローマ期の国王宮廷としてローマの地方政庁 praetorium が充てられ、原則として専用の宮殿が造営されなかったと指摘している(34)。プラエトリウムと並んで、都市の大修道院も挙げることができる。こうした事情が、宮廷の記憶と痕跡の稀薄さと関係しているのであろう。

私はこの章で、人的スタッフという纏まりから見た場合、国王以外の王妃や王息なども独自の宮廷官職担当者集団を擁しており、これをメロヴィング宮廷の「複合的構造」と呼んだのであるが、その後こうした現象が北アフリカに建国したヴァンダル王国にも見られる事実を知った(35)。他のゲルマン後継国家についてもその宮廷組織を研究し、比較し、さらに探索の手を末期ローマの宮廷にまで伸ばすことにより、ポスト・ローマ期の政治権力の機能と態様について新しい認識が生まれる可能性があるだろう。

支配のためには、一般に物理的強制力としての軍隊のほかに、もうひとつの物的要素として財源が不可欠である。ポスト・ローマ期の王権は、たとえば中世盛期ドイツのそれのような「遍歴王権」ではない(36)。自己の所領を食い潰しながら、日々支配実践を重ねる自給自足的なヘゲモニーとは異なる経済的・財政的基盤に立っていたのである。第六章「六世紀メロヴィング王権における国王貢租」は、ポスト・ローマ期の国家財政の一翼をになった国王貢租と呼ばれる賦課徴収が、いかなる社会的機能を果たしたかを追究しようとした論考である。財政史的な問題関心ではなく、むしろ国制史、社会史の側からの関心に発した研究である。

この論文を発表して以後、ジャン・デュリアが公刊した著書『ディオクレティアヌス帝からカロリング王朝までの公的財政(一八四一八八九年)』(一九九〇年)が大きな国際的反響を呼び(37)、デュリアと多くの点で意見を共にするE・マニュ＝ノルティエの旺盛な研究活動により(38)、ローマ期以来の租税制度が大きな変動を蒙ることなく九世紀まで存続したとの見方が、研究の一つの潮流を形づくるまでになった。私の意見はこうである。ローマの租税制度は、ポスト・ローマ期において全体として見れば一つの遺制として残り、ただちに消滅はしなかった。さらに言えば、高度に分節化されたポスト・ローマ期のフランク王国で、その残存の仕方も一律というわけではなく、地方的差異が大きく、場合によっては暫らく休眠状態にあったものが、様々の事情から甦り、租税徴収が再開されるという極端な事態すらありえたのである。ただ二、三世紀という長期的な時間経過の中では、確実に消滅過程にあったのは紛れもないこととして、強調しておかなければならない。

英国のネオ・マルクス主義者で中世史家のクリス・ウィッカムが提示した(39)、古代から中世への移行論がこの問題について理論的に興味深い示唆を与えてくれるように思われる。ウィッカムはマルクス主義の伝統的な解釈から離れて、一つの社会(構成体)に複数の生産様式が併存することがありうること、そしてローマの搾取関係は通常認められているのとは異なり、実は奴隷に対する奴隷主のそれではなく、都市・農村関係に基礎をおいた租税こそが、その搾取量の多さから基本的な関係でなければならないという。この観点から見たとき、古代から中世への移行とは、収奪形態が租税的なそれから一段軽微な封建地代に転換したときに実現したことになる。われわれにとって重要なのは、一つの社会構成体に異なる二つ以上の生産様式が共存しうることであり、古代的な租税関係と中世的な地代関係が、ともに搾取関係として同時に存在し得るという点である。

私の見解では租税関係は七世紀の経過中にガリアから消滅するが、ポスト・ローマ期に遺制として命脈を保ったローマの「租税」――私はこれを史料の用語に即して「国王貢租」の名前で呼んでいる――が、歴史的に根本的な役割を果たしたのである。これはまず、戦乱と社会不安のなかで退蔵され、流通から外れて行きがちな貨幣を強制的に吸い上げ、それを再び流通に流し込むポンプとして作用した(40)。さらに重大であったのは、その徴収が官職担当者により、それも請負形式で実施されたことの帰結である。これは苛斂誅求を必然的なものとし、制度自体があたかも富の巨大な再分配装置のごとき役割を演じたのであった。その結果蓄財により、彼らの中からヨーロッパ最初の貴族層が形成される契機となったのである(41)。八世紀以後、租税に比べてより軽微な地代関係に全面的に移行することは、初期ヨーロッパの支配層の物的貧しさを、そもそもの初発から運命づけているということになろう。

続く二篇はポスト・ローマ期における地方支配の深部を探究しようとした試みである。第七章「トリブーヌス考」は、元来ローマ帝国の下級軍事官職であったトリブーヌス tribunus が、なぜメロヴィング国家の役人として史料に姿を現わすのかという疑問に発した考察である。極端に少ない史料所見を通しての、仮説的議論に終始せざるをえなかったが、この官職が帝政末期の部族定住団体を指揮する軍官の系譜をひき、ポスト・ローマ期にはガリアの王領地に定着したフランク人の統括者として、地方にあって王領の差配を行う存在であったとした。そのような存在として、宮廷の役人として現われるドメスティクス domesticus やマイヨール・ドムス maior domus (宮宰) とともに、トリブーヌスは国王の「家」の管理・経営の責任を負った家政役人の一翼をになっている。国王支配の家産的側面を考えるならば、まさしくこれらの官職系列がその枢軸を構成していることになる。

トリブーヌスの存在は、ポスト・ローマ期国家の統治組織の非相同的あり方の一事例である。ここでは、支配空間全体にわたって一元的な統治機構の網を被せることが原理的に困難である。フランク支配下のガリアでは、東ゴート王国において典型的であったのと違って、ローマ人とゴート人とを居住する街区まで截然と区別する二元支配を原理としてはいなかった。けれどもフランク人の進出が、必ずしも予め周到に練り上げられた定住計画に則って実現されたのではなかったために、統治組織の斉一性は破られざるを得なかったのである。最近、A・マレーが研究史の上でゲルマン人定住団体の代表格とみなされてきた「ケンテーナーリウス centenarius」と「ケンテーナ centena」をあつかった論文を著わし、これが実体としてはフランク人がローマの軍隊組織から借用した制度であると結論づけている。(42) トリブーヌスにも同種の事態を想定することができよう。

第八章「フランク時代のウィカーリウスとウィカーリア」も、同一の問題関心から起こした稿である。先の章が明らかにしたポスト・ローマ期の統治体系を前提とするならば、このウィカーリウス vicarius—ウィカーリア vicaria の系統は、トリブーヌスやケンテーナーリウスとは対照的に、ガロ・ローマ系住民の統治組織として形成されたと推定することができる。史料の上でウィカーリウスとウィカーリアが確認されるようになるのは、カロリング体制に入ってからであり、それが伯の下位役人として軽罪裁判権を管轄し、伯領の一部を固有の管轄領域とする明確な姿で登場するのが、この時期になってからであるという事実も手伝って、F・L・ガンスホーフによって代表される古典的な通説は、それがシャルルマーニュ統治下(七六八―八一四年)の裁判組織の改革によって創設された制度であると考えている。

これに対して、私はその裁判機能はメロヴィング朝期にすでに、小集落ウィークス vicus を拠点として村落裁判主宰者が掌握し、なかば自律的に行使してきた在地的裁判権能を、ヘゲモニーを強化したカロリング王権が、王国の組織として形式的に統合した結果、一見新しく創出された制度の観を呈するだけの、実は古い制度なのではないかと主張した。その理由の一つは、伯領の下位単位をなすウィカーリアが地域によっては先に述べたケンテーナと称されたり、ケルト起源と推定されるコンディタ condita と呼ばれたり決して一律ではなく、地方差が著しいという点にあった。それ以後新史料の発見があったわけではないが、たとえばJ・P・ブリュンテルシュによるメーヌおよびブルターニュ大公領の、およそこれ以上詳細な検討は不可能と思われるほど徹底した研究は、この地方だけで十二のケンテーナ、四〇ほどのコンディタを検出していて、到底シャルルマーニュ期の改革によって新たに一律に創出された空間的枠組とは想定しがたいのである。

その後に発表されたA・ドゥボールのシャラント地方を対象にした[44]、またC・ロランソン＝ロザのオーヴェルニュ地方を扱ったともに大部の中世地域史研究が[45]、ウィカーリア空間の前カロリング的性格を確認している。シャラント地方では、この空間は初期において小集落ウィークスを核としている。トゥール地方では確認されるメロヴィング期のウィークス十九のうち十五で造幣活動が行われた事実が、現在まで遺されている貨幣から知られる[46]。つまりウィークスは中心機能を具えた農村地方の伝統的な小中心地であり、これを核として空間的に構成されているウィカーリアが、通説の論者が考えるようにカロリング期に新たに自由に空間を分割して創りだされた管区でないことは、最近の研究によって一段と確実に明らかにされていると言ってよいのである。

しめくくりの第九章「隷属からもうひとつの従属へ」は、カロリング朝期に結晶化する中世的自由身分の系譜を、古典古代からポスト・ローマ期にかけての法的身分規定の変動過程のなかに追究しようとした試みである。

ポスト・ローマ期フランク王国の法生活の根底を成していたのがローマ法であることは、いまやますます歴史家・法史家共通の認識になりつつある。周知のように古典期ローマ法においては、法的身分として自由人と隷属的な奴隷の二範疇しか存在しなかった。奴隷が解放されることによって生まれる中間的な存在として、解放自由人が認められたが、それは解放者の保護下にあるというだけで、その法的な能力は生来自由人とかわるところがないとするのが、古典的な理解であった。こうした極めて透明な古典ローマ法の人間の身分についての二分的思考は、ポスト・ローマ期の政治的動乱と社会変動に起因する自由人の多様な仕方での大量の隷属化現象により、そしてこれと対応するようなひとたび転落した自由人に、解放行為により元の身分を回復させようとする実践の日常化によって、結果として中間身分としての解放自由人の属性が、「自由身分」そのもののうちに浸透するという帰結をもたらした。ポスト・ローマ期の歴史過程のなかで、古典的「自由」の貶質という事態が進行したのであった。

こうした現象に加えて通常の自由身分の貶質化現象を促進したもう一つの要因が、七世紀に開始し、八世紀の経過中に社会層としての成立を見た貴族の存在である。王国の有力者として個々に権勢をふるいはするものの、極めて不安定な政治的・社会的基盤しか有していなかった六世紀の支配層は、七世紀にアウストラシア、ネウストリア、ブルグンド王権の弱体化のなかで自己を確立し、男系・女系いずれをも回路とする双系を原則としながらも、実際には男系血族間で名前や相続財産の継承が行われるような、門閥を構成しつつあった。自由人が「ノービリス nobilis」と「イーグノービリス ignobilis」の間に分岐する事態が展開したのである。[47] これにより下層に位置づけられた通常の自由人は、不完全な自由人としてかつての解放自由人の地位におかれるようになる。中世の自由の出発点にあったのはこの「保護された自由」の観念であった。

*

本書において私はポスト・ローマ期という新しい時代区分を提唱した。この時代カテゴリーは中世ではなく、古代に属している。おおよそ四世紀から七世紀までを覆う後期古代という主区分のうち、西ローマ帝国の消滅以後、後期古代の終焉である七世紀までを区分とする下位区分としてこれを捉えている。この期間の時代相は言うまでもなくローマによって特徴づけられる。歴史は後ずさりしながら前進するというが、この時代はとりわけそうであった。ローマの文明を振り棄てるよりは、遥かにローマの制度、法、文物、習慣に執着し、人々がほとんどローマのうちに生きていた時代である。

ガロ・ローマ系の人々はむろんのこと、メロヴィング・フランク人やメロヴィング王権自身がそうした観念に支配されつづけた姿の探究が、ここに収録した九篇を繋ぐ赤い糸である。「ポスト・ローマ」の観念は、古代史家ピーター・ブラウンのブリリアンスに負っている。ただ彼はポスト・ローマ世界が「ローマ」的たらざるを得なかった、すなわち膨張主義的な指向をもたざるを得なかった理由として、ヨーロッパの貧しさ、少資源性を挙げているが[48]、ヨーロッパの、とりわけ当時のヨーロッパの貧しさは事実としても、たぶん因果の関連はそこにはない。むしろ新たな覇権たるメロヴィング国家が、いわば即自的にローマであったことによる。これは西暦八〇〇年のクリスマスに西ローマの帝冠を戴いたシャルルマーニュがとったのと一八〇度対照的な態度である。シャルルマーニュにとってローマはすぎさった過去の栄光、外在的な現象であり、それゆえにこそ復興の対象になりえたのである。それより二〇〇年早く支配したキルペリク一世にとって、ローマは自らがその内で呼吸する世界、生きた現実であった。

実は七世紀は、西はブリテン島から東はボスフォラス海峡にいたるユーラシア西部全体が、そろって大きな構造転換に直面した時代であった。ここで詳しく論ずることはしないが、最近の研究はイングランドへのローマ支配の意義を、以前に較べて遥かに深く認識するようになっている。さきにK・R・ダークの都市発展類型論に触れたが、彼によれば四〇〇年頃のローマ軍の撤退後も、その社会経済的影響と文化的刻印は容易に薄れることなく残存し、こうした歴史的局面はイングランド史の「亜ローマ sub-Roman」期として捉えることができるという。これは私が提唱する「ポスト・ローマ」期に等しい概念である。イングランドにおける「サブ・ローマ」的秩序の終焉は、大陸国家の影響のもとにアングロ・サクソン国家が展開した政治的膨張主義によって、古いケルト・ローマの首長制小国家が呑み込まれ始めた七、八世紀であった[49]。

東ローマの栄光は、ユスティニアヌス大帝の治世末期に翳りを見せはじめていた。七世紀が進むに連れて、衰弱の兆候はひときわ顕著となり、四囲の状況はただならぬ形勢を見せていた。いまやダマスクスに拠点をおいたイスラーム・カリフが仇敵ペルシアにとって代わり、バルカンのアヴァール人の汗（ハーン）はコンスタンティノープルをおびやかす脅威となっていた。正統教義とキリスト単性説との対立という帝国内部の宗教的分裂、周囲の蛮族を慰撫するための莫大な出費と軍事支出がつくりだした経済的苦況が、帝国の威信の失墜を後押しした。ヘラクレイオス帝の時代、六三四年にヤコブと称する一人のユダヤ人は、帝国の凋落を次のように証言している。「スコテイアの大洋からブリタニア、ヒスパニア、フランキア、イタリア、ギリシア、トラキア、エジプト、アフリカにわたって、ローマ人の世界とその皇帝は、我らの時代まで続いた。だがいまやローマ世界は小さくなり、卑しめられている」と[50]。そして半世紀後の皇帝レオ三世（在位七一七―七四〇年）の時代には、東ローマ帝国は完全に中世ビザンツ帝国に変容したのである。

西ユーラシア世界を横断する七世紀におこった変動の意味を解明する課題が、こうして浮かび上がってくるが、本書ではまずもって、それに先行するポスト・ローマ期の歴史的定位に力を傾注しなければならない。

（1）　ディオクレティアヌス帝の治世（二八四―三〇五年）を、ほぼその画期として考えるのが通例となっている。これはローマ史の政治体制の時代区分で帝政後期 Bas-Empire と称される時代でもある。またディオクレティアヌス帝の死後数年で、キリスト教が公認され、宗教史ではキリスト教古代が開始する。四世紀の初めはこのように様々な局面での転換が、年代的に錯綜して起こっている。特定の年次をとくに重視することはしないで、おおよそ四世紀初頭からといささか漠として捉えておくのが妥当である。P. Petit, *Histoire générale de l'empire romain*, Paris,1974, pp. 516–612; A. Cameron, *L'antiquité tardive*, trad. fr., Paris, 1992 passim. 参照。なお「後期古代」という時代概念については、本書第一章の註1を参照。

(2) Cameron, *ibid.*, pp. 8–9.

(3) P. Brown, *The World of Late Antiquity*, London, 1971. なおその後の自らの研究の経過と、学界の動向を総括した Id., "The rise and function of the Holy Man in Late Antiquity, 1971–1997," in *Journal of Early Christian Studies*, 6-3, 1998, pp. 353–376 が有益である。またキリスト教の展開を中世まで射程を伸ばして考察した Id., *L'essor du christianisme occidental, triomph et diversité, 200–1000*, trad. fr., Paris,1997 も参照のこと。おなじく Henri-Irénée Marrou, *Décadence romaine ou antiquité tardive? IIIe-IVe siècle*, Paris, 1977 も参照。

(4) A. Riegl, *Spätrömische Kunstindustrie nach der Funden in Österreich*, Wien, 1901 参照。

(5) H. Pirenne, *Mahomet et Charlemagne*, Paris/Bruxelles, 1937.『ヨーロッパ世界の誕生』佐々木克巳・中村宏訳、創文社、一九六〇年。

(6) ピレンヌの問題提起が惹起した論争については、H・ピレンヌ他『古代から中世へ——ピレンヌ学説とその検討』佐々木克巳編訳、創文社、一九七五年、に収録の諸論文ならびに解説を参照。イスラーム勢力による地中海支配以後も、キリスト教徒による東西の商業活動が持続した事実は、M. Lombard, *Espaces et réseaux du haut moyen âge*, Paris/La Haye, 1972; D. Claude, *Der Handel im westlichen Mittelmeer während des Frümittelalters*, Göttingen, 1985 などで明らかにされている。

(7) J. Haldon, *Byzantium in the Seventh Century*, Cambridge, 1990 参照。

(8) 橋本龍幸『中世成立期の地中海世界』南窓社、一九九七年、第六章から第九章の各論考を参照。なおグンドウァルドゥス事件を扱った最近の研究として、B. S. Bachrach, *The Anatomy of a Little War. A Diplomatic and Military History of the Gundovald Affair (568–586)*, Boulder/San Francisco/Oxford, 1994; C. Zuckerman, "Qui a rapplé en Gaule le Ballomer Gondovald?", in *Francia*, Bd. 25-1 (1998), 1999, pp. 1–18. が挙げられる。

(9) M. Waas, *Germanen im römischen Dienst (im 4. Jh. n. Chr.)*, 2 Aufl., Bonn, 1971 参照。

(10) この分野での研究の国際的なリード役の一人ワルター・ゴファートなどは、「ゲルマン」という形容語を、言語について言う以外は一切使用しないという徹底した姿勢を示している。

(11) L. Musset, *Les invasions. Les vagues germaniques*, Paris, 1965, p. 276.

(12) W. H. Fritze, "Universalis gentium Confessio. Formen, Träger und Wege universalmissionarischen Denkens im 7. Jahrhundert", in *Frümittelalterlichen Studien*, Bd. 3, 1969, pp. 78–130.

(13) ローマ期とポスト・ローマ・中世初期における『テオドシウス法典』をめぐる最新の研究動向は、*The Theodosian Code. Studies in the Imperial Law of Late Antiquity*, ed. J. Harries/I. Wood, London, 1993 に収録の諸論文参照。

(14) 個人的な会話の中ではあるが、この問いを最も早く出されていたのが著者の知るかぎり石川武氏であった事実を指摘しておきたい。それ以来この疑問は著者の脳裏から消えることがなかった。

(15) J.-P. Poly, "La corde au cou. Les Francs, la France et la loi salique", in *Genèse de l'état moderne en Méditerranée. Approches historique et anthropologique des pratiques et des représentations. Actes des tables rondes internationales*, Rome, 1993, pp. 287–320.

(16) *Ibid.*, p. 314.

(17) F. Prinz, "Herrschaftsformen der Kirche vom Ausgang der Spätantike bis zum Ende der Karolingerzeit. Zur Einführung ins Thema", in *Herrschaft und Kirche. Beiträge zur Entstehung und Wirkungsweise Episkopaler und Monastischer Organsationsformen*, hrsg. von F. Prinz, Stuttgart, 1988, pp. 1–21; M. Heinzelmann, "Bischof und Herrschaft vom spätantiken Gallien bis zu den karolingischen Hausmeiern. Die institutionellen Grundlagen", *ibid.*, pp. 23–82; R. Kaiser, "Königtum und Bischofsherrschaft im frühmittelalterlichen Neustrien", *ibid.*, pp. 83–108. などを参照。

(18) J・ラカンの精神分析理論をふまえた A. Rousselle, *Croire et guérir. La foi en Gaule dans l'Antiquité tardive*, Paris, 1990 が示唆的である。

(19) K. R. Dark, *Civitas to Kingdom: British Political Continuity 300–800*, London, 1994, pp. 21–25 参照。

(20) P. Geary, *Living with the Dead in the Middle Ages*, Ithaca, 1994.『死者と生きる中世 ヨーロッパ封建社会における死生観の変遷』杉崎泰一郎訳、白水社、一九九九年、一七一一八頁、参照。

(21) M. Heinzelmann/J.-Cl. Poulin, *Les vies anciennes de sainte Geneviève de Paris. Études critiques*, Paris, 1986.

(22) スュルピキウス・セウェルスの著わした『マルティヌス伝』については、C. Stancliffe, *Saint Martin and His Hagiographer. History and Miracle in Sulpicius Severus*, Oxford, 1983 参照。

(23) Ch. Rohr, "Hagiographie als historische Quelle. Ereignisgeschichte und Wunderberichte in der Vita Columbani des Ionas von Bobbio", in *Mitteilungen des Instituts für Österreichische Geschichtsforschung*, Bd. 103 (1995), pp. 229–264.

(24) I. Wood, "Forgery in Merovingian Hagiography", in *Fälshungen im Mittelalter*, Teil V, Hannover, 1988, pp. 369–384.

(25) M. Van Uytfanghe, *Stylisation biblique et condition humaine dans l'hagiographie mérovingienne (600–750)*, Brussel, 1987.

(26) N.-D. Fustel de Coulanges, *Histoire des institutions politiques de l'ancienne France*, Paris, 1888, réimp. Bruxelles, 1964.

(27) H. Brunner, *Deutsche Rechtsgeschichte*, 2 Bde, Leipzig, 1887.

(28) I. Wood, *The Merovingian Kingdoms, 450–751*, London/New York, 1994.

(29) P. S. Barnwell, *Emperor, Prefects and Kings*, London, 1992 ; Id., *Kings, Courtiers and Imperium*, London, 1997 参照。

(30) B. S. Bachrach, *Merovingian Military Organization 481–751*, Minneapolis, 1972.　註(8)に掲げた同著者の近作は「ミクロ・ストリア」の手法による戦争の事例研究として，注目すべき試みであるが，ポスト・ローマ期の軍隊組織の全体像は充分に捉えられているとは言いがたい。

(31) カロリング朝期の軍隊活動のこうした側面については，T. Reuter, "Plunder and tribute in the Carolingian Empire", in *Transactions of Royal Historical Society*, 35(1985), pp. 75–94 を参照。

(32) K. Selle-Hosbach, *Prosopographie merowingischer Amtsträger in der Zeit von 511 bis 613*, Diss. Bonn, 1974.

(33) H. Ebling, *Prosopographie der Amtsträger des Merowingerreiches von Chlothar II. (613) bis Karl Martell (741)*, München, 1974.

(34) C. Brühl, "Die Stätten der Herrschaftsausübung in der frühmittelalterlichen Stadt", in *Aus Mittelalter und Diplomatik*, Bd. 1, Hildesheim/München/Zürich, 1989, pp. 69–88 ; Id., *Palatium und Civitas. Studien zur Profantopographie spätantiker Civitates vom 3. bis zum 13. Jahrhundert, Bd. 1 : Gallien*, Köln/Wien, 1975 参照。

(35) Ch. Courtois, *Les Vandales et l'Afrique*, Paris, 1955, réimp. Aalen, 1964, p. 251, n. 5.　参照。

(36) 最近の研究として J. W. Bernhardt, *Itinerant Kingship and Royal Monasteries in Early Medieval Germany, c. 936–1075*, Cambridge, 1993 を挙げておく。

(37) J. Durliat, *Les finances publiques de Dioclétien aux Carolingiens (284–889)*, Sigmaringen, 1990.

(38) E. Magnou-Nortier (éd.), *Aux sources de la gestion publique*, 3 vols., Lille, 1993–1997 所収の論文参照。

(39) C. Wickham, "The other transition : from the ancient world to feudalism", in *Past and Present*, vol. 113, 1984, pp. 3–36.

(40) M. Hendy, "From public to private : the western barbarian coinages as a mirror of the disintegration of late roman state structures", in *Viator*, vol. 19 (1988), pp. 29–78.

(41) 佐藤彰一「貢納と租税」西川洋一編『ヨーロッパ史の定点』近刊所収。

(42) A.C. Murray, "From Roman to Frankish Gaul: "centenarii" and "centenae" in the administration of the Merovingian King-

dom", in *Traditio*, vol. 44 (1988), pp. 59–100 参照。

(43) J.-P. Brunterc'h, "Le duché du Maine et la marche de Bretagne", in *La Neustrie. Les pays au Nord de la Loire de 650 à 850*, éd. H. Atsma, t. 1, Sigmaringen, 1989, pp. 29–127 参照。

(44) A. Debord, *La société laïque dans les pays de la Charente,* X^{e}-XIIe *siècle*, Paris, 1984, pp. 84–94.

(45) C. Laurason-Rosaz, *L'Auvergne et ses marges (Velay, Gévaudan) du* VIIIe *au* XIe *siècle. La fin du monde antique?*, Le Puy-en-Velay, 1987, pp. 339–351.

(46) M. Prou, *Catalogue des monnaies françaises de la Bibliothèque Nationale. Les Monnaies mérovingiennes*, Paris, 1896, réimp. Graz, 1969, pp. 72–95 参照。

(47) R. Le Jan, *Famille et pouvoir dans le monde franc (*VIIe-X^{e} *siècle). Essai d'anthropologie sociale*, Paris, 1995.

(48) ピーター・ブラウン「古代から中世へ――ポスト帝国期西ヨーロッパにおける中心と周縁」『史学雑誌』後藤篤子訳、第一〇八編第六号、一九九九年、六七―七五頁参照。

(49) Dark, *op. cit.*, p. 246. 鶴島博和「イングランド――ヨーロッパ形成期におけるその位置と構造」『岩波講座世界歴史第8巻 ヨーロッパの成長』岩波書店、一九九八年、二二一―二四九頁、ならびに佐藤彰一「古代から中世へ」『岩波講座世界歴史第7巻 ヨーロッパの誕生』岩波書店、一九九八年、三―七八頁を参照。

(50) Haldon, *op. cit.*, p. 39.

第一章　後期古代社会における聖人・司教・民衆(1)

――中世初期司教権力解明のための一試論――

はじめに

四世紀前半のコンスタンティヌス大帝によるキリスト教の公認とそれに続く国教化以後、この宗教はローマ帝国の支配領域に住む人々の生活のあらゆる局面にわたって深甚な影響をおよぼした。とりわけ西ローマでは、ドミナートゥス体制による桎梏と大土地所有制の展開による社会経済構造の変動という両面からの作用によって、伝統的に政治生活を支えてきたクーリアレース層の分解が進行し、統治行政機能の窒息状態が顕著になりつつあった。このような状況のもとで、ガリアではもはや十全に作動しえなくなった国家的諸機構にかわって、教会、とりわけ具体的にはその頂点に立つ司教が、本来国家の果すべき役割、行政・司法面での諸課題遂行のかなりの部分を引き受けたのであった。

それればかりではない、特に重要なのは、下層貧民や戦乱によって一時的に困窮した人々に食糧を供給したり、あるいは戦時捕虜として奴隷の境遇に転落した人々を買戻すなどの社会的・経済的救済活動を実践し、そのことによって日々の生活の救済者としての性格を獲得していったことである。

「救済者」という観点でいえば、忘れてならないのは、聖マルティヌスによって代表されるような肉体的救済、すなわち病いなおしの実践である。聖人伝において奇跡として語られている、司教マルティヌスをはじめとするこの種の救済活動は、そもそも治癒神イエスというキリスト教の初発の性格とも深く関わって、とりわけガリアにおける農村布教の際の民衆の帰依の本質を規定したのであった。このような、当時のガリアに住む人々の日常生活の深部にまで関わる多面的な活動を行った聖職者、とりわけ司教の影響力は、次第に「支配」という言葉によって表現しうるような内実をそなえるにいたる。

ローマ帝国の政治的解体とメロヴィング・フランク王権の新たな台頭という政治史の流れと無縁ではないものの、しかし一応、こうした動向とは別に、司教支配の構造化は一層深化し、たとえばE・エヴィヒなどによって「司教国家Civitasrepublik」と称されるほどの自律性を六世紀中頃以降獲得することになる。

ところで、司教支配というこの新たな支配の形態は完全な自律性をもって、自由に機能しえただろうか。ここで、支配というものが被支配者たる民衆の政治的想像力のうちに統合されることによって、はじめて安定した構造をもつという初歩的な点を想起する必要があろう。

われわれが問題とする時代における、民衆の「支配者イデオロギー」とは何か。それは古典古代以来の伝統をもつ「寛厚」の実践者évergèteとしての支配者像である。広範な社会的広がりをもつイデオロギー上の革新は、多くの場合社会経済上の構造変化を追いかけて遅れてやって来る。おおよそ六世紀頃まで、ガリアの民衆が司教の物質的・精神的・肉体的救済活動のうちに読みとったのは「寛厚」の実践者としてのそれであり、支配する司教の側も、人々の「支配者イデオロギー」との齟齬を可能な限り埋めあわせ、そのことによって、自らの支配への統合を維持しつづけようとした。分節化したポスト・ローマ社会の民衆の目に映じた司教は、まさしく聖・俗という概念上の区別を無用とする「支配者」そのものであった。

本章は概ね以上のような見通しのもとに、ポスト・ローマ期における司教権力の構造をイデオロギーの水準で解明するための予備的作業である。

一　治癒聖人マルティヌス——治癒機能の「支配」連関——

後期古代ガリアの宗教状況は、ローマ人による征服以前からの自然崇拝的要素、それに征服以後は、皇帝の神格化にもとづく皇帝崇拝が加わってかなり複雑な様相を呈しているが、いずれにせよ、基本的には多神教的伝統が支配的であった。

これにたいして、三世紀以後ガリアに本格的に浸透しはじめたキリスト教は、言うまでもなくモノテイズムを教義としている。だが宗教の社会的連関を考えようとするとき、教義と、宗教が現実の社会との接触によって生みだす宗教現象とは一応区別しなければならない。ここで注目すべきは宗教現象のほうである。これは現にその宗教の教えを説く者の具体的な諸活動、行為、それによってもたらされる成果としてあらわれる。そして彼らは、あらゆる新興の宗教と同じく、魂の救済者であると同時に、いやそれ以上に肉体の救済者として、来世よりも現世における人間の苦痛・苦難を取り除いてくれる存在として、その真価を発揮するのである。それは飢えた人々への食糧の施しであったり、牢獄からの解放であったり、とりわけ病いの治癒であったりした。

他方、後にビザンツ世界と総称される東地中海世界の農村社会(2)に比べて、社会組織、流通、外部世界との交流などの面で顕著な遅れを見せている、きわめて分節化されたガリア農村社会におけるモノテイズムの受容形態の問題がある。異教的な多神教崇拝に慣れたガロ・ローマ人の心性からすれば、キリスト教の神は抽象的で、自分たちの狭い共同体の事柄に関心をもつことのない、遠い存在である。この神はなによりも、他の共同体と頒ちあわねばならない何かである。ところが民衆は、自分たちの生活に精通し、子供の誕生、結婚といった人生の節目や、大地の豊穣、病気からの恢復、疫病や天災の回避など、農事や災厄の折に祈願し、その願いをききとどけてくれる、より身近な超越的存在を必要とした。(3) 普遍的というより、自らの共同体独自の守護者としての神を欲した。

キリスト教の宗教現象としてのモメントと、この時代のガリア社会のありようによって規定された、キリスト教の民衆による受容形態というモメント、この二つの契機が重なり合ったところに地方聖人が生まれたのである。この聖人は共同体の守護者として、以前に異教の神々が担っていた機能を継承したのであり、民衆はこの聖人への崇敬、それに対する帰依を媒介としてキリスト教徒となったと言えるのである。

ルース・ピエトリの論文「司教グレゴリウス時代のトゥールのサン・マルタン巡礼」は、マルティヌスが活躍してから二世紀ほど後の時代に関してであるが、民衆の聖人への帰依の本質を明らかにしている。それによれば、サン・マルタン巡礼の動機の八〇%を肉体的苦痛と病気の治癒が占め、霊的な動機が一三%、紛争の調停者、「公権力」からの庇護を求めての逃避としてが七%という順序である。民衆の想像力のなかで、マルティヌスがまずもって病いの治癒者として現われた事実が、この数字に明瞭に示されている。(4) 病気の多くは身体の麻痺、失語症それにパーキンソン病に類似の症状を示す病いで、病理学によれば、これらは少なくとも当時にあっては孤立感・不安によってもたらされる社会的な疾病で、「蛮族」の侵入、農村プロレタリアート(バガウダエ)の反乱や、そして何よりも堅固な安定した支配機構と制度の欠如から来る不安定な政治・社会状況が創り出したものとされる。(5) それゆえ聖人の治癒活動が担ったのは、宗教的機能というよりむしろ社会的機能であったと見たほうが、この時代の聖人の登場の意味をより的確に捉えることができよう。

ところで肉体の救済という観点は、キリスト教にとって特別の重要性をもっている。というのはイエスはそもそも治癒神として出発し、初期キリスト教の伝播は「病いなおし」の宗教としての、その性格によっていたからである。医師の治療を受ける経済的余裕のない民衆が病いに冒された場合、古くから聖なる場所 loca sanctorum とされている所で祈願をするのが通例であった。病人は病いに冒された器官や部位を型どった木製・青銅製あるいは石製の彫物を奉納した。キリスト教が浸透する以前のガリア社会では、聖域にこの種の彫物を販売する店舗があったとされている。聖なる石、巨木、泉などが異教時代のガリアで崇拝の対象となったものである。[6] マルティヌスの伝記にしばしば登場する布教活動のおりの巨木や異教の神殿の破壊、[7] あるいは公会議決議に繰り返し出てくる、泉に供物を捧げることの禁令などは、[8] 根強く残る土着の異教的祭祀活動に対するキリスト教徒側からの攻勢であった。だが伝統的な神々と競いあい、民衆の治癒願望を自らに引き寄せ、異教の神々を真に克服するためには、布教者みずからが身体の救済においてそれに優っていることを明白なかたちで示さなければならない。

この点で目ざましい活動を示したのが、ガリアで最大の尊敬をかちえたトゥール司教の聖マルティヌスである。マルティヌスは三一六年、ローマ帝国に仕える軍人の子としてパンノニアのサバリアに生まれ、イタリアのパヴィアで成長した。彼もまた父にならって軍人の道を歩み、コンスタンティウス帝とユリアヌス帝のもとで親衛隊騎兵として勤務した。

四〇歳の折、積年の願いであった神の道に身を投ずる強い衝動にうながされ、彼はユリアヌス帝からじかに軍務からの解放を許可されたと伝記作者は語っている。[9] 当時のローマ軍では、兵士各自が救急用具を携帯し、戦闘あるいは事故のおりに互いに傷の手当をした。従って軍隊は救急治療を学ぶ最良の学校であった。[10] 軍務を解かれたマルティヌスはポワティエに赴き、ガリアのアリウス派諸司教と闘っていた司教ヒラリウスのもとで、おおよそ十年間にわたってエクソシストとして働いた。[11] 三世紀以来ローマの租税関連立法は、医者、治療師、エクソシストを明確に区別しているが、[12] いずれにせよこの職業は医療の系列に属する。このことから、彼が軍隊で学んだのは救急治療だけでなく、心身相関的な病いに関する知識と実践が含まれていたと推測される。当時のガリアで最高の神学者であり、医学的知識に優れ、オリエント(エジプト)で展開していた禁欲主義的修道制の理論と実践上の問題に精通していたヒラリウスのもとでの修行は、マルティヌスの思想と治癒能力の陶冶にとって決定的な意味をもったとされる。[13]

とりわけ、われわれの問題関心にとって重要なのは、禁欲主義的生活を実践する修道士たちの間に蓄積されていた大量の医学的知識が持つ意味である。A・ルーセルは近著『ポルネイア――肉体の統御から感覚の剝奪へ。キリスト紀元二―四世紀』[14] において、この時代における「肉体」性の持つ意味とその多様な社会的連関を人類学、医学、思想史、社会史、精神分析学などの手法を駆使して、きわめて独創的なかたちで明らかにした。

その内容や論点の全てを紹介するのは本章の意図を大きく越えるので、ここでは禁欲的修行を実践する修道士にとって、医学的知識の獲得がいかに必須であったかということを指摘するにとどめる。

禁欲的修行の眼目は、言うまでもなく一切の現世的欲望を克服しつつ、神の啓示を得ることにあるが、エジプトの砂漠に赴いた修道士にとって最大の障害として立ちはだかったのは、男女両性を含めて他者の肉体への欲望(ポルネイア)であった。その克服のために人里離れた荒野に起居したとしても、最小限度の他者との接触は生存のための水や食糧の獲得のために不可欠であり、こうした機会にしばしば村里の娘と修道士はあやまちを犯した。[15]

また労働への専心によって、あるいはその結果もたらされる疲労によって欲望の解消を計る試みもなされた。しかしながら最終的に最もすぐれた方法であったのは、節食であり、これを効果的に実践するために医学、生理学、栄養学の知識が動員された。[16] 男性の場合飢餓による不能状態が起りうるが、ルーセルがヨハネス・カシウスの著述に見えるある修道士の食事例をもとに推算したところによれば、一日一〇六九キロ・カロリーである。[17] かくして「自らの性的機能を衰弱させる手段に関して、積極的に医学に尋ねた西ローマの貴族たちは、東ローマに旅行をしたり、砂漠のキリスト者の経験についての報告を求めた。男女を問わず彼らは熱心に知識を吸収し、西ローマにおける修道制の目的と方法の普及者となったのである[18]」。

当時の医術はその名に値する唯一のものは、ヒポクラテス、それにオリバスス、ガリエノスなどのギリシア医学であった。そしてこの医学を通底する基本観念は周知の如く、プネウマ(気、呼吸)であり、これはマルティヌスのもとで、霊気とその対概念たるデーモンの気として理論化される。[19]

彼が対象とし、その治癒にしばしば成功したのは心身相関的病気であった。[20] ルーセルによれば、マルティヌスの療法は以下の三つの要素から成っている。ひとつは最も古典的な医学的療法である排泄である。ここで排泄されるのは当事者にとってはあくまでデーモンであり、肉体に入った苦痛は聖人の施す治療によって、病人の体内から出てくるのである。第二の要素は護符の携帯と呪文の唱誦であった。これはおそらくひとたび体外に出たデーモンが再び入ることのないようにとの再発予防の観念にもとづいている。[21] 第三に、とりわけ心身症的な病いに有効であったと思われるのは、この種の病気の原因となる強烈な不安や孤独感をときほぐす、言葉による治療である。マルティヌスの師ポワティエ司教のヒラリウスは、こうした言葉による治療の専門家でもあった。[22]

以前の聖域における治療とマルティヌスの治療との違いは、聖人という人が、聖域という場所にとってかわったという点にある。当然ながら病人とマルティヌスの間には施療行為によって基礎づけられる一定の関係が成立することになる。病人は自分の体内に入ったデーモンとマルティヌスの施療を通じて発揮される力、この両者の間で受身のままに漂う存在でしかなくなるが、その際彼は治癒のために聖人の力に服従するほかはなく、このような状況のもとでは、従属は積極的な意味をもつ義務であったと言ってよい。[23]

こうして成功した治療は聖人伝において奇跡としてあらわれる。この奇跡を生ぜしめるのは「力」であり、「権力」であると観念された。アーロン・J・グレーヴィッチは前資本主義的社会における社会関係を規定する要素として、人と人との関係が直接的な形態で実現される人格的関係の型と、物と物(商品と商品、労働生産物と労働生産物)によって媒介されている物象的関係の二類型を想定し、両者の組合せが所与の社会の社会的諸関係を特徴づけるとして、それぞれの社会の機能的な社会的・文化的モデルの構築を提唱している。[24]グレーヴィッチの提案によるならば、聖人と病者との関係は、おそらく最も純粋な人格的関係のひとつと言える。この関係を垂直的な社会関係、つまり支配関係という角度から見るならば、物と物によって媒介されることのない人格的支配のプロトタイプとして分類することが出来るであろう。

マルティヌスは伝記の中で「力」を意味する virtus という抽象名詞でしばしば代置されている。マルティヌスの死後二世紀ほどたった六世紀後半の司教グレゴリウスの時代に、マルティヌスの墓近くで奇跡的治癒が起った時、この virtus の観念が依然として生き続けていたことが知られるのである。[25]

二　司教聖人と都市および都市下層民——支配の両義性——

マルティヌスはキリスト教の公認まもない、まだ異教的祭祀に強く結ばれていたトゥール農村地方の布教に適合的な、そして治癒神イエスの本質に則した救済活動によって、民衆の記憶の中で聖人としてその姿をとどめる。これに対して一世代ほど後のゲルマヌスは、マルティヌスとともにガリアの聖人として大きな崇敬を受けたオーセール司教であるが[26]、マルティヌスとは異った背景のもとに、全く対照的な救済活動を実践した。マルティヌスとは別種の機能をひき受けたのである。

マルティヌスの救済活動の主要な舞台が農村であったのに対して、ゲルマヌスのそれは都市であり、マルティヌスの救済対象があくまで個人であったのにひきかえ、ゲルマヌスのそれは都市住民を中核とする集団であった。さらにトゥール司教は主に肉体の救済によってその聖性の本質的部分を獲得したのに対して、ゲルマヌスのそれは民衆の日々の生活の救済であり、彼はいわば物的救済の面で傑出していた。

加えて、両者の出自も好対照を示している。マルティヌスの父は一介の兵士から身を起し、ローマ帝国軍の中堅の軍人官僚の地位を得た人物であったが、ゲルマヌスは帝国を政治的に牛耳り、卓越した社会的地位を有し、広大な所領経営によって経済的に支配するセナトール貴族門閥の出身者であった。すでにK・F・シュトレーカーの古典的研究が明らかにしたように、ゲルマススの活躍した五世紀という時代は、セナトール貴族出身者が大挙して司教座に進出した時代である[27]。その意味でも五世紀以後の司教聖人の「聖性」の本質を探るうえで、ゲルマヌスの事例は恰好の素材と思われる。

先にマルティヌスの経歴を簡単に述べたが、それと対比する意味で、ゲルマヌスのそれもごく簡単に述べておこう。彼は三八〇年か、あるいはそれより少し前[28]にセナトール貴族[29]の息子としてオーセールに生まれた。彼はまず、この時代の貴族の子弟が通例たどるのと同じ道を歩きはじめる。ガリアで、ついでローマに赴いて法学と弁論術を修め、そしてこれによって帝国高級官僚への道を開いた。最初に、アルルに移ったガリア総督府の裁判所専属代弁人としてその公的経歴の第一歩を記す。続いて、その力量によって属州総督となる。だが公職にあった四一八年、先代司教アマトールの死のあとをうけて、生まれ故郷オーセールの住民の総意で、司教に選出された。彼は現職をまっとうする意向を強く持っていたが、住民の懇望に折れて公職を辞し、司教に就任した。

伝記は司教としての彼の活動を述べる部分で、当時の聖人司教の機能を非常によく示すと思われる二つのエピソードを紹介している。ひとつは都市オーセールが帝国によって過重な租税負担を要求されたときのことで、彼はアルルの総督府まで赴き、総督アウクシリウスから負担の軽減を獲得している。

もうひとつの事件は、四四八年に「Tractus Armoricanus」と呼ばれる西ガリア一帯で農民の反乱が起こり、当時この地域を軍司令官アエティウスの指揮のもとに統括していたアラン族の王ゴアールをはじめ、皇帝権力による報復の危険にさらされた時で、彼は住民の懇願をうけて、老齢にもかかわらずラヴェンナの皇帝府まで足を運び(30)、オーセール地方を含むこの地域への災を未然に防いだのであった。彼はその帰途に客死している。

ゲルマヌスの機能は、まずもってオーセールという共同体の庇護者としてのそれであり、パトロヌス(庇護者)としての聖人として類型化されよう。共同体内部での紛争・軋轢の調停者、共同体と外部世界、とりわけ上級権力との仲介者としての役割は、同時代のビザンツ・シリアでの聖人が果したそれと似通ったものがある(31)。シリアでは、この種の聖人が農村をその主たる活動の場としているのに対して、ガリアでは都市がその活動の主要局面となっている事実は、オリーブ・プランテーションに依拠し(32)、それゆえかなり高度の商品経済の浸透が見られた東地中海沿岸地域の農村の先進性と比較した場合のガリア農村世界の遅れと深く関係していると思われる。

それはともかく、オーセール司教ゲルマヌスは出自、経歴、その活動の仕方という点で、五、六世紀の聖人の大部分を占める司教聖人の先駆形態を示している。もっとも彼の場合、租税軽減の嘆願のためにアルルの総督府に赴く途中や、またアルルにおいて「奇跡的」治癒の霊力を発揮しており(33)、その意味ではマルティヌス型の聖性、禁欲の実践者としての聖性(34)も兼備していたと言えよう。

しかしながらゲルマヌスの司教聖人としての先駆者たるゆえんは、なんといってもその出自と経歴にある。実際、五、六世紀および七世紀にいたるまで、司教聖人の多くがセナトール貴族の出身者か、あるいは「国家」の高級官職を担った経験者で占められ、なかんずく初期には両方の資格を持つ者が就任したのである。こうした例は枚挙にいとまがないが、例えばヴィエンヌ司教パンタガトゥスとヘスキウスは、ブルグンド王の宮廷で宮廷役人、財務官をそれぞれ務め、同じくナマンティウスはパトリキウス経験者であった。[35] リヨン司教ルスティクス、シドニウスはそれぞれコメス comes(伯)および司法役人を経て聖界に入った。[36] 同司教座のサケルドス、ウィウェンティオルス、ニケティウスなども事情は同様である。[37]

こうした現象は、ローマの国家組織が比較的堅固に残りつづけたガリア南部に特有なものではない。ライン・ロワール間地帯の司教座においても相当程度確認しうる現象なのである。[38]

それではなぜこうした事態が生じたか。その理由は三つの異なる視点から指摘しうる。ひとつは皇帝権力、後には国王権力が都市の反乱に対処するために、自らの腹心であった人物を司教に据えたがったということ。[39] 第二は、都市共同体自身が後期ローマの都市制度の伝統に則って、[40] 国家の苛斂誅求から自分たちを保護してくれるパトロヌスの機能を司教に期待し、そうした力量を備えた人物として、国家の高級官職歴任者を司教に迎えたがったこと。ゲルマヌスの場合はまさしくその典型であった。第三は、セナトール貴族の側の要因である。彼らは司教に就任することによって、新たな宗教が支配しつつある世界で、従来の社会的威信を維持するばかりでなく、それを一層高めることを望んだのである。さしあたり本章の目的にとって重要なのは、第二と第三の理由である。両者を結びあわせて考えれば、それだけで司教の諸機能が「支配」として現象せざるをえない必然性を浮き彫りにしてくれる。しかしその広がりと深さについて確たる認識をもち、そしてまた司教の諸活動、とりわけ社会的救済行為を民衆が目のあたりにし、その意味を読解する際にありえた多義性を理解するために、キリスト教においてわけても活動の対象とさるべき貧者の救済とその行為、あるいは行為の成果がいかなる語彙によって表現され、さらにそれらのいわば政治的言語がどのような含意と意味連関を持つかを確認しておく必要がある。

いま述べたように、司教聖人が心がけた都市住民の救済が固有に宗教的な意味を帯びて実践されるのは、住民一般の救済というよりは、とりわけ都市下層民のそれである。それは食糧や衣服、金銭の無償提供といった形で行われた。教皇ゲラシウス一世(在位四九二—四九六年)は、以前教皇秘書をつとめていた時、貧民救済のための教勅を立案したが、それは司教にたいして、その収入の四分の一を貧者の救済に充てるよう命じた内容であった。[41] その精神は六世紀の公会議決議にも反映している。五一一年のオルレアン公会議決議第十六条[42]、五四九年の同じくオルレアン公会議決議第二一条[43]、五六七年のトゥール公会議決議第五条[44]などは、貧者や社会的弱者の救済をうたっている。

こうした教勅や決議が空文に終わらないどころか、過度の熱心さをもって実行されたことは、この時代の司教の伝記や歴史記述を読めば容易に納得しうる。五世紀後半にガリアで成立した「古教会規則 Statuta ecclesiae antiqua」には、教会の高位官職に就く前提として、その候補者が貧民や弱者に慈悲深いことが挙げられている。

貧者への喜捨の実践者 elemosinarius としての司教は、六世紀の二三にのぼる司教墓碑銘のうち十四に、生前におけるこの面での遺徳が讃えられていることからも明らかであろう。[45] もっとも elemosinarius という属性は、決して司教にのみ固有なものではなく、俗人貴族の墓碑銘にも見出され、後期古代のセナトール貴族の遺徳を讃える追悼詩 laudatio funebris のシェーマとなっており、M・ハインツェルマンはこの時代のキリスト教的貴族像を構成する重要な概念とみなしている。[46]

貧民の物的救済が司教だけでなく、とりわけ貴族の徳性のひとつと見なされていた事実は、elemosinarius としての貴族、貴族としての elemosinarius(司教)というように、一方の中に、同時に常に他方の像を見出す両義的な認識の回路の形成を予測せしめる。さらに言えば、司教はしばしば「貧者の父 pater pauperis」と称されたが、このパテル pater は実は通りいっぺんの単なる譬喩ではない。ローマの伝統的な政治用語法において、セナトール貴族は pater と呼ばれ[47]、父の如き支配はアモル amor という言葉で示される。父支配に固有の徳はパテルナ・ピエタース paterna pietas である[48]。ちなみに六世紀のメロヴィング王国で活躍した頌詩作家のウェナンティウス・フォルトゥナトゥスは、メロヴィング諸王を形容する用語として paterna を用いるが、彼においてもメロヴィングの王の父的統治のモデルが司教の支配であったことが、最近明らかにされている[49]。この事実は記憶にとどめておくべきである。またセナトール貴族は皇帝とならんで、ピウス・オールドー pius ordo(敬神の念厚き身分)と規定されている[50]。古代ローマの政治世界において pietas は父的支配の性格づけに使われる概念である。そしてさらに六世紀以来、高級聖職者を讃えるのに多用されたウェネラービリス venerabilis は、皇帝家の成員を形容する言葉でもあった[51]。

このように後のキリスト教の宗教的徳性を表現する重要な言語は、ローマ社会における支配者の徳、父的支配の諸属性を形容する言語でもあったのである。日常くりかえされる物的救済活動を通じて、貧者と司教との間には、物によって媒介された複雑かつ微妙な人格的関係、ひとつの支配関係が形成される。しかしそれは一義的な形では認識されえない。それはすでに述べたような、司教とセナトール貴族双方の属性に通有の政治的言語の体系、支配および支配者の徳目を表現する言語と、キリスト教的諸価値を表わす言語の同一性が、支配をそのものとして現象させず、他方司教のキリスト者としての実践を「支配」の光暈をまとわせつつ提示するという両義性に富んだ効果をもたらしたのである。だがそれだけが理由ではない。そもそも当時における司教の社会的実践の最も重要な要素である救済活動が、実は後期古代の民衆の政治的想像力のうちで、中世以降のそれとは全く異なるパラダイムのもとに理解されたからでもある。

三　民衆の「支配者」イデオロギー：寛厚——古典古代的観念の残存か——

司教聖人が民衆、とりわけ都市下層民に対して、救済活動を契機に形成した支配関係を余すところなく解き明かすためには、様々の視点からのアプローチが必要だが、そのひとつとして、司教の物的救済の実践を無償の贈与行為としてとらえ、古代世界においてこの種の行為がいかなる契機と条件のもとで、何を目的とし、どのような機能を果したかなどの諸問題の解明に取り組んだ、古代史家ポール・ヴェーヌ[52]とビザンツ史家のエヴリィヌ・パトラジャン[53]の研究に依拠しながら見ておこう。

両者の研究において、政治・社会現象の分析に évergetisme という言葉が、ひとつの鍵概念として活用されている。「エヴェルジェティスム」なる語それ自体は、約七〇年も前にフランスの古典学者アンドレ・ブランジュによって創り出され、その後アンリ＝イレーネ・マルーにより、ある程度一般化して用いられるようになった造語である[54]。語源的にはギリシア語であるが、古代ギリシア人もローマ人もそれ自体としては知らなかった言葉である。特定の現象を分析するのに用いる概念装置である。

その内容は一般的に言えば、私人による様々の形態での公共への奉仕であり、多少具体的に言えば、私人による都市共同体への寛厚（エリウテリオテース）であった[55]。それは私財をもって実践される。たとえば闘技場、劇場での催物、共同体成員の全員を招いての宴会、あるいは公衆浴場、凱旋門、闘技場、集会堂、水道の建設などがそれにあたる。私人によるこうした行動の動機については、古代都市共同体における倫理学の体系化を行ったアリストテレスの

『ニコマコス倫理学』第四巻、「財貨に関する徳」の第一章で詳しく述べられている。[56]

市民への財貨その他の無償の贈与も、これまた言うまでもなく寛厚の実践である。ところで、こうした寛厚の恩恵に浴しうるか否かは、当該人物が市民であるか否かによって決まるのであって、その経済的困窮度によってではない。[57]その意味では、経済的格差がもたらす共同体内部の社会的緊張を解消する目的をもって行われる富の再分配とは異なる。[58]むしろ共同体内部の政治関係を基礎づけるという機能を負わされていた。[59]古典古代の都市共同体を支える基本原理は、市民権を基礎とする市民相互の政治的平等にある。だが現実には市民の中には富者ばかりでなく貧者もいるわけで、一定の経済的格差は厳然と存在している。

こうした経済的現実が、そのまま政治関係に転化するのを阻止していたのは、思うに、市民の法的地位の一体性という強固な市民意識の伝統である。このような状況のもとで、他の市民仲間にたいして優越した、卓越した存在であるためには、何よりもまず全市民によってその名を知られた著名な存在でなければならない。そしてそれは共同体全体への寛厚、市民の社交に寄与することによって最もよく達成されたのである。

帝政期ローマにおいて皇帝はしばしば剣闘技や戦車競争を主催したが、それは満場の市民にたいして、自らの姿を国家の至高性の化身として示し、[60]かつこの娯楽の提供者としての自己を印象づけることにあった。市民もまたそのような限りにおいて、寛厚を実践した人物の政治的優越を許したのであった。都市共同体の社会的規範もまた剰余獲得者にたいして、寛厚を倫理的要請として強制したのである。交換によって得た利益は、贈与行為によって放出することではじめて許されたのであり、それを拒否する者は財の流通を阻害したり、無益な消費を行う者として蔑視の対象とされたのである。[61]

この時代の個々人のもつ経済力が、そのまま政治的な関係に転移しえないより重要な原因として、この時代の経済的ポテンシアルの弱さがある。贈与行為の重視は、経済的潜在能力・生産力の弱さのために、交換が持っている様々の限界にたいしての当時の人々の的確な認識に基づいていた。M・ロストフツェフが描いた、紀元一世紀のローマの経済構造についての構想、すなわち商品流通が一般化し、持続し、交換物が絶え間なく増加するような古代資本主義とも呼べる画像が、いかに非現実的であるかが指摘される。実際には余剰投資の可能性と資本蓄積の増加は余りに微々たるものであったため、人々は生産と商品交換の無限の増大という非現実的希望より、むしろ寛厚による政治的威信の獲得を選んだ(62)。このように古代の諸国家において、無償の贈与行為は政治的支配関係形成の機能をになっていたのである。

以上のような観点から見るとき、後に貧民の救済活動、すなわち貧民への無償の贈与を実践した司教聖人が、大土地所有者として君臨し、帝国高級官僚として公権力を独占し、そして古代的支配者理念の継承者であり、かつ後期古代ガリアに貴族支配体制とでも呼ぶべき状況を実現していたセナトール貴族の出身者で占められていた事実には、特別の意味があるように思われる。確かに贈与の受益者は市民たるか否かを基準にして選ばれたのではなく、貧困という別種の基準に基づいており、また物的窮乏からの救済という全く異なる目的を持っていた。さらに寛厚が本来の姿で機能する前提となる都市共同体そのものが解体しつつあった。それにもかかわらず、こうした変動がただちに、贈与行為がになっていたかつての政治的機能を消滅させたとは思われない。意識の変革は、総体現象としては常に遅れてやって来る。無償の贈与という、現象としては同一の実践のうちに、民衆が「支配者」の振舞いを見出さなかったとは言いきれないだろう。いやむしろP・ヴェーヌ、E・パトラジャン、H・クロフトなどの、この問題を考察した諸家はこぞって、エヴェルジェティスムのイデオロギーが教会の救貧・慈善の社会関係に流れ込んだことを指摘し(63)、そのことが既存の権力構造の残存をもたらしたとさえ述べている(64)。かくして寛厚はひとつのイデオロギーとして、貧民にたいする司教聖人の贈与行為の意味と本質を規定し、両者の支配関係・権力関係を絶えず目に見える形で再生産する機能を果たしつづけたと言えるのである。

おわりに

後期古代の聖人は身体と生活の両面からの人間の救済によって、その聖性の本源的部分を獲得した。こうした聖人の絶えず反復される実践が、一定の社会的ひろがりと密度をもつ限り、それは所与の社会で多様な諸関連を伴う社会的機能としてあらわれる。なんらかの社会的機能はそのうちに支配関係形成の契機を常に秘めているが、四世紀から六世紀にかけてガリア社会において達成されたのが他ならぬ聖人による支配である。それは本質上、すぐれてイデオロギー的な支配であった。しかし、フランク国家のもとではいかなる条件がこれを可能にしたであろうか。

すぐに念頭に浮ぶのは、聖人の社会的実践に対抗しえないまでも、それが支配・権力関係へと自由に展開することを阻止するはずの国家権力の弱体性、未熟さである。だがこれは正確な認識とは言えない。なぜなら初期メロヴィング諸王はむしろ聖人司教の支配を自らの支配のモデルとし、父的支配を実践したからなのである。カリスマをもたない王権にとって「司教のまねび imitatio episcopi」こそが民衆の意識のうちに支配者としての自らの姿を刻印する方法であったからである。しかしその支配は通例の意味で国家的秩序を創出しうる性格のものではなかったというのもまた事実であった。

（1）　標題に用いた二つの用語、「後期古代」と「聖人」について若干の説明をしておきたい。まず序章でも紹介した後期古代という用語であるが、これは独語のSpätantike、仏語のantiquité tardive、そして英語のLate Antiquityの訳語として使用している。Spätantikeは今世紀初頭、ウィーンの美術史家A・リーグルによって使用され始め、歴史学の分野でも定着した用語だが、これに対してLate Antiquityとantiquité tardiveの二つは、ここ三〇年か四〇年の歴史しか持たない比較的新しい用語法であり、その使用の背後にはそれまでE・ギボンによって代表される見方、すなわち帝政末期を文字通り経済的・文化的没落と衰退と理解する仕方に対して、この時代をそれ自体ひとつの始まりと終わりをもった時代、古典古代の単なる退化形態として、その延長線上にある時代ではなく、独自の価値体系、社会規範、美意識、習俗、宗教観、社会経済構造、政治権力のありようを示す完結した世界であるとの、新たな認識が働いている。後期古代という概念を用いて、新たな歴史像の構築に積極的に取り組んでいる英語圏の代表的研究者として、古典学者ピーター・ブラウンがおり、フランスでは一九七七年他界したアンリ＝イレーネ・マルーがいる。マルーの遺著『ローマの衰退か、後期古代か。三―四世紀』(一九七七年、パリ)は、その意図するところを簡潔にまとめている。ブラウンはこの概念が覆う時代を紀元二〇〇年から七〇〇年までとしており、マルーが遺著で示した時代区分と大きな距たりを見せている。すでに序章で論じたところからわかるように、私はブラウンの提示したより長期の「後期古代」観に与している。これは単に時代区分の問題にとどまらず、いかなる現象を後期古代的と見なすかという、新概念の内容と不可分の根本的問題を提起するが、こうした認識にもとづく研究は緒についたばかりであり、この時点で全ての研究者を納得させるような回答を要求するのは無理というものであろう。重要なのは、ともすれば従来の歴史研究で、古代から中世への単なる「移行期」「過渡期」として不当に冷遇されて来たきらいのあるこの時代が、とりわけそうした傾向が顕著であったフランスで、若い研究者たちの関心をよびさまし、古代史家・中世史家の双方から研究の対象とされることの少なかったこの時代の諸現象が解明され、そのことによって古代史・中世史のいずれをもより豊かにすることが期待しうるという点である。フランスでのこうした動向の中心は、パリ第十大学ナンテール校に付設された「後期古代・初期中世研究センター」(所長ミシェル・ソー)である。コメントすべき第二の用語は聖人である。本章ならびに以下の章では聖人は、十二世紀以降教会法上明確にされる教皇庁公認の列聖化された聖人だけでなく、ここに扱われる時代の民衆によってsanctus(全ての聖職者はsanctusと称されえたが)と観念され、崇敬の対象となった人物も含む、より一般的な意味で用いている。

(2) この地域における社会構造の独自性と聖人の果した役割についてはP. Brown, "The rise and function of the Holy Man in Late Antiquity", in *Society and the Holy in Late Antiquity*, London, 1982, pp. 103–152参照。

(3) J. M. Wallace-Hadrill, *Early Medieval History*, Oxford, 1975, pp. 3-4.

(4) L. Piétri, "Le pèlerinage martinien de Tours à l'époque de l'évêque Gregoire", in *Gregorio di Tours. Convegni del Centro di*

Studi sulla Spiritualità Medievale, XII, Todi , 1977, p. 122 . トゥール司教グレゴリウスの諸著作に見える巡礼者の社会層の比率は、王族を含む高位官職担当者の俗人九%、聖職者及び教会の影響下にある俗人十八%、Pauperes 七三%である。*ibid*. ただしこの時代の pauperes というのは potentes の対概念であって、自立的経営を行っている農民なども含まれ、文字通りの下層民というわけではない。

（5） A. Rousselle, "Du sanctuaire au thaumaturge: la guérison en Gaule au IVᵉ siècle", in *Annales, Économies, Sociétés, Civilisations,* 1976, nov.-décem., p. 1104.

（6） *Ibid*., p. 1086 .

（7） *Sulpici Severi V. s. Martini*, c. 13. 1–14.7., éd. introd. et traduct. de Jacques Fontaine,《Sources chrétiennes》, no.133, Paris, 1967, t. 1, pp. 281–285 参照。

（8） 例えば六世紀中葉においても、異教的祭祀が根強く行われていたことをオータン公会議 (ca. 573-ca. 603) 決議第三条 "Non licet conpersus in domibus propriis nec pervigilius in festivitates sanctorum facere nec inter sentius aut ad arbores sacriros vel ad fontes vota dis solvere", *M. G. LL. Concilia*, t. 1, p. 179. が指摘している。

（9） *Sulpici Severi V. s. Martini*, c. 2 及び c. 4, *op. cit*., t. 1, p. 255/pp. 261–262 参照。

（10） A. Rousselle, *op.cit*., p. 1096.

（11） *Suplici Severi V. s. Martini*, t. 1, p. 159.

（12） A. Rousselle, *op. cit*., pp. 1090–1091 参照。

（13） *Sulpici Severi V. s. Martini*, t. 1, p. 159.

（14） A. Rousselle, *Porneia: de la maîtrise du corps à la privation sensorielle, IIᵉ-IVᵉ siècles de l'ère chrétienne*, Paris, 1983.

（15） *Ibid*., pp. 188–189 参照。

（16） *Ibid*., p. 226 参照。

（17） *Ibid*., pp. 222–223 参照。

（18） *Ibid*., p. 178.

（19） J. Fontaine はマルティヌスの思想の特徴のひとつとして Pneumatisme を挙げている。*Sulpici Severi V. s. Martini*, t. 1, pp. 166–167 参照。

(20) A. Rousselle, "Du sanctuaire", p. 1104.
(21) *Ibid.*, p. 1105.
(22) *Ibid.*, p. 1097.
(23) *Ibid.*, p. 1105.
(24) A・J・グレーヴィッチ「前資本主義的社会構成体論争によせて——構成体とウクラード」福富正実・一柳俊夫編訳『前資本主義的構成体の諸問題』I、未来社、一九八二年、三二五―三四〇頁参照。
(25) A. Rousselle, "Du sanctuaire", pp. 1100–1101.
(26) K. F. Stroheker, *Der senatorische Adel im spätantiken Gallien*, Nachdruck, Darmstadt, 1970, p. 73.
(27) *Ibid.*, pp. 72-73 参照。
(28) E. Griffe, *La Gaule chrétienne à l'époque romaine, t. 2, L'église des Gaules au Ve siècle*, Paris, 1966, p.291.
(29) 伝記作者コンスタンティウスは、「光輝かがやかしき一族に生を享け parentibus a splendissimis procreatus」と述べているだけで、セナトール門閥かどうかは明言していない。しかしながらシュトレーカーは前掲著書の Prosopographie, no. 178 にゲルマヌスを取り上げ、したがってセナトール貴族に分類していると思われる。われわれもM・ハインツェルマンの方法、つまり明示的に「セナトール」という文言が登場しない場合でも、当該人物がこの身分に属していることが蓋然的であることを示す二つの指標に基づいて、ゲルマヌスがセナトール身分であったと見なしておこう。その二つの指標とは、⑴当該司教自身についての直接的与件がない場合でも、親族の誰かが司教職を占めたことがあるか、あるいは親族の者が重要な国家官職を担ったことのある場合。⑵当該司教が司教になる以前に、国家役人として高い地位を占めていた場合である。ゲルマヌスの例は第二の指標に合致する。M. Heinzelmann, "L'aristocratie et les évêchés entre Loire et Rhin jusqu'à la fin du VIIe siècle", in *Revue d'Histoire de l'Église de France*, t. LXII, no. 168, janv.-juin, 1975, numéro spécial, *La christianisation des pays entre Loire et Rhin, IVe-VIIe siècles*, pp. 80–82 参照。以下のゲルマヌスの略歴は特にことわらない限り Stroheker, *op. cit.*, Prosopographie, no. 178; E. Griffe, *op. cit.*, pp.289–301 による。
(30) Griffe, *op. cit.*, p. 36.
(31) この点については Brown, *op. cit.* とりわけ p. 109 et suiv. 参照。
(32) *Ibid. passim.* オリーブ・プランテーションのエコシステムについては邦語文献として、渡辺金一『中世ローマ帝国——世界史を見直す』岩波新書、一九八〇年、第四章「ローマ領シリアにおけるオリーヴ・プランテーション村落の興廃——地中海的生産様式の一類型」参照。

(33) Griffe, *op. cit.*, pp. 298–299 参照。

(34) ゲルマヌスの伝記は、彼が意に反してオーセール司教に選出され、その就任を受諾した直後、いかに厳しい禁欲生活を実践したかを詳しく述べている。*ibid.*, p. 293 参照。

(35) M. Heinzelmann, *Bischofsherrschaft in Gallien. Zur Kontinuität römischer Führungsschichten vom 4. bis zum 7. Jahrhundert. Soziale, prosopographische und bildungsgeschichtliche Aspeke*, München, 1976, pp. 227–228.

(36) *Ibid.*, pp. 103- 105.

(37) *Ibid.*, pp. 130–135.

(38) Heinzelmann, "L'aristocratie", *op. cit.*, pp. 81–82 および p. 82, n. 29, 30 の一覧表参照。

(39) Heinzelmann, *Bischofsherrschaft*, p. 77.

(40) M. Clavel/P. Lévêque, *Villes et structures urbaines dans l'Occident romain*, Paris, 1971, p. 186. 参照。

(41) M. Mollat, *Les pauvres au Moyen Age. Étude sociale*, Paris, 1978, p. 54.

(42) *M. G. LL. Concilia*, t. 1, p. 6. 参照。

(43) *Ibid.*, p. 164. 参照。

(44) *Ibid.*, p. 166. 参照。

(45) Heinzelmann, *Bischofsherrschaft*, p. 163.

(46) *Ibid.*, p. 164.

(47) *Ibid.*, p. 166.

(48) 皇帝が「父」なる言葉で呼ばれ理解されることにより、ローマの政治権力・政治イデオロギーの領域で、いかなる認識論上の変化が生まれたかについて、ローマにおける剣闘技の終焉の問題と関連させつつ、ジョルジュ・ヴィルは、その死後刊行された大著 G. Ville, *La gladiature en Occident des origines à la mort de Domitien*, Rome, 1981 の要約とも言える論文 "Religion et politique : comment ont pris fin les combats de gladiateurs", in *Annales, Économies, Sociétés, Civilisations*, 1979, pp. 651–671 とりわけ pp. 668–671 で明らかにしている。もともと元老院貴族の呼称であった pater を皇帝が独占しえた背景には、ローマの伝統的な政治システムの要であった元老院貴族の威信低下、真の意味での元老院階級の消滅があった。われわれが問題にしているセナトール貴族はコンスタンティヌス大帝以後に形成された、新たな官職担当者としての階級であり、本来皇帝権力をしのぐ国制上の地位を与えられていた、かつてのそれではない。むしろ皇帝の行政官として機能した集団である。だが形式的には以前の元老院貴族と同じくpaterの称号を帯びつづけていた。彼らの帯びるpaterの呼称は、皇帝がpaterという言葉で理解されることで生ずる認識論上の問題とは一応切り離して考えることが出来る。

(49) Heinzelmann, *Bischofsherrschaft*, p.157.

(50) M. Reydellet, *La royauté dans la littérature latine de Sidoine Apollinaire à Isidore de Séville*, Rome, 1981, pp. 335–336.

(51) Heinzelmann, *Bischofsherrschaft*, pp. 159–161.

(52) P. Veyne, *Le pain et le cirque. Sociologie historique d'une pluralisme politique*, Paris, 1976.

(53) E. Patlagean, *Pauvreté économique et pauvreté sociale à Byzance, 4e–7e siècles,* Paris/La Haye, 1977.

(54) Veyne, *op. cit.*, p.20.

(55) *Ibid.*

(56) アリストテレス『ニコマコス倫理学(上)』高田三郎訳、岩波文庫、一九七一年、一二九―一三九頁参照。

(57) Patlagean, *op. cit.*, p. 181; H. Kloft, *Liberalitas principis. Herkunft und Bedeutung. Studien zur Prinzipatsideologie*, Köln/Wien, 1970, p. 28 参照。

(58) Veyne, *op. cit.*, p. 218 et suiv.

(59) Patlagean, *op. cit.*, p. 182.

(60) Veyne, *op. cit.*, p. 540.

(61) Patlagean, *op. cit.*, p. 182.

(62) *Ibid.*

(63) Veyne, *op. cit.*, p.51 et suiv.; Patlagean, *op. cit.*, pp. 21–22; Kloft, *op. cit.*, pp. 170–177 参照。

(64) Patlagean, *ibid.*

第二章　教会登録貧民考

はじめに

西暦三一二年十月二八日のマクセンティウス帝との雌雄を決するミルウィウス橋の戦いで、首尾よく勝利をおさめたコンスタンティヌス帝は、帰途ミラノにおいて、キリスト教を数ある諸宗教のひとつとして認める旨の勅令を発した(1)。キリスト教徒にとって、この突然の思いがけない布告は、単に長い受難の旅の果てにようやく手にした自らの信仰の勝利というにとどまらず、むしろそれ以上に、この信仰を組織する機構としての教会が地下のカタコンベを出て、やがてヨーロッパを中心に一千数百年にわたって巨大な影響力を行使することになるその第一歩を踏み出す契機をつくり出したという点で、計り知れない意義をもつ。

翌三一三年に実施された聖職者への全ての対国家奉仕義務の免除、三一八年の司教への仲裁裁判権の賦与、三二一年の教会への遺贈の承認と、あいついで出された聖職者・教会優遇策は教会を帝国の統治組織の一環として機能させ、聖職者の精神的・知的能力と、教会の潜在的な経済力を国家に奉仕させようとするコンスタンティヌス帝の年来の構想の具体化であった。その結果、それまでローマ帝国が担っていた公共的機能たる社会救済的活動は、以後全面的に教会に委ねられることになった(2)。

病人、孤児、身体障害者、寡婦などの弱者、社会の下層を構成する人々が救済の対象とされ、教会や私人の喜捨によって建設された救貧院 xenodocium や施療院 hospitalium において給養された。こうした救済制度が都市において形成され、諸施設がまずもって都市およびその近辺に建設されたのは、キリスト教が当初都市を中心に布教されたという事情と関係している。加えて、相当数の人口を扶養しうる物資調達システム、商品流通がこの種の施設の都市への立地を有利にしていた面もあろう。

七世紀以降顕著となる救貧施設の農村地域への増加(3)は、その意味からすれば農村地域へのキリスト教布教の深化と、この地域における流通を含めての経済的諸力の充実、それに司教座の置かれた首邑都市(キウィタス civitas)の以前に比しての政治的、経済的そして社会的潜在力の低下を反映していると思われる。この最後の点は、教会がポスト・ローマ期に、先に指摘したように国家・社会生活の中心的存在としてしっかりと地歩を築いて以来、その指導層を構成する司教たちが、各々の司教座都市において、古代における支配者の理想像であった市民への寛厚の実践者 évergéte のように振舞うことによって、その地位をより強化し、安定的に維持しうるというパラダイムの消滅あるいはその弱化を示唆している(4)。

さて、本章で取りあげる教会登録貧民(マトリクラリウス matricularius)とは、食料をはじめとする生活必需品の供給を教会によって保証され、通常、司教館に隣接するマトリクラ matricula と称される施設で給養された人々である。「マトリクラ」という名称は、この分野での先駆的研究者のひとりE・レーニングによれば、彼らを収容する施設の呼称と同じ「マトリクラ」と呼ばれる台帳にその名前が記載されていることに由来する(5)。したがってその動向は下層民一般の状況とは必ずしも一致せず、また当然のことながらその数も少数であったと思われるところから、この時代の社会構造の規定的要素と評価することは許されないであろう。しかし、それにしてもなぜ教会はこのような特殊な貧民のカテゴリーを設定し、その収容施設をどの司教座都市にも建設し、そして司教たちはその遺言状の中でたとえわずかであっても、マトリクラへの喜捨に心をくだいたのであろうか。おそらくここには貧者一般の救済、わけてもその物的救済と多くの部分を共通にしつつも、それとは異なる、あるいは水準を異にする登録貧民と呼ばれる少数者集団が果たした司教の都市支配における政治的・イデオロギー的役割の問題がひそんでいる。

いずれにせよ、彼岸であれ此岸であれ、人間の救済をイデオロギーとして掲げる教会の、その具体的な実践の諸局面、いわばその「下部構造」の解明は、教会がこの時代において果した社会的機能の独自性についての一段と深い認識をうながし、ひいては支配と権力の問題に新たな角度から光をあててくれるであろう。

一　貧民と助祭制

ポスト・ローマ期を含む後期古代から中世にかけての西欧ラテン世界において、貧民を表現するのに最も一般的な用語として用いられたのはパウペル pauper (複数形 pauperes) である。しかしながらこの言葉のもつ意味は決して一義的ではない。例えば六世紀末のトゥール司教グレゴリウスにおいては、この言葉が有力者、権勢家といった政治的・社会的に優越した支配層を意味するポテンテース potentes、プローケーレース proceres、メリオレース meliores の対概念として使用されている(6)。このような「貧民」理解は、この時代におけるひとつの通念であったようで、グレゴリウス以外の手になる聖人伝でも、自分の土地を所有し、家、家畜、葡萄畑などを有する小農民が pauperes という言葉で表現されている(7)。

こうした階層のさらに一段下には、一切の生産手段をもたない、都市・農村において労働需要の求めに応じて賃労働を提供することで糊口をしのぐ人々、さらには教会をはじめとする公権力の救済の対象として、時に応じて給養されたり、場合によっては常時救済を受けねば生存しえない絶対的貧困者がいる。彼らもまた pauperes なる言葉で表現されるが、特に絶対的に困窮し、教会などの援助がなければ露命をつなぎえないような人々を表わすのにエゲーヌス egenus (複数形 egeni) なる語がしばしば使われる。egeni には寡婦、孤児、解放奴隷などの社会的弱者一般も数えられうるが、より特殊には、病者、不具者などの自らの労働によって生活資糧の獲得が現実には不可能な人々を、その第一義的な内容としている。(8)

ビザンツ史家E・パトラジャンは、四世紀から七世紀にかけての東ローマ・ビザンツ社会の貧困を扱った大著の中で、主に聖人伝の治癒奇跡を材料にして、この時代の疾病のカテゴリーを列挙している。多いのは感覚障害、精神障害、運動障害、内臓疾患とハンセン病である。(9) これらの病気は同時代のガリアをはじめとする西ローマ世界においても共通しており、とりわけ前三者は、社会不安にもとづく心身相関的病いであり、マルティヌスやヒラリウスなどの聖人がしばしばその治癒に成功し、奇跡として聖人伝に記されている病気である。(10)

貧困と病いとは栄養学的にも、社会・経済的にも密接な相互関連のもとにある。かりにこの時代の「貧民」pauperes の一般的概念内容として、自らの労働によって生計をたてねばならない人々というJ・シュナイダーの、グレゴリウスの用語法の分析から得た結論に即して考えてみると、pauperes 概念のもつ幅の広さ、言いかえれば、小なりとはいえ生産手段を所有する農民から、手工業者、賃労働者、それに教会が保護主となっている寡婦、孤児など家長権の庇護を喪失した者たちや、その給養によって生きる病者までを包摂する概念の広さ曖昧さは、「病い」というバイアスを通してみれば、実は見せかけのものでしかないことがよくわかる。自らの労働によって生活の糧を得ている人々は、病いになることによって、あるいは身体的な障害をもつことによって、ただちに生活能力を喪失し、教会・修道院などの援助によるか、物乞いをしなければ生きてゆけなくなるという本質的な共通点を有し、その限りに

おいて、potentesとは対照的な存在なのである。(11)

グレゴリウスをはじめとするポスト・ローマ期、中世初期の聖人伝作者は、現に目の前にいつも見えている、生活の形態もちがえば、生業も異にする多様な勤労者層の現象形態にとらわれることなく、こうした人々がその不安定な生のあり方の点で、本質的に均一な社会層を構成していることを透視していたのである。

同時代人の目から見たとき社会は二つの層から成っていた。病いによって顕在化するところの、構造化された貧困のサイクルに封じ込められた人々とそうでない人々、すなわちpauperesとpotentesである。前者から後者への、あるいは後者から前者への移動の可能性は、メロヴィング朝期ガリア社会においては政治権力の独特の作用によって、他の時代に比較して多かったと思われるが、全体としてみれば、こうした構造の壁は動かし難かった。貧困と疾病の社会的・経済的帰結が、社会を二つに横断する原理となるだけではなく、ある部分においては法的地位の、すなわち身分の問題にまで関わってくるのである。

古代の伝統的な法的基準は基本的には出生にもとづいており、自由人、不自由人の二分法的構成になっていた。その中間に、時代によっては解放自由人の身分が設けられ三分構成になることもあったが、基本は二分法的編成である。(12)ところが三世紀頃から刑法の分野において、社会的・経済的強者と弱者を対比したホネスティオレースhonestioresとフミリオレースhumilioresという全く新しい分類法が出現してくる。(13)この分類方法は法的な性格をもち、史料はたとえばhumilioresに属する者の証言や官職取得における無能力を表明している。(14)ある法的な行為能力の有無の判定に、貧困という社会的・経済的基準が導入されることによって、逆に貧困は法的状態となり、貧民は一定の身分的性格を刻印されてゆくのである。自由と不自由という絶対的身分基準が失われることは決してないが、これと並んで、場合によってはそれを圧倒する形でhonestiores/humiliores、後にはpotentes/pauperesがほとんど身分上の概念にまで押し上げられてくるのである。[15]

貧民はその貧しさという、本質的には偶然であるほかはない事実によって恩恵を与えられたり、あるいは権利を剝奪されたりするのではなく、貧民という「身分」に属することによって、そのようにされたのである。pauper という言葉が、富者ディウェース dives と対置されるようになる、つまり専ら経済的基準からする貧民概念となるのは一二世紀以降のことである。[16]

さて、四世紀末の『テオドシウス法典』の諸規定は、公的なパンの配給カテゴリーを三分しているが、その中のひとつに panes gradiles とよばれる、ローマにおける古くからの穀物配給を下敷にした、他に生計の手段をもたない市民の給養に向けられたものがあった。[17] これは国家による貧民の救済の一方法であったわけだが、やがて帝国の「社会救済事業」を全面的に肩がわりすることになる教会は、コンスタンティヌス大帝による公認以前の三世紀中頃から、教会独自の救貧のために、助祭制(ディアコニー diaconie)と呼ばれる制度を組織していた。二五〇年の迫害で殉教した第二〇代教皇ファビウスは首都ローマを七つの区域に分け、それぞれの区域における貧者の世話を委ねるべく助祭職を創設した。助祭の主たる任務は喜捨を集め、それを困窮している信者に分配することであった。[18] だが助祭の活動は、とりわけ公認以前には大きな制約が加わり、その活動は限られていた。この制度はエジプトにおいて禁欲的修行を実践する修道士によって活性化され、範型を与えられることによって、救貧の中心制度となったようである。[19] 五世紀の都市ローマでは、助祭制が先に述べた当局のパン配給施設をそっくりそのまま利用することによって、自らの引き受けた役割の意味するところを、きわめて具体的に示したのである。[20]

この制度をになった人々の中には、コンスタンティノープルやアンティオキアでは、修道士ばかりでなく俗人もいた。そして後者は一種ボランティア的組織として男女の性別ごと、あるいは職業別に編成された。[21] コンスタンティノープルでは銀行家のアンドロニコスが同業者から成るディアコニーを作り、自分の収入の三分の一をその救貧事業に提供している。残る三分の二は修道士への喜捨と事業資金に充てたという。[22] またアンティオキアでパウロなる人物の組織したディアコニーは、貧困者への衣服の配給を主たる活動のひとつとし、夜中に貧者や老人を集めて施しをしたり、また病人を介抱したりするために街路を経めぐったといわれている。[23]

ところで都市ローマにおける助祭制の構造は、それとはかなり異っている。その理由は、すでに述べたように教皇によってはじめから整った制度として設けられ、熱心な信者の自発的な活動を取り込む余地がなく、また他方において、慈善のための財源が教会収入・教会財産のなかで確保されていたためでもあろう。都市ローマにおいては、七つの助祭区という初発の枠組が維持され、助祭に任ぜられたのはローマの伝統的で由緒ある添名 cognomen をもち、セナトール貴族家門と血縁・姻戚関係にある人々であった。[24] 助祭は自らの管轄区域内の救済の対象となるべき人びとのマトリクラ(台帳)を有していたが、これは皇帝府のパンをはじめとする食糧配給用の台帳を模倣したもので、bre-via という名前で五世紀ローマや北アフリカで知られている。[25]

六世紀初頭のラヴェンナにおいても然りである。教皇グレゴリウス一世の事務局には、教会の経費で養われる男女の名前が記載された台帳が管理されており、そこに名前を登録された貧民は毎月一日に小麦、葡萄酒、ラード、チーズ、魚、野菜などを配給された。[26]

二　「選ばれた貧民」

六世紀のガリアで開かれた公会議において、毎回かならずといってよいほど貧民に関する問題が議論されたことは、伝わっている公会議決議からうかがい知ることができる。しかしながら、われわれがこれから問題にしようと考える教会登録貧民については、それが決議の対象とされたことがないばかりでなく、言及すらされていない。このことは公会議決議以外の史料群、例えば遺言状、証書、書式集などの文書類や、記述史料において比較的頻繁に姿を見せるのと際立った対照を示している。その理由を深く詮索するための材料はなく、またそのこと自体に大きな問題が伏在しているとも思えないので、ここではさしあたり、ガリア全域の司教座都市において登録貧民の制度があまねく知られており、したがって確立した制度として深く根を下ろし、ガリアの教会全体にとって拱手しえない教会組織上の、あるいは社会的な問題を生ぜしめなかったがゆえであろうとしておこう。だが言うまでもなく、それは教会登録貧民の果した役割への評価を減ずるものではない。

ガリアの公会議決議には二度ほど教会の登録簿を意味するマトリクラ matricula が登場する。ひとつは五〇六年のアグド公会議決議第二条、もうひとつは五四一年のオルレアン公会議決議第十三条である。前者は高慢のゆえに聖職者としての職務を怠った者は、司教への告解によって悔いあらためた後に、教会での位階を付して登録簿に記録さるべしという内容である(27)。後者には登録簿のもつ意味が、より鮮明に表われていると思われるので全文を引用しよう。

たとえいかなる団体の出身であろうとも、ひとたび祭壇の僕となり、その名前が教会の登録簿に記載された聖職者に、公の力によってあえて裁判権を行使しようとする者、また聖職者の警告に耳をかそうとしない者は、何びとであれ教会の平和を持たざることを知るべし(28)……

この規定の意味は、ひとたび教会の台帳にその名前が記載されることになれば、その人物は公権力の追及から自由になるという点にある。すなわち、対世俗権力との関係で、教会に属する人的集団を画定することによって、公権力による教会への不必要な干渉を阻止するか、あるいは前者との無用の軋轢を回避しようとする教会の意図にもとづくものと思われる。五〇六年のアグド公会議決議の登録簿の役割も同じである。このような配慮が必要であった理由は、この時期に遍歴する、特定の教区にポストを持たない聖職者が多数あったところから容易に知れる。それは「異邦の司祭による聖体拝受[29]」というアグドの決議に明瞭に示されている。

すでに述べたように、貧民の登録簿について公会議決議で直接言及されることはないが、それは聖職者の登録簿とほぼ似通った役割を果たしたと思われる。それと言うのも、貧民はこの登録簿にその名前が記載されることによって、言うまでもなく食糧や衣服の無償配給を受け、マトリクラと称される施設での居住を認められたのであるが、そればかりではない。彼らあるいは彼女らは、その登録によって広い意味での教会の構成員となって、教会の諸雑務に従事したのである。トゥール司教グレゴリウスは『聖マルティヌス奇跡譚 *Libri de virtutibus S. Martini episcopi*』のある章において、マトリクラに参集した貧民、すなわち登録貧民をフラーテル frater(兄弟)という通例修道士を意味する言葉で表現している。それは以下のような内容である。

レミギアと称する高貴な婦人が手指の関節障害の病気にかかって、トゥールのサン・マルタン修道院にやって来た。彼女は徹夜で勤行と祈禱を行い、そこに集まったマトリクラ(＝マトリクラリウス)に食物を与えた。その時、不自由な指のついた瘦せ細った腕は生気を取り戻した。かくして彼女は一日中貧者たちに恩恵を施した後、無事に屋敷に帰りついた。婦人はその後、毎年、十分な食糧を前述の兄弟たちに贈りつづけた[30]。(傍点筆者)

それにもかかわらず強調しておかねばならないのは、登録貧民は教会組織においてしかるべき位階を有してはいないし、あるいは修道士として戒律にもとづく正規の修行を積んだ者たちではなく、その意味では真の意味で律修者ではありえないということである。そして俗世にも、聖界にもいずれにも全的に帰属していないということ、二つの世界の周縁に生きる存在であるところに、彼らの果す社会的・政治的役割の独自性の秘密があったともいえる。

さて登録貧民を収容するマトリクラは、どの司教座都市にも設置されていたであろうことは、たまたまわれわれが知っている以下の諸都市での存在から容易に推定しうる。すなわちトゥール[31]、ランス[32]、ラン[33]、アンジェ[34]、ル・マン[35]、ポワティエ[36]、ディジョン[37]、リモージュ[38]、ブールジュ[39]、オータン[40]、メッス[41]、トリーア[42]などである。これらの諸都市に最低ひとつ、場合によっては複数のマトリクラが存在することも珍しくはない[43]。こうしたマトリクラに属し、教会からの給養や聖域での信者からの喜捨を受ける権利のある登録貧民は、ある一定の数に厳格に定められていた。ランスやオータンの司教座聖堂のマトリクラは四〇人の登録貧民を常時擁しているが、修道院のマトリクラの場合は、キリストの弟子の数にちなんで、中世の教会組織や世俗の裁判制度などで種々の定員としてしばしば使われた十二人というのが普通であった[44]。もっともそれ以外にルーアン近くのサン・ヴァンドリーユ修道院のように十六人という数字もあった[45]。例外的に大きな数字として、七世紀中頃のメッスには、司教座都市と周辺村落を合せて七二六人の登録貧民が挙げられている[46]。

教会登録貧民への加入は、その定員制からして、欠員が生じた場合にのみ原則として可能であったと思われる。この時代にあって貧者というのは、同時に多くの場合、諸種の疾病に苦しみ、それゆえ自らの労働によって生きることのできない者たちでもあった。しかしながら登録貧民は、身体的に不自由を感じない、壮健なる者たちに限られていた[47]。それは、とりわけ七世紀以後顕著になってゆくのだが、彼らが教会・修道院の守衛をはじめとする武力行使を前提とするような勤務、その他の管理上の雑務を引受けねばならなかったところから発している。この中には、奇跡的な治癒によって病いが癒え登録民の仲間に入った者も少なくなく、そのことがこの集団に独特の雰囲気をもたらしたと思われる。

ところでガリアの登録貧民たちは、日々の生活の糧を、同時代のラヴェンナの仲間達と同じように、定期的になされる文字通りの現物の給付のみによっていたのであろうか。[48] この肝心な点については、とりわけ登録民に限定して見ると、実は余りはっきりしていないのである。おそらく初期においてはその傾向が強かったのであろうが、時間の経過とともに、一定の固定資産をそれぞれのマトリクラに設定し、そこからもたらされる収穫または収益を登録貧民仲間の給養に充てるという方式が目立ってくる。『聖マルティヌス奇跡譚』第三書十四章には、トゥールのサン・マルタン修道院のマトリクラが農村に所領を所有している事実が述べられているし、[49] ル・マンの聖ペテロ＝パウロ修道院の登録貧民たちは Taletense, Crisciacense, Cambariacense の三つの所領から衣類、床藁、靴などを供給される権利をル・マン司教ベルトラムヌスによって与えられている。[50] また国王ダゴベルト一世は、六三五年と六三七年にサン・ドニ修道院の登録貧民たちに、エタンプ地方の所領 Sarclidas と、ボーヴェ地方の六つの領地を与えている。[51] この外に遠隔の地、あるいは近隣の地方から到来した治癒祈願の巡礼者や、地元の信者が与えてくれる喜捨がある。[52] すでに紹介した聖マルティヌスの霊力によって指関節の障害を奇跡的に治癒した貴婦人レミギアや、後で多少詳しく述べることになる、グレゴリウスの『聖マルティヌス奇跡譚』第一書三一章に見える事例がそれである。[53]

また折にふれて行われた宮廷高官の参詣や、彼らの国王にかわっての代参は、一時に特に多額の喜捨を登録貧民にもたらした。[54] そして加うるに、遺言状による遺贈がある。ランス司教レミギウスは大聖堂の前にあるマトリクラに二ソリドゥス、ランのマトリクラに一ソリドゥス、[55] ル・マン司教ベルトラムヌスはル・マンの全てのマトリクラに五ソリドゥスを贈り、[56] ヴェルダン Verdun の助祭グリモは、トゥールのサン・マルタンのマトリクラになんと六〇ソリドゥスという途方もない遺贈を行っているのである。[57]

登録貧民が教会当局による給養や、思いがけずにもたらされる喜捨や遺贈をただ受け身に待ち望んですごしていただけではないのは確かだが、彼らが教会の雑務の合間をぬって行ったはずの自発的な経済活動については、詳しくはわからない。史料の上でひとつだけ確認できるのは、われわれ現代人の目からすれば、いささかショッキングとも思われる捨て子の売却による金銭の取得である。このことを明らかにしているのは、『アンジェ地方書式集 *Formulae Andecavenses*』四九番と『トゥール地方書式集 *Formulae Turonenses*』一一番の、二つの書式である。書式集というのは、法律行為に必要な文書を作成する際に参照される模範文例集のようなものであり、こうした雛型の存在は、登録貧民による捨て子の取得と売却が、かなり頻繁に行われたことを示している。トゥールやアンジェの諸教会には新生児を遺棄するための大理石の水盤があったとされている。このふたつの書式はほぼ同一の内容なので、アンジェのそれのほうを訳すと以下のようになる。

> 神の名において、聖某のマトリクラに住むわれら兄弟は、全能の神がキリスト者の喜捨により、われわれを養いたもうところで、ひとりの赤子を見つけた。赤子はまだ言葉を解さぬ。われわれは参集した人々の中から赤子の親を見いだすことができなかった。かくして、われわれの総意と某なる名前のマトリクラ長たる司祭の意向によって、某なる名前の人物に赤子を売却すべきと考え、かくの如くなした。慣習にしたがって、その代償として、われわれは食物と三分の一ソリドゥスを受領する。[58]

『トゥール地方書式集』もほぼ同一の内容であるが、そこでは捨て子売却の法的根拠として『テオドシウス法典』第五〇書が言及されている。[59] ローマ法においては捨て子の発見者が一定の手続を経たのち、その子供にたいする所有権を取得できたのだが、この書式の存在からすると、六世紀には専ら登録貧民がその権利を享受したようである。おそらくは登録貧民の館への新生児の遺棄と、彼らの手になる売却とがほとんどひとつのシステムとして確立していたことを、この書式は物語っている。その具体例が六世紀トリーアの司祭ゴアールの伝記『ライン地方聖証人ゴアール伝 *Vita Goaris confessoris Rhenani*』の第七章に見える。

リオブギススという名前のトリーア人の聖職者の家人は、三日間自分のもとで養った赤子を腕に抱いてやって来た。その赤子は貧しい婦人が子供を捨てるというトリーア人の慣習に従って、大理石の貝の中に捨てられていたのであった。この慣習によれば、いつ、またいかなる状況のもとであれ、養い子と呼ばれる捨て子を見つけた者は誰であれ、聖ペテロ修道院の登録貧民に引渡した。彼ら登録貧民は赤子を司教に見せなければならなかった。しかる後に司教はその人物に養い親としての権利を認めるということになっていた。(60)

トリーアにおいて発見者が権利を有するのは、ローマ法の規定と重なるが、これはトリーアのマトリクラがトゥールやアンジェのそれほど勢力がなかったことと、この伝記が書かれた八世紀というマトリクラ制衰退期の事情が反映していると思われる。しかしながらいずれにせよ登録貧民と捨て子との制度的連関がここでも読みとれるのである。

このように様々の機会にマトリクラが獲得した、食糧などをはじめとする消費物資、そしてとりわけ財貨はどのようにして配分され、かつ運用されたのであろうか。運用という言葉を使ったが、教会・修道院の周辺にたむろする多くは流浪・遍歴する巡礼貧民とは異なり、その場限りの喜捨だけではなく、恒常的に富をもたらす資本を賦与されたマトリクラにとっては、まさしく資財の運用が問題となるのである。

すでに紹介したように古くはトゥールのサン・マルタン修道院のマトリクラ、七世紀にはパリのサン・ドニ修道院のそれのように所領経営を行う救貧施設が確認されるわけだが、果たして、マトリクラによる所領の所有をはじめとする資財管理が実質的であるのか、あるいは名目上にすぎず、教会財産の一部として司教あるいは司教の命をうけた教会役人、たとえば主任助祭やマトリクラを監督するマルティラリウス martyrarius によって管理されたのかは以前から議論がある。古くはE・レーニングが、登録貧民による自立的な運用を主張したのにたいして、(61) 中世初期の教会財産に関して、最も徹底した包括的研究を行ったE・レーヌは教会こそが唯一の「名義人」であるとしてこれを否定している。[62] そして今度は最近になってM・ルーシュがレーヌ説を拒否して、レーニングと同じ見解に立つ[63]、というように論争のシーソーゲームが続いているのである。われわれはこの議論に、これまで知られていない未知の史料所見をもって加わることはできない。

ところで、レーニング、ルーシュがともに自説の根拠としたのは、六三四年十二月三〇日付のヴェルダンの助祭グリモの遺言状に見られるひとつの文言なのである。それは以下のような短い一節である。「マトリクラから買得したトリーア市内の家屋は、同マトリクラに返還すべし[64]。」

マトリクラがトリーア市内に一軒の家屋を所有し、しかもグリモへの売却に端的に示されているように、それを処分する権能を有したという事実を、この文言は示している。これはおそらくトリーアの登録貧民たちが必要とした金銭的援助の「担保」として設定した権利を、グリモが死に際して放棄した事実を物語ると思われるが、問題なのは、はたして登録貧民たちが自立的な貧民共同体 Bettlergenossenschaften（E・レーニング[65]）を構成して、全く自由にその資財を処分しえたのか、それとも、教会役人たるマトリクラの長であったマルティラリウスの監督下に、従ってその諒解を前提としてはじめて行いえたかという微妙な点を確定することなのである。ルーシュの見解はどちらかと言えば後者に近いのだが、この点をつめることによって登録貧民集団の経済的活動の評価に相当のちがいが出てこよう。

登録貧民はマトリクラに設定された資本を自由に活用する経済主体たりうるか、あるいはフリーハンドをもたないあくまで教会当局の了承のもとで経済活動をなしうるにすぎないという、限定された権利しか有しないのか。前者はきわめて魅力的な仮説ではあるが、教会当局がやすやすとそのことを認めたとは思われない。われわれの考えは、所領経営や家屋のような不動産の処分については、司教が干渉の権利を常に留保していただろうということである。贈与としてもたらされた現金なども、一度助祭のもとを経由してマトリクラへもたらされた。ル・マン司教ベルトラムヌスの、各マトリクラへの五ソリドゥスずつの遺贈は主任助祭の手を経て行われたのである。[66] ただ登録貧民たち自らが喜捨として獲得した財貨は、各人の個人的収入とはならずに、全体がいったん集められ、しかる後に均等に配分されたようである。その限りにおいて登録貧民集団のメンバーはかなり強い共同体的絆で結ばれていたといえる。こうした共同体的イデオロギーの存在を示すエピソードが、グレゴリウスによって語られている。それは『聖マルティヌス奇跡譚』第一書三一章の逸話である。

聖人〔＝聖マルティヌス〕が信者たちの喜捨によって給養しているマトリクラには、連日信者たちから必要な品々がもたらされるのだが、貧者たちは、その多くが喜捨を得るために、めいめい方々へ散って行く際、供物としてもたらされるものを受領すべく留守番をひとり残すという賢明な習慣をもっていた。さてある信者が一トリエンスという多額の喜捨をした。この場にいた留守番はこれをひとり占めにし、兄弟たちに隠したのである。第六時〔＝正午〕に貧者たちが参集した時、前述の留守番は、マルティヌスがいつもの慈悲によって、この留守番に与えたものの有無を問われた。貧者たちはここで誰かが喜捨を受けたことを聞いていたのであった。その人物は宣誓をして次のように述べた。「この主マルティヌスの聖所では、銀貨一枚を越える喜捨はない」。この言葉が終りきらず、口の中にあるうちに、彼はただちに地に倒れ伏し、震えた。兄弟たちの手で寝台に戻されたこの男は激しく身を震わせ始める。再度同じ問いかけを周りの者にされたとき、こんどは次のように答える。「貧者たちが受けとるべき一トリエンスを、私は隠しました。神はそのために私を罰している。だが私は、受けとったものをマトリクラへ返還すると約束する」。それが返還されるや、たちまちのうちにこの男は息を引き取った。[67]

いささか長い引用になってしまったが、ここにはマトリクラで共同で生活する登録貧民を律する規範が、実に峻厳な仕方で語られている。

喜捨であるといい、遺贈であるといい、あるいは所領などの資産贈与であるにしろ、登録貧民は経済的にはおおむね受け身の寄生的存在でしかないのだが、彼らはそうした境遇に満足していたのだろうか。あるいはその一部はより積極的な経済活動に乗りだしたのだろうか。こう考えるのも、教会の特別の保護下に置かれ、しかも、聖務から解放されている彼らは、遠隔の地にある教会所領の間の物資の移動――これはまず例外なく商取引を伴った――、あるいは余剰産品の市場での売却などにきわめて好都合な存在と思われるからである。すでに引用した六三七年のダゴベルト一世によるサン・ドニ修道院のマトリクラへの六つの所領の賦与は、ダゴベルトによって登録貧民の給養と彼らの transactio のためにと、その目的が明示されている。[68] この transactio は普通に解するならば、商取引ということになるのであるが、もしそうであるとしても少しも不思議ではない。周知のように七世紀になるとサン・ドニで開かれるランディ Landit の定期市は全西欧的規模での繁栄をみたが、こうした大きな経済的潮流の中心にあったサン・ドニのマトリクラが、特別の障害もないのに、商業・交易活動へ参加する意欲をそそられなかったと考えるほうがむつかしい。彼らの少なくとも一部は、後のいわゆるサン・ドニ、サン・ジェルマンなどの「修道院商人」[69] の一翼を形成するのではないかとも想定されるが、ここではこれ以上の推論はさしひかえよう。

三　記念禱――死者記憶の永続化と社会化――

司教座都市の多くの教会、とりわけ修道院がマトリクラを擁していたが、このマトリクラは母体である教会組織のそれと同じ守護聖人をいただいていた。すでに紹介した捨て子の売却に関する『アンジェ地方書式集』[70] の文言の中にその事実がはっきりと示されている。すなわち「聖某のマトリクラ」というように。登録貧民は守護聖人の霊力によって護られ、また逆に彼ら貧民の日常の行動と実践とが、常にではないにしろ聖人の顕揚に連なり、そもそも彼らの肉体を通して聖人の力が顕現しているのだと考えられていた。登録貧民の一部が聖人の奇跡力によって病いの癒えた者から成っていた事実が、こうした観念をさらに一層強めることになったであろう。

ところで前節でも少しふれたことだが、この書式においても、登録貧民は聖職者とくに修道士を表現する兄弟 frater なる言葉で示されている。[71] さらにまた、これも先に長々と引用した『聖マルティヌス奇跡譚』第一書三一章において、登録貧民の日課が、あたかも修道士の聖務日課になぞらえて描かれている。正確な時間は不明であるが、午前に貧民たちは修道士が労働に勤しむように、喜捨を集めるためにトゥールの町の方々へ散り、第六時、すなわち正午には、再びマトリクラに帰って来るが、[72] これは修道士が昼食と休息のために僧房へ戻ってくる時間でもある。彼らは単に広い意味で教会の構成員であるという理由だけで、frater と称されているのではなく、もっと具体的な、彼らを修道士になぞらえさせる行動によってそう呼ばれたのである。その行動とは死者のための祈禱であった。六一六年のル・マン司教のベルトラムヌスの遺言状には、すでに「生命の書 liber vitae」と表現される記念禱名簿が存在したことが記されている。[73] 後の記念禱[74]設定のように整った制度として確立してはいなかったとしても、一定の喜捨・寄進を代償として、死後その名前が祝祭日のたびごとに読誦されるという慣行はこの時代にすでにあったのである。とはいえ、そもそも物的な救済の対象として、施しをされ喜捨を得ることがその存在の本質を成してもいれば、何よりも日常的であるような登録貧民にとって、喜捨を実践したすべて人にたいして、死後に記念禱を行うなどということは実際不可能であるし、考えもしなかったであろう。また記念禱名簿のようなものも独自に有していたとも思えない。おそらく日常的な些少な額をはるかに上まわる多額の寄進・遺贈をなした、たとえば国王、宮廷の高位官職担当者、高位聖職者など、マトリクラが属する教会や修道院にも大量の喜捨を行い、そのことによって記念禱名簿に記載されるような人物に限られ、その名前が読誦される折に、登録貧民がそれに加わるという形をとったと思われる。

彼らの記念禱行為における役割が副次的であるからと言って、当時の社会における民衆の想像力のなかでのそれを も同じように考えてはならない。登録貧民と聖人との特別の絆が彼らの祈りを尊いものたらしめたはずである。ダゴベルト一世が六三五年と六三七年に作成せしめた、いずれもすでに紹介したパリのサン・ドニ修道院マトリクラ宛の寄進証書は、登録貧民の祈禱の効果にたいするこの国王の並々ならぬ期待が表明されている。六三五年の証書において、ダゴベルトは Sarclidas の領地をサン・ドニの登録貧民に贈与することを、いささかくどく念を押しながら宣言している。加えてサン・ドニの修道院長を含めて、何びとも彼らからこの所領を取りあげてはならない旨を命じたうえで、貧者 pauperes と言いかえられているところの、実は登録貧民とその子孫たちが、「王国の安寧に深く思いをいたし、わが魂の救済のために絶えず祈る[75]」ことが要請されている。二年後に発給された、今度は六つの所領の寄進を内容とする証書においても同じく、「われらの喜捨が養う登録貧民および彼らの子孫は、わが魂のためというよりも、むしろわが息子たちの安寧のために絶えず祈ることを望む[76]」というふうに、登録貧民の祈禱に大きな期待を寄せているのである。そしてその期待の水準は、ダゴベルト一世と、その息子クローヴィス二世とシギベルト三世の王国の安泰というきわめて政治的なものでもあったのである。確かにこの二つの例は、死後、追悼の目的をもって行う記念禱とは異なり、祈願の性格が強いが、登録貧民の祈りに寄せられた願望、それが果しえたであろう政治的・社会的機能について想をめぐらす手がかりにはなろう。

残念ながら登録貧民のこの面での史料所見はもうこれ以上存在しない。しかし、最近明らかにされつつある、この集団以外の者たちによってになわれた死者追悼の社会連関に目を向け、この行為のもつ一見きわめて個人的な性格の背後にひそむ、すぐれて社会形成的な諸力、人間をひとつの集団に統合していく契機について多少の考察を加えることによって、この面での登録貧民に関する直接の所見の不足をあるいは少しは補うことができるかも知れない。

肉体の死を越えて永遠の生命を得たいとする願望は、ひとりキリスト教徒のみならず、人間に普遍的に見られる根源的欲求であるが、このような願いを、死者についての記憶を死後も社会の中に褪色させないままに保持し、折にふれて想起させることによって満たそうとする制度がキリスト教徒のもとで発展した。これが記念禱と呼ばれる制度である。ポスト・ローマ期、中世初期のキリスト教徒にとって、「永遠の生命」とは、神学的思弁による構築とは無縁の徹頭徹尾社会的な観念であり、従って死者の記憶が漠然と社会の中に保持されているだけでは十分ではなく、専らその記憶の保存と伝承をも目的とする独自の社会的基盤たる祭祀団体を創りだした。ここには言うまでもなく、ローマ＝異教的な死者崇拝、祖先崇拝の伝統がキリスト教の典礼に与えた影響を見てとることができよう。

ところで死者についての記憶の保持は、いったいどのようにして具体的に果たされたであろうか。最も簡単で、それゆえ永続性のある方法は、死者の名前が呼ばれ続けることによってである。したがって、いかなる名前を与えるかという命名行為の重要性もこの点と関係している。それが記憶の社会化の具体的な内容でもある。近年この領域での方法論の練磨と実証研究に目ざましい業績をあげているO・G・エクスレによれば、名前を呼ぶことは、その呼ばれた人物が死者であれ、またその場に不在の人物であれ、その者の現存を喚起した。こうして、その名前を呼ぶことにより、呼ばれた人間の絶えざる「現存」をはかる人々の集団が創出された。(77) その意味で死者の記憶の保持は、中世初期の諸社会集団の本質的構成要素であったとするのである。(78)

このような方法的示唆をうけて、ポスト・ローマ期の墓所での奴隷解放と解放自由人の存在形態を考察したのが、M・ボルゴルテである。(79) 彼は主として遺言状や公会議決議そして書式集などに散見される解放自由人の解放主にたいする追悼義務を手がかりに、そもそもこの時期における奴隷解放の主人の側からの動機づけとして、自らの死後も定期的に祈禱を捧げ、その名前を読誦することによって記憶を保持してくれる、専用の祭祀集団の形成が目的であったとしている。それは墓所の世話にはじまり、燈明や供物の献納、そして聖職者をまじえての死者供養の宴の開催と多岐にわたっている。こうした慣行の多くはローマにおける死者崇拝から継承した要素であるが、教区教会、あるいは専らこのような目的のために創建された私有教会のみが、かかる機能を独占することは、余りに限られた社会的基盤においてしか記憶の保持が保証されないことになる。教会を中心としながら、しかしその枠組を越えて社会的・空間的にできるだけ多くの人間と集団に自らの名前を唱和してもらうことのうちに、そしてその名が祝祭日のたびごとに、墓所で、あるいは教会の内陣において殷々と響きわたるイメージのうちに、死してなお後の生命の現存という想念を、安んじて確信することができたにちがいない。ル・マン司教ベルトラムヌスの遺言状には、しかるべき遺贈や解放を代償に張りめぐらした、死後の記念禱や供養を義務として負担した多様な祭祀集団のネットワークが見てとれる。その中に言うまでもなく、五ソリドゥスを贈られたル・マンの各マトリクラも含まれていた。(80)

四　武力集団としての登録貧民

六世紀のトゥール司教グレゴリウスが、その大部分を実際に見聞した同時代の諸事件で構成した『歴史十書』は、メロヴィング朝期前半のガリア社会を知るうえで、またとない貴重な史料であり、またその精彩に富む描写によって第一級の面白い読物にもなっている。その第七書二九章で五八五年に起こったトゥールのサン・マルタン修道院内での、かつての宮廷役人エベルルフスなる人物の暗殺事件が述べられている。

五八四年に暗殺されたネウストリア王キルペリク一世の妻フレデグンドは、夫の死後、配下の宮廷財務役人エベルルフスとの同棲を望んだが、後者の優柔不断な態度に怒り、彼を夫の暗殺の主謀者として葬り去ることを決めた。これを伝え聞いたエベルルフスは急ぎサン・マルタンの聖堂に逃げ込み、教会のアジールの庇護にすがった。[81] 他方キルペリク一世の弟でブルグンド王グントラムと、とりわけ先のフレデグンドからエベルルフスの逮捕、場合によっては殺害することを要請されたクラウディウスなる人物はシャトーダンの伯から借りた三〇〇名の手勢と子飼いの郎党をひきつれて、サン・マルタンに乗り込み、甘言をもって油断させ、仕とめるのだが、自分もまたエベルルフスの護衛に討たれた。[82]

こうしたサン・マルタン聖堂全体を揺るがす大混乱の中で、登録貧民その他の貧者が登場する。彼らはサン・マルタン修道院のマトリクラに寄食する者たちであったろうが、それゆえに、聖堂内の避難所としての地位の保持に強い関心と利害関係をもっていた。彼らは単に世俗の権力の手先によってこの「聖域」でなされた乱暴狼籍だけでなく、むしろかつて行われたことのない「聖域」の侵犯という事実そのものに対して激昂したのである。彼らは手に手に石や棍棒を持って、双方の側の逃亡者を聖堂内の様々の隠れ場所から引きずり出しては殺害した。[83] 至福の聖人マルティヌスの墓所を汚した者たちにたいする、神の怒りの体現者、荒々しい処罰の執行人として、戦慄さえ覚えるような筆致でグレゴリウスは登録貧民や貧者による凄惨な殺戮を語っている。ここで描かれている登録貧民の行動は、世俗権力の及ばない聖なる空間に、たまたま加えられた忌むべき侵害行為への反作用として生じた、組織されない力の暴発というコンテクストで捉えられなければならないであろうが、その暴力はまた十分に組織された形態をもとりうるのであって、登録貧民たちは実は王国の軍隊を構成するれっきとした武力集団でもあったのである。

そのことは、同じく『歴史十書』の第五書二六章の記述から容易に読みとれる。ここで語られているのは五七八年にネウストリア王キルペリクの命令で行われたブルターニュ遠征に関するエピソードだが、この時代のブルトン討伐の常として、和平締結というどっちつかずの状態で終了した後に、王は教会や修道院の貧者にある処分を課した。それは以下のように述べられている。

この後で、王キルペリクは軍隊に参加しなかったという理由で、教会や修道院の貧民や若党から罰令金を徴収するよう命じた。だがこれらの者たちが公けの負担を履行するというのはこれまで慣行とはなっていなかった。[84]

グレゴリウスが言っているように、教会や修道院の貧民・若党への軍役要求は確かに常に行われたわけではなかろう。だが前例がなかったというわけでもあるまい。この点での微妙なニュアンスは Non erat consuetudo という文言に出ている。不完了過去形 erat の意図するところをいささか強調するならば、「これまで慣行とはなっていなかった」ということだが、逆から言えば、王の命に応じて、場合によっては自発的に従軍することもあったのであろう。しかしより重要なのは、教会登録貧民をはじめとする貧者や、聖界の従士たちが軍隊に参加するのが慣習として確立していたか否か、あるいは慣習となっていなくとも、事実参加することがあったかどうかではなく、王の側から見たとき、軍隊を構成する能力を彼らが十分有していると見なされたことである。こうした教会登録貧民の潜在的に武力集団的性格は、古くレーニング以来認められている事実であり[85]、メロヴィング朝期の軍隊・戦士について論じたJ・P・ボドマーも指摘しているところでもある[86]。

ところで『ライン地方聖証人ゴアール伝』についての九世紀の註釈は、トリーアの教会の登録貧民 matricularii を、「教会の衛士および登録貧民[87]」と解説し、メロヴィング朝期からカロリング朝期に推移する間に、登録貧民集団の内部で、ある種の機能的分化が生じ、それが固定化したことをうかがわせる。こうした動きの可能性については、すでに本章第二節の終わりで、「修道院商人」の社会的系譜の一端として登録貧民を考えるということを指摘したのであるが、本節の主題に即して、もうひとつの主要な方向、すなわち聖域の秩序維持、教会アジールの防衛、それに聖遺物や貴重な設備備品の保守といった、警察的機能を専らとするグループが登録貧民から形成されてゆくという動向のうちに、武力集団としての一面がうかがわれるのである。このように社会の周縁にありながら、聖人の特別の保護という恩恵を与えられ、場合によっては自らの肉体を通して聖人の奇跡力さえ顕現せしめたことによって、メロヴィング社会においてある特権的な位置を占めた登録貧民は、「貧しき者」という福音書のディスクールによって常に賞揚されてやまない一面と同時に、他方旧約世界に属する、人をして畏怖の念をいだかしめるような荒々しく激しい面も併せもっている。

この時代のキリスト者の世界観において占めた旧約聖書のより大きな比重を考えるならば、彼らの時として世俗の権力をも上まわる暴力の行使は、旧約的な神の荒々しさにも似た無垢の力として畏敬されたであろう。登録貧民は自らのこうした現実のものでもあれば、また民衆の想像力においても容易に感応される「力」によって、都市における司教支配の存続を支えたのである。彼らが発揮する「力」と、聖人が奇跡を起こす「力 virtus」とは全く異質のものとは考えられなかったのである。

おわりに

ローマ帝国の皇帝や支配層が、市民の社交への寄与者という古代市民社会の価値規範に即した、政治的威信の獲得のための実践として行っていた食糧や遊戯の無償提供、とりわけ前者は、都市を中心に浸透しつつあったキリスト教の福音書の影響と、その理念にもとづく助祭制などによって、この宗教が公認される以前から、その対象の上での変化を示しつつあった。すなわち食糧の無償供与の恩恵は、もとは、都市共同体の構成員であることが唯一の条件であったのにたいして、今や経済的でもあれば社会的でもある貧困が基準となったのである。これによって、この種の実践は社会的救済という異なった意義づけをなされ、新たな名称で呼ばれることになる。だがこのような認識の転換は、遥か後の時代のわれわれの概念化の産物なのであって、同時代人の意識においては、四世紀以後の教会がこの「社会的救済」活動を全面的に引受けた後の司教の振舞いは、果たして古い寛厚の実践者の姿として映じなかっただろうか。確かにこのような支配者イデオロギーの基盤となるべき都市共同体は衰弱しつつあり、大きな変容の途上にあった。しかしいまだに都市生活は続き、古代的な都市の諸制度は残り、例えば、六世紀中頃のフランク王キルペリク一世は、ソワソンとパリに新たな円形闘技場を建設しようとさえしたのである。[88] この構想が大いなるアナクロニズムでしかなかったのは言うまでもないが、こうした着想がそもそも浮んでくるということこそが、七世紀後半以降の状況とポスト・ローマ期との状況が大きくちがっている点である。

現実に司教職を担当した層が、とりわけ六世紀いっぱいはそう言えるのだが、帝政後期に名実ともにローマの支配層として君臨し、都市の庇護者でもあったセナトール貴族門閥の出身者であったことが、司教の社会的実践に伝統的な政治的意味を付与し、「支配者」として姿をあらわすことを可能にしたのである。われわれは先に、マルティヌスによって代表される初期聖人司教の「奇跡」的治癒力の社会的背景をさぐり、肉体の救済が、支配関係・権力関係の形成の契機となる論理の道筋をたどった。[89] したがってこの点については、ここでは繰りかえさない。ただマルティヌスによって代表される肉体的救済機能は、われわれが問題としている時代的な枠組の中では、生身の聖人というより、聖人の墓所という特殊な「空間」がになうことになり、聖人の墓所の巡歴という行為が、民衆の治癒願望の表現形態となるという点を指摘しておこう。

ところで六世紀から七世紀前半にかけて、都市における司教支配の構造を日々再生産し、活性化し続けたのは、その社会的救済機能である。それはある部分は一箇所にとどまり、ある部分はいろいろの都市を経めぐる巡礼者、ハンセン病者、孤児、寡婦、解放奴隷、不具者らの給養や宿泊施設の提供という形をとったわけだが、ガリアにおいてその正確な時期は不明であるが、おそらく五世紀頃から、特殊な貧民のカテゴリーを設定し、ある限られた数のこれら貧民を登録簿に記載した。そして常時司教の給養をうけ、そのことによって、司教の社会的救済の課題を充足させた。論理的には無限に増えうる貧者によってその救済機能に疑問が唱えられる危険を避けるために、貧者一般を局小化して示すこの象徴的貧者ともいうべき登録貧民の存在は、権力のエコノミーをよく表わしている。使徒十二人にちなんだ数が、登録貧民の定員として最も一般的である事実は、その象徴性を雄弁に物語っていよう。

この象徴的貧民の日常的・安定的な給養は、おそらくは時折なされるより大きな枠組での寛厚によって、貧者一般の救済として民衆の意識に投影された。またマトリクラが特定の守護聖人をいただき、登録貧民がその名を冠して呼ばれることによって、その守護聖人の後継者に連なる司教の聖性を高めえたのである。こうした連関をオーセールの宗教地誌を素材として若干説明しておこう。

四一八年に司教に就任したゲルマヌスの登場以前に、オーセールには地方聖人の崇敬は存在しなかった(90)。そこで、彼は自分より前の多くの司教が埋葬されているモンタルトル Montartre の丘を拒否して、新たに市の北側に墓をもうけ、自分をそこに埋葬するよう手筈をととのえた(91)。この墓所は以後一世紀半にわたり、十三人の司教の墓所となった。かくして、オーセールにおいてはゲルマヌス以前と以後とでは墓所の地誌的配置に明白な断絶が見られるのである(92)。ゲルマヌスの後継司教たちは、同じ墓所に埋葬されることによって自らの聖性を輝かしいものたらしめようとする。そのために、ゲルマヌス以前の諸司教の墓が全て、異教時代からの共同墓地であるモンタルトルに集められた(93)。こうして、オーセールの歴史においてゲルマヌスの占める位置、現職司教を含めての後継司教たちの聖性が地誌的に、視覚的に示され、記号的に強化されたのである。

守護聖人の名のもとに行動し、祈ることは、その効果が聖性をわかちもつ六世紀の後継司教、現に君臨する司教に不可避的に関わっていくことを意味したのである。登録貧民のゲヴァルトリッヒな性格は、規模の大小はあれ武力行使が日常的な社会にあっては自己を護り、とりわけ聖域を守るために必要であっただけでなく、そもそも暴力的であれなんであれ、「力」の誇示は決してネガティヴな意味を与えられないどころか、聖人が奇跡をもたらす「力virtus」と根本的に区別されない。その周縁的な存在とあいまって、潜在させている力は、彼自身および彼らが奉仕する司教に独特の畏怖の念をいだかしめた。一九八〇年代にメロヴィング朝期の司教についての包括的な研究をあらわしたG・シャイベルライターは、司教をめぐる権力構造における登録貧民のイデオロギー的機能にふれて次のように概括している。

登録貧民の任務は司教の登場に不可欠の枠組を与え、司教の「善行caritas」の生ける実例となることであった。彼らは一種の〝サクラ〟として機能し、救済活動を称讃の拍手によってつつむのが仕事であった。このような仕方で、彼らは司教のショーの解説者となり、その媒介によって司教のうちに働く聖人のvirtusを明らかにするのである。(94)

いささか「劇場国家」的発想がすぎるきらいがないわけではないが、基本認識としては間違ってはいない。ポスト・ローマ期の都市社会に特有の登録貧民の存在構造と、司教支配との権力論の水準における関連は概ね以上のようにまとめられる。

＊

七世紀の後半から八世紀にかけて登録貧民をめぐる状況に大きな変化があらわれた。マトリクラが都市よりもむしろ農村地方や街道の要衝に建設されるようになり、古代的な都市生活の完全な消滅とあいまって、貧民として備えていた本質的な特徴を失い、教会、とりわけ修道院の下級役人、家人の性格を帯びてくる。(95) 例えば八六四年のピートル勅令は登録貧民の給養を nonno、つまり聖職禄と呼び、同じくコルビー修道院長アダルハルドゥスの『規則書 *Statuta*』も同様の表現をしている。さらにこの『規則書』では登録貧民が修道院の隷属的家人である famulus と全く同列に扱われているのである。都市の司教座教会においても似たような現象が見られる。この後都市における救貧活動はマトリクラではなく、多くは都市の入口に位置するところに置かれた施療院や都市の中心部にある救貧院が主要な舞台となった。(96) 十世紀をすぎて史料に断片的に登場する「登録貧民」の実体は最下級の聖職禄保有者、聖堂の管理人、洗濯人、門番、鐘つきなどの下働きの者たちである。(97)

ところが十二世紀の初頭に、ランスのサン・レミ修道院において、突然 matricularii が、再び華々しく登場する。彼らは creditor(金貸し)と同義語となるほどに金融・商取引を生業とする者たちによって占められている。そして matricularius はひとつの官職として十二世紀中葉に特定の家柄に世襲されるようになるのである。彼らの財力が並々ならぬものであったことは同修道院への寄進の額から判明する。マトリクラリウス・ランベルトゥスは一一七七年に魂の救済のために貨幣、穀物、葡萄酒での賃子を寄進している。マトリクラリウス・エウスタカリウスの一一六六／一一七九年の寄進は一〇一ポンド、マトリクラリウス・ドロゴはサン・レミのブールにある四軒の家作を同修道院に贈っている。(98) 中世ランスの初期商人層を形成すると思われるこうした人々が、はたして登録貧民の系譜をひく、教会内部の家人層から析出されていった者たちなのか、それとも、元来商人であった者たちが有力修道院との関係を作ることに、保護をはじめとする諸種の利益を見出した結果、一定の代価を支払って手に入れた「官職」に由来すると考えるべきなのか、即断するだけの準備も材料も、われわれはいま持ち合せてはいない。この点を多少とも明らかにするためには、史料状況からして、もうひとつの「暗黒時代」ともいうべき十世紀の教会・修道院の、とりわけ都市を中心とする経済活動とその関連事実を、詳細に洗いだす必要があるであろう。

(1) P. Petit, *Histoire générale de l'empire romain*, Paris, 1974, pp. 563–564; E. Stein, *Histoire du Bas-Empire*, t. 1, trad. par J.-R. Palanque, Paris/Bruges, 1959, réimp. Amsterdam, 1968, pp. 96–97.

(2) Stein, *op. cit.*, pp. 98-99.

(3) M. Rouche, "La matricule des pauvres. Évolution d'une institution de charité du Bas-Empire jusqu'à la fin du Haut Moyen Age", in *Études sur l'histoire de la pauvreté*, t. 1, Paris, 1974, pp. 101–102.

(4) これらの点について詳しくは本書第一章参照。

(5) E Loening, *Geschichte des deutschen Kirchenrechtes*, Bd. 2, Straßburg, 1878, pp. 243–244.

(6) J. Schneider, "Die Darstellung der Pauperes in den Historiae Gregors von Tours", in *Jahrbuch für Wirtschaftsgeschichte*, Teil IV, 1966, p. 73.

(7) 例えばD. Claude, *Topographie und Verfassung der Städte Bourges und Poitiers bis in das 11. Jahrhundert*, Lübeck/Hamburg, 1960, pp. 81–82.

(8) Schneider, *op. cit.*, pp. 68 et suiv.

(9) E. Patlagean, *Pauvreté économique et pauvreté sociale à Byzance, 4e-7e siècles*, Paris/La Haye, 1977, pp. 105–106.

(10) A. Rousselle, "Du sanctuaire au thaumaturge: la guérison en Gaule au IVe siècle", in *Annales, Économies, Sociétés, Civilisations*, 1976, nov.-décem., pp. 1085–1088.

(11) Patlagean, *op. cit.*, p. 101.

(12) C. Schott, "Freigelassene und Minderfreie in den alemannischen Rechtsquellen", in *Beiträge zum frühalemannischen Recht*, hrsg. von C. Schott, Bühl/Baden, 1978, p. 51–52.

(13) Patlagean, *op. cit.*, pp. 12–14.

(14) *Ibid.*, p. 14.

(15) *Ibid.*, p. 17.

(16) 研究史の上でのこうした通念にたいして、L・ジェニコは、中世初期ベルギーの史料研究について、コンピュータによる網羅的語彙検索を基礎に疑問を表明している。『歴史学の伝統と革新』森本芳樹監訳、九州大学出版会、一九八四年、八九頁参照。

(17) Patlagean, *op. cit.,* pp. 185–186.

(18) Ch. Piétri, *Roma Christiana. Recherches sur l'Église de Rome, son organisation, sa politique, son idéologie de Miltiade à Sixte III (311–440)*, 2 vols., Rome, 1976, t. 1, pp. 134–136 参照。

(19) 助祭制の制度的起源とその開始期については論争があるが、これが教会の社会的救済機能を全的に担うのは五世紀以降と考えられる。M. Mollat, *Pauvreté au Moyen Age. Étude sociale*, Paris, 1987, p. 55; M. Rouche, *op. cit.,* pp. 97–99.

(20) Rouche, *ibid.,* p. 98.

(21) Patlagean, *op. cit.,* p. 192.

(22) *Ibid.*

(23) *Ibid.*, p. 193.

(24) Piétri, *op. cit.,* pp. 714–715.

(25) Rouche, *op. cit.,* p. 97.

(26) *Ibid.*, pp. 97–98.

(27) Concilium Agathense, a. 506, c. 2, in *Corpus Christianorum. Series Latina,* t. CXLVIII, 1963, p. 193. なおこの決議は多少文言は違っているが、内容上ほとんどそのまま五三八年のオルレアン公会議決議第一三条に引きつがれている。*M. G. LL. Concilia,* t. 1, p. 80 参照。

(28) "XIII. Si quis iudicum clericus de quolibet corpore venientes adque altario mancipatus vel, quorum nomina in matricula ecclesiastica tenentur scripta, publicis actionibus adplicare praesumpserit, si a sacerdote commonitus emendare noluerit, cognoscat se pacem ecclesiae non habere,…", *M. G. LL. Concilia*, t. 1, p. 90.

(29) "…, peregrina eis communio tribuatur;…", Concilium Agathense, a. 506, c. 2., *op. cit.*, p. 193.

(30) "Similem infirmitatem[=manum debilem contractis digitis]Remigia matrona incurrens, ad beatam cellulam valde de-

vota pervenit. Quae vigiliis et orationibus insistens, cum matriculam, quae ibidem congregata est, pasceret, aridum brachium cum contractis digitis sanum extulit ad miscendum. Et sic tota die benedictis pauperibus deserviens, sospes remeavit ad propria. Haec in posterum annis singulis antedictis fratribus alimentum sufficiens exhibeat,...", Greg. ep. Turo. Liber II de virtutibus s. Martini, c. 22, in *M. G. SS. r. Mero.*, t. 1, pars 2, p. 166.

(31) Greg. ep. Turo. Historiarum libri X, lib. VII, c. 29, in *M. G. SS. r. Mero.*, t. 1, pars 1, p. 349.

(32) Testamentum Remigii, in *M. G. SS. r. Mero.*, t. 3, p. 336 et suiv.

(33) *Ibid.*

(34) Formulae Andecavenses, no 49, in *M. G. LL. Formulae*, t. 1, pp. 21–22.

(35) Testamentum Bertramni, a. 616, in *Actus Pontificum Cenomannis in urbe degentium*..., éd. G. Busson et A. Ledru, Le Mans, 1902, p. 119.

(36) De vita s. Radegundis, lib. 1, c. 17, in *M. G. SS. r. Mero.*, t. 2, p. 370.

(37) Charta Ermenorae, a. 715, in Pardessus, *Diplomata*, t. 2, pp. 299-300.

(38) Vita et virtutes Eparchii Reculsi Ecolismensis, c. 10, in *M. G. SS. r. Mero.*, t. 3, p. 556.

(39) Miracula s. Austregisili, in *M. G. SS. r. Mero.*, t. 4, p. 205.

(40) Testamentum Ansberti, a. 696, in Pardessus, *Diplomata*, t. 2, p. 237.

(41) Vita s. Arnulfi, c. 14, in *M. G. SS. r. Mero.*, t. 2, p. 438.

(42) Vita Goaris conf. Rhenani, in *M. G. SS. r. Mero.*, t. 4, p. 417.

(43) Rouche, *op. cit.*, p. 91.

(44) *Ibid.*, pp. 91–92.

(45) *Ibid.*

(46) *Ibid.*

(47) *Ibid.*

(48) 本章第1節参照。

(49) "Erat tunc temporis in villa, quae sub tuitione sancti matricolae habebatur,...", Greg. ep. Turo. Lib. III de virtutibus s. Mar-

tini, c. 14, in *M. G. SS. r. Mero.*, t. 1, pars 2, p. 185.

(50) "Et quod superius memimmus, de tributum Taletense et suffragium Crisciacense vel Cambariacense, sicut superius jam praecepimus, tamen vestimentis quam et in lectariis aut in calciamentis, et istis fratribus nostris et matricolabus sancti Petri...", Testamentum Bertramni, a. 616, in *Actus, op. cit.*, p. 120.

(51) "...villam nuncupante Sarclidas...pro mercedis nostrae compendium...ad matricularios domni Dionysii martyris,...", "...villas superscriptas Acuciaco et Cosduno, Magnino villa, Mediano villare, vel Gellis et Averciaco...ipsos matricularios perveniant...", in Pardessus, *Diplomata*, t. 2, nos CCLXVIII, CCLXXXIV, pp. 31–32 et 52.

(52) L. Piétri, "Le pèlerinage martinien de Tours à l'époque de l'évêque Grégoire", in *Gregorio di Tours*, Todi, 1977, p. 136.

(53) Greg. ep. Turo. Liber I de virtutibus s. Martini, *op. cit.*, p. 153.

(54) Liber Historiae Francorum, c. 11 et c. 17, in *M. G. SS. r. Mero.*, t. 2, p. 254 et 271.

(55) Testamentum Remigii, *op. cit.*, p. 336 et suiv.

(56) Testamentum Bertramni, in *Actus*, p. 139.

(57) *Urkundenbuch für die Mittelrheinische Territorien,* hrsg. von H. Beyer et al., Koblenz, 1860, Bd. 1, p. 7.

(58) "Cum in dei nomen nos vero fratris, qui ad matricola sancti illius resedire videmur quos nobis ibidem omnipotens Deus de colata christianorum pascere videtur, invenimus ibidem infanto sanguinolento, qui adhuc vocabulum non habetur, et de cumpto populo parentes eius invenire non potuemus; ideo convenit nobis unanimiter consencientes et per voluntate marterario nomen illo presbitero, ut ipso infantolo ad homine nomen illo venumdare deberemus; quod ita ut fecimus. Et accipimus pro ipso, sicut aput nos consuetudo est, treanto uno cum nostro pasto...", Formulae Andecavenses, no 49, in *M. G. LL. Formulae*, t. 1, pp. 81–82.

(59) "...decrevimus secundum sententiam illam, quae data est ex corpore Theodosiani libri quinti, dicens; Si quis infantem a sanguine emerit (aut nuturierit)...", Formulae Turonenses, no 11, in *M. G. LL. Formulae*, t. 1, p. 141.

(60) "...venit puero de clero Treverorum nomine Liobgisus, portans in brachio suo infantem tres noctes habentem, qui fuit iactatus in illa conca marmorea, sicut est consuetudo Treverorum, ut pauperculas feminas infantes eorum solent iactare. Haecque consuetudo erat, ut quando vel quomodo aliquis homo de ipsos infantes proiectus quos nutricarios vocant ab illis matricu-

lariis sancti Petri comparare videbantur, episcopum ipsum infantem praesentare deberent, et postea episcopo auctoritas ipso homine de illo nutricario confirmabat.", Vita Goaris conf. Rhenani, *op. cit.*, pp. 417–418.

(61) Loening , *op. cit.*, p. 244.

(62) E. Lesne, *Histoire de la propriété ecclésiastique en France. t. 1, Époques romaine et mérovingienne,* Lille/Paris, 1910, p. 387 et suiv.

(63) Rouche, *op. cit.,* pp. 100–101. 少なくとも七世紀には、という条件がついている。

(64) "Casa in treuiris, quam a matriculis comparaui ad ipsos matriculos reuertatur.", Testament der Diaconus Grimo, a. 636, in *Urkundenbuch für die Mittelrheinische Territorien, op. cit.*, p. 6. このグリモの遺言状の分析を行った邦語文献として石川操「Grimoの遺言状とその所領について」『西洋初期中世貴族の社会経済的基礎』勁草書房、一九九八年、一六七―一八八頁がある。また最近の関連研究として、N. Gauthier, *L'évangelisation des pays de la Moselle. La province romaine de Première Belgique entre Antiquité et Moyen-Age* (*III*e*-VIII*e *s.*), Paris, 1980, pp. 412–416 参照。

(65) Loening, *op. cit.,* p. 245.

(66) Testamentum Bertramni, in *Actus*, p. 139.

(67) "Quam praesens et super alium ultio divina processerit, qui in sanctam poricum periuraverit, ad conpremendam perfidorum audaciam non silebo. Cum ad matricolam illam quam sanctas suo beneficio de devotorum elymosinis pascit, cotidie a fidelibus necessaria tribuantur, consuetudinem benedicti pauperes habent, ut, cum multi ex his per loca discesserint, custodem inibi derelinquant, qui quod fuerit oblatum accipiat. Quidam ergo devotus unum triantem mercedis intuitu detulit: quod custus loci collectum fratribus occultare non metuit. Convenientes autem pauperes ad sextam. sciscitati sunt antedictum custodem, quid sibi beatus pastor solita pietate respiciens transmisset. Audierant enim, ibidem aliquid fuisse largitum. Qui ait eum sacramento: per hunc locum sanctum et virtutes domni Martini quia hic amplius non venit quam unus argenteus. Necdum enim verba conpleverat, sed adhuc sermo in ore pendebat, statim themens corruit in terram, suoque lectulo aliorum manibus redditus, coepit graviter singultare. Interrogatus autem a circum stantibus, quid sibi esset, respondit: 'Triantem illum quem pauperes requirebant perura vi et ideo me praesens vindicta flagellat: sed rogo, ut eum accipientes reddatis matricolae.' Quo reddito, statim amisit spiritum...", Greg. ep. Turo. Liber I de virtutibus s. Martini, in *M. G. SS. r. Mero.*, t. 1, pars 2, p.

151.

(68) "…ad matricularios domni Dionysii…ad eorum substantiam vel transactionem…", Diploma Dagoberti I, a. 637, in Pardessus, *Diplomata*, t. 2, p. 52.

(69) S. Lebecq, *Marchands et navigateurs frisons du haut moyen âge*, t. 1, Lille, 1983, p. 256 参照。

(70) "Cum in Dei nomine nos vero fratris, qui ad matrico a sancti illius residere videmur…", Formulae Andecavenses, no 49, *op. cit.*, pp. 21–22.

(71) *Ibid.*

(72) 本章第二節参照。

(73) "…nomen meum sacerdotes illorum in libro vitae jubente adscribi", Testamentum Bertramni, in *Actus*, p. 138.

(74) 記念禱設定とこれに関する史料については差しあたり、ジェニコ前掲訳書一七七頁参照。

(75) "…unde ipsis, vel qui eis successerint, delectet pro regni nostri stabilitate, vel animae nostrae salute crebrius exorare.", in Pardessus, *Diplomata*, t. 2, no CCLXVIII, p. 32.

(76) "…ut semper pro anima nostra et ipsos matricularios et successores eorum nostra pascat elemosina, quo potius delectet eis pro nobis semper orare…", *ibid.*, no CCLXXXIV, p. 52.

(77) O. G. Oexle, "Soziale Gruppen und Deutungsschemata. Der Sozialenwirklichkeit in der Memorialüberlieferung", in *Prosopographie als Sozialgeschichte? Methoden personengeschichtlicher Erforschungen des Mittelalters*, München, 1978, p. 35.

(78) *Ibid.*

(79) M. Borgolte, "Felix est homo ille, qui amicos bonos relinquit. Zur sozialen Gestaltungskraft letztwilliger Verfügungen am Beispiel Bischof Bertrams von Le Mans (616)", in *Festschrift für B. Schwineköper*, Sigmaringen, 1982, pp. 5–18; Id., "Freigelassene im Dienst der Memoria. Kulttradition und Kultwandel zwischen Antike und Mittelalter", in *Frühmittelalterliche Studien*, Bd. 17, 1983, pp. 234–250 参照。

(80) 本章第二節参照。

(81) Greg. ep. Turo. Historiarum libri X, lib. VII, c. 21, *op. cit.*, pp. 339–340.

(82) *Ibid.*, lib. VII, c. 29, pp. 346–349.

(83) "Nonnulli etiam matricolarium et reliquorum pauperum pro scellere commisso tectum cellolae conantur evertere. Sed et inergumini ac diversi egeni eum petris et fustibus ad ulciscendam basilicae violentiam proficiscuntur indigne ferentes, quur talio, quae numquam facta fuerant, essent ibidem perpetrata. Quid plura? Extrahuntur fugaces ex abditis et crudeliter trucidantur : pavimentum cellolae tabo maculatur. Postquam vero interempti sunt extrahuntur foris et nudi super humum frigidam relinquuntur.", *ibid.*

(84) "...post haec Chilpericus rex de pauperibus et iunioribus ecclesiae vel basilicae bannos iussit exigi, pro eo quod in exercitu non ambulassent...", *ibid*, lib. V, c. 26, pp. 232-233.

(85) Loening, *op. cit.*, p. 245.

(86) J.-P. Bodmer, *Der Krieger der Merowingerzeit und seine Welt. Eine Studie über Kriegertum als Form der menschlichen Existenz im Frühmittelalter*, Zürich, 1957, pp. 66–67 参照。

(87) Vita Goaris conf. Rhenani, in *M. G. SS. r. Mero.*, t. 4, p. 417, n. 2 参照。

(88) Greg. ep. Turo. Historiarum libri X, lib. V, c. 17, *op. cit.*, p. 216.

(89) 本書第1章参照。

(90) J.-Ch. Picard, "Espace urbain et sépultures épiscopales à Auxerre", in *La christianisation des pays entre Loire et Rhin IVe-VIIe siècles. Actes du colloque de Nanterre* (=*Revue d'Histoire de l'Église de France*, t. LXII, no 168), 1975, p. 208.

(91) *Ibid.*, p. 211.

(92) *Ibid.*

(93) *Ibid.*, pp. 212–213.

(94) G. Scheibelreiter, *Der Bischof in merowingischer Zeit,* Wien/Köln/Graz, 1983, p. 185.

(95) E. Lesne, "La matricule des pauvres à l'époque carolingienne", in *Revue Mabillon,* 2e sér. no 55, juillet-sept. 1934, pp. 116–117.

(96) *Histoire des hôpitaux en France,* sous la direction de J. Imbert, Toulouse, 1982, pp. 20–21.

(97) Mollat, *op. cit.*, pp. 57–58 ; Fr. Lehoux, *Le Bourg Saint-Germain-des-Prés, depuis ses origines jusqu'à la fin de la Guerre de Cent Ans*, Paris, 1951, p. 19, n. 8 参照。

(98)　L. Schumugge, "Ministerialität und Bürgertum in Reims. Untersuchungen zur Geschichte der Stadt im 12.und 13. Jahrhundert", in *Francia*, Bd. 2, 1974, pp. 162–168 参照。

第三章　メロヴィング朝期聖人伝研究の動向
――F・グラウス、F・プリンツの所説の紹介を中心として――

はじめに

一九六〇年代に入ってから、西欧の中世史家の間で、極めて少数の例外を除いてそれまで歴史研究の対象として正面から取り上げられることのなかった「ハギオグラフィー Hagiographie」と総称される中世独特の文学形式への関心の高まりが顕著となって来ている。「ハギオグラフィー」とは聖人についての伝説、聖人伝 Vitae sanctorum、聖遺物奉遷記 Translatio、奇跡伝承 Legenda など、直接間接に聖人に関わる伝承や事績を記した多種多様な記述から成っている。

ハギオグラフィーの中で最も重要なのは聖人伝であり、近年のハギオグラフィー研究の大部分は、この聖人伝を対象としている。(1) 問題を明確にするためにここで指摘しておかなければならないのは、この種の記述がこれまで歴史研究の素材として利用されてこなかったわけでは決してないという事実である。それどころか西欧の中世初期を研究対象にしている法制史家・経済史家は、この時代の制度や経済組織の解明のために聖人伝の記述をしばしば援用し、史料的典拠として明示している。従って、この種の記述が部分的・断片的にではあるが史料として利用されてきたのであるから、それが歴史研究の手段として無視されて来たか否かが問題なのではない。重要なことは、それがなぜ全体として、それ自体として文学史的研究にとどまらず、過去の社会の全体像の復元、再構成の手段として利用されて来なかったかを問うことである。この点に関して伝統な歴史学、すなわち政治史・事件史を専ら対象とした歴史学の史料概念に目を向ける必要がある。

聖人伝は、その内容が聖人の行動と受難――多くの場合奇跡をともなう――であるという点で[2]、政治的事件の記述を目的とする「歴史記述 Historiographie」[3]とは一見質的に異っているように思われる。単に異質であるばかりか、政治史が歴史研究そのものであった時代には、年代、人名などの基本的与件を大方欠落させていたためか[4]、あるいは「奇跡」への頻繁な言及のためか、聖人伝はその史料価値を著しく低く評価されたのであった。自身がメロヴィング朝期の聖人伝の編纂事業に多大な貢献をなしたブルーノ・クルシュが、聖人伝を「教会によって作られた詐術的文学」[5]として排斥した事実は、そのことを象徴的に示している。七〇年代に入りB・R・フォスが、これらの聖人伝の古代後期の伝記文学(歴史記述)との密接な関係を指摘することで、いわばその「歴史性」を回復させようと試みているが[6]、そのような主張が妥当性をもちうるのは、せいぜい六世紀までである。それゆえ中世を対象とした場合、歴史学が素朴実証主義的な従来のあり方を前提とする限り、聖人伝を「教会によって作られた詐術的文学」として一蹴するには、それなりの根拠があったのである。したがって変わらなければならないのは、少なくとも修正を要するのは歴史学のあり方そのものであり、その認識論であるということになろう。

先に挙げたクルシュの弟子であり、彼とともに多くの聖人伝の編纂にあたったヴィルヘルム・レヴィゾンが一九二一年に記した次のような言葉、すなわち「心理学的説明のあからさまな拒否のかわりに、偽りではないかと疑いはするが、偽りのものとして探ることをしない偽の合理主義が、今や克服されなければならない」[7]は、マルク・ブロックの「虚偽はそれ自体が史料である」[8]、という主張とともに記憶にとどめておかなければならない。こうした姿勢は、とくにポスト・ローマ期の法観念、社会意識、宗教などのイデオロギー的諸相を理解しようと努める時、そして関係史料の絶対的不足を思う時、不可避のものとなろう。

本章の課題は標題にも示したように、近年活発となったポスト・ローマ期、中世初期の聖人伝に関する研究動向の一端を紹介することにある。最初にグラウスの封建制形成期の権力の役割と法に関する問題を扱った論文、続いてプリンツのいわゆる貴族聖人論を取りあげる。いずれも法、権力、イデオロギーの相互関連が主要なテーマとなって論が展開されており、われわれの関心もまたそこにある。

一　教化機能論：グラウス

初めに取りあげるのはフランティシェク・グラウスの「封建制の開始期における権力とメロヴィング朝期聖人伝の「囚人解放」」と題する一九六一年に発表された論文である。(9)

［序論］(10)　グラウスは次のように問題を設定する。封建制の開始期において権力が果たした固有の役割は何か。これがこの研究の基本問題である。ところで、メロヴィング朝期の政治史では、裸の権力、すなわち暴力が決定的に重要であったという事実が一般に知られている。しかし一方、法史学においてゲルマニストの側から、この時代の支配秩序として、法の支配が少なくとも民衆レベルでは貫徹していたとする主張がある。したがって、民衆レベルでの法観念の貫徹が史料に則して証明しうるか否かが、ゲルマニストの認識の妥当性の当否をうらなう鍵となるとグラウスは考える。

こうした分析対象にふさわしい史料は聖人伝である。なぜならこれまでの研究史において、聖人伝承の形成に際して民衆の寄与が強調されているからである。

序論の最後では、聖人伝という一種の文学的作品を素材にする際の分析方法の手続について言及している。それはトポス topos の識別である。この時代の伝統的文学は、聖人伝に限らず多かれ少なかれ描写対象、モチーフにふさわしい型を既存の範型から借用する。勿論、対象に応じてそれは変化するわけだが、そうであればあるほど所与の記述の通則、topos を既知のそれと比較対照することによって、当該記述の意味作用と機能とがより良く把握されることになろう。(11)

おおよそ以上の如き前提と手続にのっとって本論が始まる。

［本論］(12)　まずグラウスはメロヴィング朝期の社会状況を次のように説明する。蛮族侵入は不自由民や隷属民の数を著しく増加させた。侵入の際に住民はしばしば監獄にひきたてられ、囚人と貧民の数は急速に増加した。略奪と戦争とが不自由民創出の主な源泉である。まさしく不自由人の獲得が、メロヴィング朝期の戦争の主要な目的であった。軍事活動は、通常住民の「捕囚」と結びつき、例外的な場合を除けば「捕囚」は隷属化を意味したのである。この極度に混乱した時代では、盗賊団が国王の軍隊をまね、独自に人間狩りを行ったとしても驚くにはあたらない。だがこうした隷属化の大半は国王の軍隊、もしくは貴族、有力者が行使した暴力によって行われた。

ところで聖人伝は逃亡した不自由人、獄に捕えられた自由人、有罪を宣告された犯罪者をひとしなみに扱っている。教会はこれらすべての人々に関心をはらい、聖人は彼らのために救済活動を行った。裁判に関して言えば、教会は世俗の裁判の形式と手続を支持し、被害者の自力救済を厳にいましめた。この時代の聖人伝には、教会の公式文書や殉教者伝で必ずといってもよいほど言及される「不正な裁判官」はほとんど登場しない。かわりに「厳格な」、「専制的な」裁判官、すなわち厳格に法をまもる裁判官が登場する。極めて注目すべき事実は、聖人が無実の者を獄からあるいは刑場から救った場合でも、裁判官の「不正」が強調されていないことである。グラウスはこの事実を、聖人伝作者が意識的に動機の表明を避けたためと解釈する。

判決は苛酷であった。とりわけ所有権の侵害、なかでも窃盗行為に対しては特に厳しく、殺人がずっと寛容に扱われたのにひきかえ、多くは死刑をもって罰された。その意図は明白である。まさしく支配層の所有権への侵害に対して極刑が課されたのである。この時代のとくに苛酷な刑罰は、他者の所有権への侵害が頻繁であった時代に結晶化した社会構造に、初めて対応するものと見なすことができる。したがって判決は厳しく、その執行においてしばしば恣意的であった。この時代が「暴力の支配する」時代であり、隷属化と圧迫が日常的であり、また裁判が高額の贖罪金を支払えない貧しい民衆にとってとりわけ苛酷であった時、この時代のイデオローグたる教会は、こうした問題に対してひとつの立場をとることを余儀なくされた。教会は民衆に最も近しい文学作品によって、彼らに一定のイデオロギーを浸透させようと努める。ここに聖人伝の社会的機能の場が存在する。

教会は大土地所有者であり、大量の不自由人をかかえる大領主であるという点で、国王や世俗の有力者と利害関係を一にしている。教父たちやその後継者は様々の方法で不自由の起源を明らかにし、奴隷による一切のイニシアティヴに反対し、彼らの境遇を改善することに対してすら異を唱えた。だが一方で、キリストはすべての人間のために十字架の死を受けいれたのであり、人間はすべて神の前では平等であるという教えがある。教会はこのジレンマをどのように克服しようとしたのか。この問題を解決する手がかりを、グラウスは聖人伝の中に探ろうとする。

聖職者の大部分は、不自由のうちに何か「自然のもの」を見出していたが、固有の意味での囚人問題に関しては事情は異なっている。とりわけいままで自由であった人々の隷属化が大量に行われた時代には、こうした隷属化を「自然のもの」と感じる者はいない。それゆえ少なくとも五世紀には固有の意味での囚人に対する観念は、不自由人に対するそれと異なっている。教会による買戻しは、初め囚人となったガロ・ローマ系住民で戦時捕虜を対象としていたが、六世紀に入るとすべての囚人に及んだ。この時代には敵の捕虜となって獄につながれた者たちと並んで、一般の不自由人もその対象となる。このようにして囚人の買戻し――そこには囚人ばかりでなく、不自由人の買戻しの意味もこめられていた――は、聖人伝に最も馴じみ深いテーマとなる。そしてこうした買戻しは、後に奇跡による囚人解放と理解されるようになる。だれでも買戻しはできたが、民衆にとって聖人とその奇跡力は、他に比して一層期待できるものであった。

この奇跡による解放の観念の形成に、それ以前の文学・伝承によって伝えられて来たひとつの要素があずかって力があったことをグラウスは指摘する。それは人を縛ったり、解放したりする奇跡的な力を有する人間の存在を信ずる観念である。こうした観念は一種魔術的色彩を帯びながら、古代世界で広く知られていた。聖人伝の作者は、このような能力を聖人の資質に転移したのであった。このようにしてメロヴィング朝期の聖人伝において、聖人の「囚人解放」が最も基本的かつ典型的にメロヴィング的テーマであったことを確認した後で、グラウスはこの説話のもつ意味と機能を解明するために、説話を以下のような類型に分類する。

第一類型A　導入部　①囚人の特徴づけ。②聖人の干渉の経緯。③聖人の囚人解放のための懇請。しかしそれは拒否される。

B　解放行為(α)解放そのものは天使によって行われる。(β)聖人自身が解放に参加。(γ)解放は聖人のvirtus(力)の成果である。囚人解放の場所(Ⅰ)監獄。(Ⅱ)移送中。(Ⅲ)教会。

①日時。②監獄の中への光。③獄吏の運命。④鎖の切断。⑤牢扉の開放。⑥囚人の聖なる地への逃亡。

C　囚人のその後の運命。大部分は極めて簡単に記される。

以上が記述の型である。メロヴィング朝期の聖人伝の中で、全部で六一の囚人解放説話がこれに属する。この型は聖書の範例に遡り、メロヴィング朝期の聖人伝によって古くから確固たる類型として受容され、後の数世紀にさかんに利用された。この類型の特徴は、解放に関して囚人が徹頭徹尾受身なことである。

第二類型A　導入部　①囚人、不自由人の特徴。②支配者、裁判官もしくは権力者の特徴。③聖人干渉の理由。④聖人による囚人解放のための懇請。

B　奇跡　奇跡が囚人の解放を強制。

C　①囚人、不自由人のその後の運命。②支配者、裁判官、権力者などのその後の運命。

総計二四説話がこの類型に属している。その特徴は、この類型が聖書の範型に従って形成されたものではないということである。これは第一類型の説話よりも「より生活に近い lebensnaher」。

第三類型はグラウスが「絞首台の奇跡」と呼ぶ説話である。これは囚人が処刑寸前に、もしくは執行後に奇跡によって聖人に生命を救われ、解放される物語を内容としている。この種の説話は十九例存在する。真の意味での「絞首台の奇跡」は、キリスト教に固有の説話であり、聖人伝という文学ジャンルに典型的なものである。これは先の二類型以上に世俗的説話との類似性を示している。

これらの類型の変種として、囚人を繋ぐ鎖の切断によって、あるいは監獄の破壊によって囚人を解放する説話がある。しかしこうした象徴的説話はメロヴィング朝期にも、またその後の時代においても好まれず、普及もしなかった。

最後の、すなわち第四類型は「逃亡物語」とでも称すべき説話である。これは全部で十例ほど見出される。グラウスは第一、第二類型との関連で、この型の独自性にとくに注目する。逃亡説話は、まず統一的な叙述形式をまったく持っていないこと。第二に、ここでは解放される者は単に受身の存在ではなく、自らの逃亡に積極的に関与していることである。これらの特徴によって、「逃亡物語」は他の諸類型から明確に区別され、かつそれは聖人伝的記述と非聖人伝的記述との接点に位置づけられる。それは非聖人伝的記述への移行段階を示すものである。だが「逃亡物語」はメロヴィング朝期には、第一類型がその典型であるところの、囚人解放の独自な形態とまだ競合しえていない。

〔結論〕[13] 囚人解放説話は、この時代の聖人伝の本質的構成要素であり、外部から導入された民間説話ではない。したがって記述自体、全体として文学的生産物と性格規定されねばならない。注目すべきことは、それ以前の、あるいは以後の時代と比較した場合、この時代にこの種の奇跡が特に大量に出現し、囚人解放説話の全類型をはじめてわれわれが把握できるようになるということである。それは時代の「流行」であり、それ自身の機能をもち、時代の嗜好に応じて類型の枠内でしばしば変化する。このことは個々の奇跡説話の目的においても明瞭に示される。

以上のように考えてくると、メロヴィング朝期のこの種の聖人伝の記述は、固有の「民間説話」層にも、また教会の公式文書の位相にも属していないことがわかる。それは明らかに、より広範な社会層のために書かれたのである。囚人解放説話の記述のもつ機能は、民間説話的な記述によってではなく、聖人伝的奇跡説話によって聖人の名声を広めることにあった。

序論で紹介した、法の支配が少なくとも民衆レベルでは貫徹していたとするゲルマニストの広く知られた意見——それは社会の上に漂う「法」を想定し、その「法」は裁判の規範となると考えている——は、法による保護の理想化に他ならない。メロヴィング朝期の聖人伝における囚人解放説話の広範な普及、その中で囚人が無実の者であったか、それとも真に罪ある者であったかを問うていない事実に注目するならば、この時代に法と法感覚が同一であったとするゲルマニストの公理を疑問としなければならない。もしゲルマニストの考えが正しいとするならば、「法」がそのうちに貫徹しているはずの民衆の観念は、聖人伝の記述に著しい違和感を覚えたにちがいないからである。ゲルマニストの錯覚は、実はゲルマン人の理想化のもたらした幻影であり、ロマン主義者によって育てられ、歴史学が重荷として引きずって来たものなのである。こうした「法」の存在と一対となって主張された「不正なる法」への反抗権は、はるか後の時代に形成されたものである。

多くの場合、支配者、裁判官は不正なる者と描かれてはいない。無実の者に関しては、解放の動機は決して表明されない。支配者は不正なる者ではなく、冷酷なまたは苛酷な者として描かれる。彼は自らの権利と見なすものを仮借なく行使しようとする存在である。聖人伝においては正義と不正ではなく、寛容さと峻厳さとが対置されている。教会は国家権力との共存関係を一層強化しようとしており、したがって聖人伝作者は権力を裁くことを決してしない。また権力による不正行為を、それが教会に向けられていない限りは決して非難することはない。聖人は囚人の救済と解放に専心した。そしてこのような活動は専ら民衆の側に立って行われたばかりでなく、それはまた次のことも教えたにちがいない。すなわち自力による解放ではなく、外部からの救済を待ち望むべきである、ということである。そしてこれこそが、窮極において囚人解放説話の教訓であった。それゆえ、その形成の観点から見た場合、囚人解放説話は本質的には「民衆とは無縁の volksfremd」文学であるといわなければならない。

以上がグラウスの議論の些か詳しい概略である。

＊

社会構造・法秩序の古ゲルマン時代からの連続を主張する、いわゆるゲルマニストと呼ばれる歴史家たちは個々の立法を越えた中世の法世界の構造を、ひとつの抽象的観念である「古き良き法」（F・ケルン）の支配によって説明する。

いわば窮極的正義の表現たる、この「古き良き法」への支配者の側からの侵犯は、人民の反抗権によって制裁されると考えられていた。ところでメロヴィング朝期には、裸の権力(=暴力)が不法に人民の隷属化をもたらした事例が頻繁にみられる。しかし反抗権の表明を伴った人民の抵抗の痕跡は、史料の中にまったく見出せない。権力と「法」の対抗関係は果して現実に存在したのか。そもそも人民は支配者の恣意的な権力行使に対抗し、それを拘束する手段が存在すると観念していたのか。このような疑問がグラウスの出発点であった。ゲルマニストがここで主張する「法」とは、実体のない観念である。したがってその存在の有無を検証するには、通常の実証的方法では困難である。ここにグラウスが「この研究において、方法論的に新たな道を行くことを試みた」[14]と述べる理由がある。彼は民衆の内部から、彼らが感ずるように世界を感じようとする。もし彼らの認識世界に「法」の観念が存在しないならば、それは実在しないのである。それは中世人の観念には存在しない、歴史家の創造物ということになろう。

このようにして、民衆の感覚世界に相対的にではあるが最も近いと想定される聖人伝、なかでも法と権力の関係が直截に表明される囚人解放説話を、彼は分析の対象として選ぶ。

さてそれでは、聖人伝が民衆の意識と感覚とを純粋に反映していると言えるだろうか。彼はこのために文学史的研究の分析概念たるToposを援用して、囚人解放説話から民間説話の位相と教会思想の位相を篩《ふるい》にかけ、聖人伝に固有の説話層を確認しようとする。その結論は微妙である。「伝記作者の記述は固有の民間説話層にも属さないし、また教会財産の侵害者の断罪を描写する記述ほど、優れて教会的というわけでもない[15]」。それは文学的生産物 literarisch-hagiographische Produkte である。

かくして伝記作者の視点が重要な問題となってくる。それは一定のイデオロギーを民衆の意識に効果的に浸透させるという目的のために、可能な限り民衆の視点に接近しなければならない。と同時に、そもそも聖人伝の機能作用が意味をもつためには、民衆意識から本質的に離れたものでなければならない。そうでないならば、聖人伝の社会的機能という論点は全く意味をなさないことになる。メロヴィング朝期の聖人伝を、グラウスが volksfremden と規定するゆえんもここにある。したがって民衆意識と聖人伝のイデオロギーとのズレは、彼の論理的前提となっていなければならないはずであり、そして実はこのズレの中に「法」の観念が存在し続けた可能性は否定できないということになる。

このように検討してみてくると、グラウスの理論では「法」の観念の存在は、アプリオリに否定されているわけではなく、むしろその存在が前提となっていなければならず、聖人伝のイデオロギー作用によって、徐々に克服されるような実体であったのだと考えなければならない。聖人伝の社会的機能の論理をおし進めて行った場合の、このような帰結は明らかに彼の理論構想からはみ出す部分を創りだし、そしてこの要素が以下に指摘する、彼の理論のもうひとつの不確定の要素と結合する時、その説得力は減殺されざるをえない。すなわち聖人伝機能は、教会がその一翼をになったところの権力への潜在的危険性を秘めた「法」のもつ「正―不正」の認識原理にかえて、「寛容―峻厳」の認識原理を民衆意識のうちに浸透せしめ、自力救済ではなく、外部からの奇跡による救済の観念を民衆の間にゆきわたらせることにあったわけだが、この結果ゲルマニストたちが想定した「法」の観念が果してどの程度克服され、囚人解放説話のもつ認識原理がどれほど深く民衆の意識に浸透したかなどの肝心な点は、直接的には証明されず、ただ聖人伝の広範な普及のうちに、その間接的な証拠が見てとれるにすぎないのだ、ということである。

この意味でグラウス理論は決定的な決め手を欠いていると言わざるをえない。けれどもこうした欠陥にもかかわらず、それはメロヴィング朝期の社会意識と権力の実体の解明に重要な仮説を提示し、「法」観念の民衆レベルでの貫徹を主張し、それをいわばデウス・エクス・マキナの如く援用するゲルマニストの理論を、少なくとも仮説の次元まで引き下げるだけの意味は持っていると言えるのである。

二　貴族アイデンティティー論：プリンツ

本節で紹介するのはフリードリヒ・プリンツの「メロヴィング朝期の聖人伝にあらわれた聖人崇敬と貴族支配」(16)(一九六七年)と題する論文である。

プリンツはメロヴィング朝期、なかでも七、八世紀の聖人伝を、中世初期の貴族世界・貴族社会の構造を解明するための好個の史料と考える。彼によれば六世紀以前のガリアの聖人伝と、それ以後の聖人伝との間には記述形式の上で差異があり、その決定的な相違は以下の点にある。すなわち、例えば『セウェリヌス伝 *Vita Severini*』に典型的に見られるように、六世紀以前の聖人伝では、聖人の貴族的出自は意識的に「たまたま与えられた好ましからざる名誉」と観念されるか、その高貴な出自はごく簡潔に紹介されたにすぎない(ホノラトゥス、エウケリウス、ファストゥス、カプラシウス、ルプス等の伝記)。さらに彼らの在俗中の社会的地位の高さと、彼らの禁欲者《アスケーテン》としての活動の間には明確な境界線が引かれていた。

他方七、八世紀の聖人伝の描く画像はまったく異なっている。聖人は今や貴族および広大な王領地からもたらされる富によって維持される、壮麗な教会をそなえた大修道院を建設する。聖人自身が国王に奉仕し、王権と密接な関係にある貴族層の出自であり、その世界観は伝記中に、あるいは彼らの書簡の中で明白に表明されている。とりわけこれらの聖人伝では、貴族聖人の世俗の社会的諸勢力との関係、および親族・血縁関係が非常に強調されている。これは聖人伝の伝統的トポスに由来するものではないし、ましてや聖書に遡るものでもない。それはこの時代の聖人伝のもつ独特な性格である。またメロヴィング朝期以前の聖人伝の記述とは対照的に、聖人の聖職者としての活動と、彼らの政治的活動との間にはいかなる断絶も認められない。それどころか宗教的任務と世俗的実践とは、高度に政治的な水準で相互に密接に関連しあっており、両者とも等しく伝記の中で讃えられているのである。この種の伝記の代表として、最後の全メロヴィング的「政治家」であるルーアン司教であった『アウドイヌス伝 *Vita Audoini*』、およびアウドイヌス自身によって書かれた、ダゴベルト一世の「財務長官」であったノワイヨン司教の『エリギウス伝 *Vita Eligii*』を挙げることができる。

おおよそ七世紀を転換点とする、このような聖人伝の変質はいかなる理由に基づいているのであろうか。プリンツによれば、ゲルマン貴族はキリスト教への改宗によって、古来の異教的宗教に根ざすカリスマ的権威を失い、その宗教的・政治的優位を根底から揺さぶられた。このようにいわば宗教的に「根こぎ」にされたメロヴィング貴族は、自らと同一の社会層に属する聖人の伝記作成を通じて、新たに宗教的な自己正当化と、その指導的地位の固定化を獲得した。この種の聖人伝の発展に与って力があったのは、アイルランドの伝道修道士コルンバヌスと、彼が建設したリュクスーユ修道院である。コルンバヌスは五九〇年以来、パリとメッスのフランク人宮廷貴族の間で卓越した名声を誇っていた。彼の修道院学校においてフランク的貴族聖人という新たな類型が姿をあらわした(17)。

プリンツは同論文において、こうした一連の動向をイデオロギー的かつ目的的になされた、つまり意図的操作の所産ではなく、異教的・カリスマ的権威を喪失したゲルマン貴族層の無意識のうちの精神的自己確立 geistiger Selbst-etablierung の努力の結果であると考えた。しかし七五年に発表された「メロヴィング朝ガリアでの貴族とキリスト教」と題する論文では、この同じ過程が「崇敬プロパガンダ Kultpropagande」としても把握されている(18)。もっとも同論文のこれに続く箇所で再び、これは民衆を服従させるためのプロセスではなく、無意識的、半ば本能的、それゆえ精神的に自己をたかめるための、自己正当化のより効果的な行為であったと述べ、「無意識的過程」論を繰り返しているのだから、この見解が廃棄されたわけではない[19]。

見方によっては論理の混乱とも受けとれるこうした見解の幅は、プリンツが自らの見解を対置しているものが何であるかによって理解される。マルクス主義のイデオロギー的上部構造論――少なくともプリンツの理解するところの――がそれである。彼はこの点について次のように述べている。フランク貴族がそのイデオロギーを、キリスト教に巧みに適応させることによって下部構造における「不吉な革命」を回避し、その支配権の喪失を予防するのに成功したと考えられるかも知れない。しかしながら一種の「階級闘争的状況」との表面的な類似はここではあてはまらない。というのも支配者、人民いずれも共通の宗教的・精神的基盤を共有していたからであり、かくして貴族によるキリスト教の受容は意識的な政治＝イデオロギー的行為、もしくは支配者の、階級闘争における入念に計算された戦略ではありえなかったからである、と[20]。

このようにしてメロヴィング朝期の貴族聖人は、死後もなお出身家門、社会層の成員でありつづけ、かつその代表者となる。彼の聖性は必然的に自らの家門とその政治的威信に反映し、彼によって家門と貴族層全体がひとつの支配形態として祭祀上の、宗教上の正当性を獲得するのである。それはセーヌ・ライン川間地域の主要な貴族門閥、例えばブルグンドファラ、ワルドベルトゥス、エティコ、アルヌルフス、ピピン等が自らの家門をキリスト教的生活規範の内部で、祭祀的・宗教的地平に定着させる重要な一手段であった。自らの家門に属する者を聖人とし、それを当時の宗教意識に浸透させることによって、これら名望家門は彼らの古くからの支配権の新たな守護者たらしめたのである。異教的な首長カリスマにかえて、それぞれの家門の支配権を正当化し、保護する貴族聖人の救済力が新たな機能を果たすようになる[21]。

メロヴィング朝期の聖人の自己の家門および王権、貴族支配の諸形態との緊密な関係は、新たな要素、すなわち聖人伝におけるゲルマン的要素であることが証明される。この時代の聖人の貴族的出自と、世俗的活動の積極的評価は、後に次第に発展し、宗教的に完成される貴族的身分倫理の第一歩であり、その重要な準備作業となった。メロヴィング朝期の貴族聖人なしには、中世盛期における貴族身分の倫理化は考えられない。

プリンツの所説は以上のごとく纏められる。

＊

プリンツの論文はその方法論においても、また問題意識においても、グラウス論文と明確な対照をなしている。最初に方法論について述べよう。

プリンツは七、八世紀の聖人伝を「貴族的」なものと規定する。それは貴族支配体制を正当化し、貴族の地位を確立する機能をもつという意味で「貴族的」なものと考える。それでは聖人伝は彼の言うように真に「貴族的」であるのか。プリンツは、グラウスが聖人伝の記述構造の分析に際してとったトポスの分析という手続をとらず、単に記述されている内容と事実を問題にするだけである。たとえば、聖人の貴族的出自がその親族関係とともに比較的詳しく記述されているとか、王権、貴族など世俗の社会的諸勢力との関係が強調されている、など。

しかしこのような事実をもってしては、聖人伝の記述が真に「貴族的」であったとするには不十分であろう。(22)このことは聖人伝を史料として扱う場合の、彼の手続と方法の不備を示すものである。プリンツは単純な実証の観念と方法によって分析している。この種の記述から、経済組織、諸制度の断片的事実を摘出しようとするだけならば、このような解釈も許されるかも知れない。だが時代の認識構造、世界観を総体として把握し、奇跡説話なども除外することなしに、その意味作用を論理全体の中に位置づけることをしないならば、方法としては不十分であり、旧来の素朴実証主義の枠を出るものではないと評価されよう(23)。

次に問題意識について、とりわけ先に指摘した「無意識的過程」論と関連させて少しばかり述べておく。プリンツが貴族支配について語る時、彼が前提としているのは、古ゲルマン時代以来ポスト・ローマ期、中世初期を通じて基本的に変わることなく存続したとされる始源的貴族支配体制論と呼ばれる、わが国でも周知の理論である。この説に従う限り、古ゲルマン時代以来の貴族支配が一貫して維持されていたのであるから、プリンツの見解によれば、六世紀以前は「貴族的」でなかったという聖人伝が、なにゆえに七、八世紀に「貴族的」性格を帯びるようになったかが説明されなければならない。そのために、彼はキリスト教への改宗がもたらした支配イデオロギーの変動を想定する。すなわち改宗以前に異教的な宗教と祭祀に緊密に結びついていた貴族の政治的権威と支配の正当性は、キリスト教への改宗により根本的な危機に曝された。こうした危機的状況の中で、本能的・無意識的に、いわば自己救済の手段として「貴族的」な聖人伝記述があった。キリスト教の教義自体は、すべての人間を神の子として平等視するわけであるから、貴族の存在理由を正当化するものではない。聖人を貴族として描く聖人伝のうちにこそ、失われた威信と正当性回復のよりどころを見出したというのである。そしてこれら一切を、プリンツは無意識のうちに行われたプロセスであると考える。その根拠を彼は明らかにしない。したがってわれわれは推定を余儀なくされるのだが、おそらくはこの過程を意識的なものと理解することによって、貴族支配の古ゲルマン時代からの連続という論理に矛盾を来たすと考えたのかも知れない。なぜならば、貴族聖人像の意識的創出とその崇敬のプロパガンダは、この時期に初めて貴族なるものが登場したことを逆証する可能性をはらんでいるからである。

だがプリンツはその論理を首尾一貫させえない。彼は聖人伝の機能を貴族聖人崇敬のプロパガンダとして理解しているが、無意識のプロパガンダなどというものはありえない。われわれは、そもそも聖人伝を貴族支配体制の連続性を証明するために利用しようとする構想自体に無理があると考える。「貴族的」聖人伝出現の前提として、プリンツはキリスト教への改宗によるゲルマン貴族の危機を想定するのだが、彼はある箇所で次のようにも言っている。「すなわち七、八世紀の、そしておそらく九世紀のキリスト教化は、本質的に支配層のそれではなかったか。大量化現象を伴った深いキリスト教化は、少なくともアルプス以北では、叙任権闘争に先行する教会改革の努力によって初めて定着したのではないか[24]」と。彼はここで七、八世紀の段階では、民衆の宗教意識がいまだ異教的であったことを示唆しているのである。そうであるならば、キリスト教への改宗によって、ゲルマンの貴族層は一体だれに対して、その政治的権威と正当性を失うのであろうか。

　議論のこのような混乱は、すべて聖人伝を史料として利用する場合の基本的前提、すなわちその性格、史料価値あるいは、そこから何が読みとられ、何が読みとられえないかの認識が不徹底であることに帰因しているように思われる。

おわりに

　この章で取りあげた二論文は、数ある最近の聖人伝研究のうちでも、筆者が関心を寄せているポスト・ローマ期の法、権力、イデオロギー、国制などの諸局面を考察した論考である。これらの研究の紹介と若干のコメントから、研究動向の一端が窺えたと思われるが、このほかにも古代ローマ伝記文学との関連で聖人伝と歴史記述との接点を探ったり、あるいは聖人伝の類型化作業という、いわば聖人伝の基礎的研究とも言うべき論考[25]、新約学の編集史・様式史的研究方法を導入することによって、聖人伝から観念的要素と史的要素をともに掬いあげて、相互の内的連関からその意味を解読しようとする研究[26]、あるいは中世初期の親族構造解明のために利用する研究[27]、さらに地域社会の構造と文化を探求するための聖人伝研究[28]というように、ひとくちに聖人伝研究といっても、研究対象と問題設定において多種多様である。もとより研究者の問題関心に応じて聖人伝の中に何を求めるかが異なるわけであり、従って方法のうえでも違いが出てくるのは当然である。だが問題設定と方法がどうあれ、聖人伝それ自体を研究対象にすえる場合、それが多分に文学的性格の記述であるだけに通常の史料に対する以上に、その証言能力の妥当性と限界についての明確な認識がなければならない。

さらにここでは二重の解釈が要求される。すなわち史料から事実を抽出する実証的解釈と、解釈された事実を時代の認識体系に組み込むための解釈とである。この意味でグラウスの行った聖人伝を記号的に解読する試みは、中世初期の文学作品を歴史研究、とりわけこの時代の民衆の認識構造を理解するための史料とする場合の先駆的業績として、これを高く評価しなければならない。

（1） 本章作成のために筆者が多少とも参看することのできた六〇年代以後の諸研究を以下に記しておく。
F. Graus, "Die Gewalt bei den Anfängen des Feudalismus und die "Gefangenenbefreiungen" der merowingischen Hagiographie", in *Jahrbuch für Wirtschaftsgeschichte*, 1961, Teil 1, pp. 61–156; Id., "Sozialgeschichtliche Aspekte der Hagiographie der Merowinger-und Karolingerzeit. Die Viten der Heiligen des südalemannischen Raumes und die sogenannten Adelsheiligen", in *Mönchtum, Episkopat und Adel zur Gründungszeit des Klosters Reichenau. Vorträge und Forschungen* XX, Sigmaringen, 1974, pp. 131–176; K. Bosl, "Der "Adelsheilige". Idealtypus und Wirklichkeit, Gesellschaft und Kultur im merowingerzeitlichen Bayern des 7. und 8. Jahrhundert," in *Mönchtum und Gesellschaft im Frühmittelalter*, hrsg. von F. Prinz, Wege der Forschung, Bd. CCCXII, Darmstadt, 1976, pp. 354-386; F. Prinz, "Heiligenkult und Adelsherrschaft im Spiegel merowingischer Hagiographie",

in *Historische Zeitschrift*, Bd. 204, 1967, pp. 529–544; Id., “Aristocracy and Christianity in Merovingian Gaul. An Essay”, in *Gesellschaft, Kultur, Literatur. Beiträge Luittpold Wallach gewidmet*, hrsg. von K. Bosl, Stuttgart, 1975, pp. 153–166; F. Lotter, *Severinus von Noricum. Legende und historische Wirklichkeit. Untersuchungen zur Phase des Ubergangs von Spätantiken zu mittelaterlichen Denk-und Lebensformen*, Stuttgart, 1976; B. R. Voss, “Berührungen von Hagiographie und Historiographie in der Spätantike”, in *Frühmittelalterliche Studien*, 4, 1970, pp. 53–69; M. Heinzelmann, “Neue Aspeke der biographischen und hagiographischen Literatur in der lateinischen Welt (1–6 Jahrhundert)”, in *Francia*, Bd. 1, 1973, pp. 27–44; Jacques le Goff,“ Culture cléricale et traditions folkloriques dans la civilisation mérovingienne”, in *Annales, Économies, Sociétés, Civilisations*, 1967, pp. 780–789; B. De Gaiffier, “Hagiographie et Historiographie”, in *Settimane di Studio. La storiografia Altomedievale*, Spoleto, 1970, pp. 139–196; L. Theis, “Saints sans familles? Quelques remarques sur la familles dans le monde franc à travers les sources hagiographiques”, in *Revue Historique*, 1976, pp. 3–20; J.-C. Schmitt, “Religion populaire et culture folklorique”, in *Annales, Économies, Sociétés, Civilisations*, 1976, pp. 941–953; M. De Certeau, *L'écriture de l'histoire*, Paris, 1975, chap. VII.

（2） Voss, *op. cit.*, p. 55.

（3） *Ibid.*, p. 54.

（4） 聖人伝の記述が時間概念や人名に対してよりも、地理空間への感覚に鋭敏なことは、M. De Certeau, *op. cit.*, p. 287 参照。

（5） Lotter, *op. cit.*, pp. 2–3.

（6） Voss, *op. cit.*

（7） W. Levison, “Die Politik in den Jenseitsvisionen des frühen Mittelalters”, in *Aus rheinischer und fränkischer Frühzeit*, Düsseldorf, 1948, p. 237.

（8） マルク・ブロック『歴史のための弁明』讃井鉄男訳、岩波書店、一九五六年、七二頁。

（9） F. Graus, “Die Gewalt.” グラウスは一九六五年に *Volk, Herrscher und Heiliger im Reich der Merowingerzeit*, Praha, 1965 なる大著を公刊しているが、本章では取りあげることが出来なかった。

（10） Graus, *ibid.*, pp. 61–64.

（11） トポスの概念については差しあたり、E・R・クルツィウス『ヨーロッパ文学とラテン中世』南大路振一・岸本通夫他訳、みすず書房、一九七一年、一一二一一一五頁の、第五章「トポスとトポス論」参照。

(12) Graus, *op. cit.*, pp. 65-150.

(13) *Ibid.*, pp. 150–156.

(14) *Ibid.*, p. 4.

(15) *Ibid.*, p. 151.

(16) F. Prinz, "Heiligenkult." この論文と並んで最近の論考 "Aristocracy and Christianity", *op. cit.* も補足的に利用する。両者の間には論旨の差異はほとんどない。なお "Aristocracy" 論文を使用する際にはその都度註記する。

(17) Prinz, "Aristocracy", p. 158.

(18) *Ibid.*, p. 159 et 163.

(19) *Ibid.*, p. 159.

(20) *Ibid.*

(21) *Ibid.*

(22) グラウスは、K・ボーズルがそれに基づいて「貴族聖人」の理念型を構築し、プリンツがその所見を一般化しようとした七、八世紀のバイエルン、アレマニエンの聖人伝を、「森林を開墾し、自らの手で畑を耕し、病人を世話し、こまごまとした家事にたずさわった者は、彼が出自においていかに高貴であろうとも、決して卓越した貴族的存在ではない」として、聖人伝のいわゆる「貴族的」性格を否定している。Graus, "Sozialgeschichtliche Aspekte", *op. cit.*, pp. 161–168 参照。

(23) プリンツは "Aristocracy" 論文 p. 163 で以下のように述べている。「だが聖人伝をまずもって、その中で歴史家がおびただしい奇跡説話から、歴史的諸事実の金脈を掘りあてるような一種の獲物と見ることをせず、これらの聖人伝を効果的な崇敬プロパガンダたることを期待されるものと見なすならば、その時歴史的意味は極めて大きい」。しかし、こうした認識は研究で具体的に生かされていないように思われる。

(24) Prinz, "Heiligenkult", p. 538.

(25) Voss, "Berührungen", *op. cit.*; Heinzelmann, "Neue Aspekte", *op. cit.*; B. De Gaiffier, "Hagiographie", *op. cit.*

(26) Lotter, *Severinus, op. cit.*

(27) Theis, "Saints sans familles?", *op. cit.*

(28) Graus, "Sozialgeschichtliche Aspekte", *op. cit.*; Bosl, "Der Adelsheilige", *op. cit.*

第四章　五・六世紀ガリアにおける王権と軍隊

はじめに

支配のための最も本源的手段たる暴力装置としての軍隊の構造と機能の解明は、国家論、権力論はもとより、およそ支配の問題一般を論じようとする時、避けて通ることのできない重要な課題のひとつである。メロヴィング朝期の軍隊・軍制だけでなく、カロリング朝期のそれも視野に入れながら、その細部に関して個別的に疑問・批判は出されていながらも、今日においてなお基本的に通説としての地位をまもっている見解はおおよそ以下の如き輪郭をもっている。(1)

まずもって基礎となるのはフランク自由人の一般的軍役義務である。これはタキトゥスの『ゲルマーニア』に描かれている自由人の武装権に由来する。確かにメロヴィングの軍隊には経済的に自立した自由な土地所有者ばかりでなく、(2)解放奴隷や経済的に従属的境遇にある下層の人民の存在も確認されるが、しかし彼らといえども法的にはあくまで自由人であり、その限りにおいて基本原則は貫徹している。(3)これら自由人は王の召集命令によって、武装および食糧自弁で集結し、遠征した。言うまでもなく軍役は無償であり、略奪や鹵獲は王国内では禁じられている。(4)H・ブルンナーによって代表されるこうした見解は、メロヴィング軍隊の公的な性格、一貫した体系をもつ国制によって基礎づけられ、均質な構成をもった「国民軍」としてのその性格を強調し、その活動を公権力の体現者としての王による国家権力の行使として理解しているのである。だがブルンナーがフランク時代の軍制の根幹をなすと主張する「自由人の一般的軍役義務」という大原則は、彼みずから述べているように[5]、フランク王国建国以前のゲルマン時代の原理がそのまま踏襲されたものとされるが、実はゲルマン時代に関してさえいかなる史料的根拠もない立論なのである[6]。ブルンナーのこうした基本認識は、メロヴィング朝期の軍制についての直接的言及を含む法史料の極端な少なさというやむをえない事情はあるものの、数世紀間にありえたかも知れない発展をほとんど考慮に入れないで、カロリング朝期の与件から帰納的に類推を行うという手法上の欠陥にも、その一端の原因が求められる。だがなんと言っても最大の要因として、近年明確にされつつある、彼を含めての十九世紀の後期歴史法学派に共通する、フランク国家の国制を総じて過度に高く評価する[7]「ゲルマン・イデオロギー」の強い影響力が挙げられよう。他方同時代、あるいはそれに近いトゥール司教グレゴリウスの『歴史十書』や、聖人伝などの主として叙述史料をもとにしたJ・P・ボドマー、F・グラウスらは、ブルンナーとは著しく異なる軍隊像を提示する。まずもって特徴的なのは[8]、軍隊に対する王の統制力のきわだった弱さである。これは状況のしからしむる偶然の結果ではなく、王と軍隊との関係の本質に根ざしている。たとえば同時代の東ゴート王国では、ともすれば起こりがちの軍事行動につきものの略奪を予防すべく兵士には給養がなされ、兵を提供した地域に税の軽減措置がとられ、そして絶えず兵士の質に配慮がなされたが、メロヴィング王権下ではごく例外的な場合を除いて、略奪の禁令さえ出されていない[9]。ここでは一定の政治目的達成のための、公権力によって基礎づけられた実力行使の担い手としての軍隊というクラウゼヴィッツ的観念はほとんど問題にならない。ボドマーは、メロヴィング朝期の軍隊を究極のところで規定し、王と戦士を含めて戦争につき動かしたのは、生活資糧の獲得という物的・私的利害関心であったと見ている[10]。またグラウスも同様に、戦争の目的を略奪一般、特に「人間狩り」による不自由な労働力の獲得にあったと考えている。これは彼の初期封建制下の不自由人創出における「裸の暴力」の役割についての考察の一環を成すものである。[11] 両者に共通するのは、様々のレベルにおける私的利害関心によって動機づけられた暴力が、メロヴィング朝期の軍隊の本質であり、公的課題らしき要因がほのめかされている場合でも、それは正当化の口実にすぎず、そのような場合でも第一義的に貫徹しているのは私的利害関心であるとする見方であろう。こうした見解の根底にあるのは、メロヴィング王国の国家としての成熟度に対するきわめて低い評価である。[12]

さてメロヴィング朝期の軍隊に関するこの二つの対照的な見解は、たとえばそれぞれの依拠する史料の性格と、それによって必然的に規定される考察方法の違いといった技術的問題に解消しうるであろうか。いずれもひとつの現実のいわば楯の両面のようなものであり、ひとしく妥当性をもっているのであろうか。[13] 確かにブルンナーの所説はどちらかと言えば軍制の存在論的考察、ボドマー、グラウスのそれは軍隊の現象学的考察というふうにアプローチの位相のちがいは指摘できよう。しかしながら同じひとつの実体の異なった局面として理解するにしては、その懸隔はあまりに大きく、その矛盾は根本的である。両説を研究上の指針という観点からその当否を見る時、決定的と思われるのは、すでに述べたようにブルンナーの立論の多くはカロリング朝期の軍隊・軍制の所見によるか、あるいはアプリオリな判断に基づいているのに対して、もうひとつの見解は、少なくとも同時代の史料をその根拠としているという点である。[14]

本章において、われわれは絶えず参照枠として後者の構想を念頭に置こう。ただこれらの論者においても軍隊構造のダイナミスム、メロヴィング朝期という限られた時間の中でさえ起こりえた軍隊構造の変動には注意がはらわれていない。封建的軍隊組織の生成とも関わるこの論点について、[15] 本章があるいは独自の寄与をなしうるかも知れない。

一　諸前提

1　ゲルマン世界における王権の二類型(16)

(a)　神聖王権

ひとりゲルマン民族だけでなく、ローマによる征服前後の時期のケルト諸部族も含めて、古代ヨーロッパの諸民族における王権の一般的性格として、神聖王権なる名称で呼ばれる王権のありようが指摘されている。(17)この神聖王権は後に述べる軍隊王権に時代的に先行し、軍隊王権がそこから派生する歴史的前提をなすと考えられている。(18)

神聖王権の特徴は、とりわけ王の宗教的・祭祀的機能にある。王はなによりもまず神々に対し、部族民を代表して安寧と大地の豊穣とを祈願し、あるいは感謝を捧げる祭司である。(19)このような神聖王は古代ゲルマン語(ゴート語)でティウダンス thiudans と称された。このタイプの王権は北ゲルマンおよび東ゲルマン諸部族においては最後まで維持された。ガリアのケルト諸部族もローマの影響が本格化する以前は神聖王権の支配下にあったが、ここではカエサルの時代をはさんでその前後の時期に、「ガリア革命」(A・グルニエ)と呼ばれる国制の根本的変動が生じた。変動とは王制の廃止である。(20)R・ヴェンスクスによれば、ローマがナルボンヌ地方を征服した前二世紀には、全ての南ガリアのケルト諸族は王を戴いていたが、カエサルの時代には、例えばセーヌ川とガロンヌ川の間で王制をとっていたのは、南では中央山塊に在ったニティオブローゲス、北ではセノーネス、それにベルギカではスエッシオーネスだけであった。(21)

ガリアのケルト諸部族の中で、ごく少数のこれらを除いた多くの部族は王制を廃止し、かつて父や祖父が王であったプリンキペース層を指導勢力とし、民会を政治的決定機関とする新たな体制をとった。[22]

このいわゆるケルト人によるガリア革命を惹起した要因として、ヴェンスクスは四点ほど挙げている。第一はローマ政体の影響と刺激である。ローマによるガリアの征服と並行して推進されたローマ型組織原理、つまり役人制の浸透はその最たるものである。[23]これは終身的な王制に対して、一定期間内に限定された権力の利点をガリア人に開示することになった。第二は、とりわけキンブリア族の侵入がひき起した要塞化された高地、すなわちオッピドゥム oppidum への定住という新しい定住様式の導入である。定住様式の変化は日常生活の深部まで関わる根本的変動であり、それだけに部族生活にも様々の帰結をもたらした。もはやこれまでの伝統的な神聖儀式によっては果しえない新たな問題が生じ、これが王権の祭祀的意義の弱化をもたらしたのである。[24]第三は、ローマの影響下に浸透したクリエンテーラ(庇護関係)が部族内部での旧来の勢力関係を破壊したということである。今やクリエンス(庇護民)の数が権力の基礎とみなされるようになった。[25]第四は伝統的な支配の領域的枠組をなしていたキウィタスを越えての支配拡大の動きである。これによって敗北し服属した部族の王制が廃棄された。それは戦勝部族の王国が解体した後も、以前服属した部族は王制を回復しないままにとどまる場合が多かったからである。[26]

こうしたケルト諸部族の国制変動は紀元前後の時期から徐々に進行していったが、それはまた北ゲルマンや東ゲルマン諸部族とちがって、比較的長期にわたってローマの周縁地帯にとどまり、ケルト諸族と接触の機会が多く、また似たような条件のもとにある西ゲルマン諸部族にも共通していた。ヴェンスクスは先に挙げたオッピドゥム定住の問題に関連して、西ゲルマン部族の定住領域で、王制を廃止した部族の分布領城と要塞化された高地集落との一致を確認している。[27]このことから、以前には神聖王権の不在を主張されていた西ゲルマン諸部族においても、実は「ガリア革命」と並行して生じた同種の国制変化の時期以前には、聖なる威光を帯びた王の支配を経験していたことが充分推定されるのである。後にフランク族を形成する核となった部族の母部族も、ライン右岸で神聖王権の君臨する部族であったことが知られている。(28)

(b) 軍隊王権

軍隊王権とは、要約すれば軍隊の指揮に基づいてひとつの恒常的な権力、王としての超越性の獲得をめざす権力のありようである。(29) この点に軍隊の統率を必ずしも前提としない神聖王権に対する軍隊王権の独自性がある。(30) もっとも、こうした王権のありようはゲルマン諸部族に限られるものではなく、たとえばガリアのオルゲトリクス、ウェルキンゲトリクス、ユリウス・フロルス、トゥトールあるいはヌミディアのクタファリナス、ダキアのデケバルスなども軍隊王に数えることができる。(31) 軍隊王を形容する語としてW・シュレジンガーは、本来は従士団 truht の統率者、従士団長を意味する truhtin を挙げている。(32) より古い形態の神聖王 thiudans と対照的に、軍隊王 truhtin は第一義的に従士団の長であった。その権力の確立は戦争、征服、土地占取の成功と根本的に結びついているのである。彼は土地占取を目的とする戦争行為の参加者に対して支配を及ぼし、そして勝利によってその権威を子孫に伝達可能なものとする。その支配力は征服地において軍隊王の門閥内部で継承されるのである。(33)

それでは軍隊王、軍隊王権はいかなる過程を経て創出されたのであろうか。シュレジンガーによれば、ゲルマン諸部族の軍隊王権成立の一般的プロセスは概ね以下のように描かれる。

ゲルマン人のもとでは二種類のまったく異なった性格の戦争が区別された。すなわち部族民を全体として拘束する Volkskrieg (人民戦争) と、自由意思で結集した従士によってになわれる Gefolgschaftskrieg (従士戦争) である。人民戦争の指揮者は宗教的観念のうちにその存在の基礎を置いており、したがってこの種の戦争では捕虜は神々への供儀とされた。他方従士戦争おいては従士は自由意思で指揮者を選ぶ。だからこの種の遠征に参加するかしないかは、各人の自由な判断に委ねられた。やがてたび重なる遠征の成功は従士戦争に聖性を付与し、それによってこの種の戦争を人民戦争に近づけ、同時にまたそのことでこの種の戦争の指揮者の地位に国制上の変化がもたらされた。加えて神聖王と部族民との古い伝統的な絆に対抗するものとして、従士と従士団の指揮者との間に宣誓がかわされた。宣誓それ自体は人為的要素であるが、その行為を通して創り出された紐帯は神聖なものと観念され、今や聖なる拘束が両者を結びつける。このように古い神聖王権の中から、その統治原理に対抗し、それを克服・凌駕して成立した軍隊王権は、土地占取によって軍隊王としての地位を最終的に安定したものとする。この最後の段階での敗北が軍隊王権を一気に瓦解せしめ、消滅させたのである。

ところで軍隊指揮者と王とがひとりの人格の中で首尾よく融合するためには、王以外の王族princepsが軍隊指揮者として卓越した能力を発揮し、その出自によりながら王の地位をうかがうというのが常態であった。その意味で軍隊王権生成にも貴族支配の原理が貫徹している。(34)

シュレジンガーはその軍隊王権論をいわばひとつの理念型としてとらえているので、ゲルマン諸部族の王権の中でも、特にどの部族の王権に最もよく妥当するかという点には具体的には触れていないが、ヴェンスクスは古い祭司的王権では解決しえない部族統率上の諸問題に直面し、そのために王権の機能が衰弱し、そのことによって小集団への分裂が著しかった西ゲルマン部族において神聖王権から軍隊王権への転換が典型的に行われたと考えているようである。(35) これに対して東ゲルマン部族においては、古い形態の王権が必ずしも消滅しないで、征服、土地占取といった軍隊王権的契機によって自己を強化する例が見られる。(36) こうした部族的紐帯の弛緩こそ、軍隊王の存立の基礎となる従士団形成の前提を成す重要な条件である。

そこで次に軍隊王権を支えた従士団の構造を見ておこう。この武力集団のありようこそが、軍隊王制という新たな国制の存在を究極のところで規定しているからであり、その末来に向けての可能性と限界をも示しているからである。

2 従士団の基本性格

軍隊王の本質は、その従士団長 truhtin としての性格に求められるが[37]、その権力の基礎を成す従士団の構造と機能を知るには、まずもっていかなる仕方と契機をもって戦士が従士団長のもとへ結集するかを見ておく必要があろう。

すでに述べたように、民族移動期を含めてそれに先行する時期、ゲルマン諸部族、とりわけ西ゲルマンのそれは、部族的紐帯の弱化という点で著しいものがあった。移動距離の長短にかかわりなく、その様々な段階で部族=従士集団は絶えず分裂を繰りかえしてはその一部を失い、あるいはまた新たな要素を迎えいれた。移動に際して必ずその地にとどまろうとする成員がおり、彼らはまたしばらくして物的あるいは政治的事情から通りすがりの移動集団の群れに身を投じたのである[38]。こうした母部族から分裂した集団が以前の部族的伝統を保持しつづけるか、あるいはまた新しい集団の伝統の中に自らを解消するかは、この小集団の強弱による[39]。一般的には、多様な部族的要素をかかえ込んだ複合集団としての部族の中でも、最も中核になる小集団の名称が部族全体の名称となった[40]。しかしながら個々の構成要素とは無縁の全く新たな名称を帯びる場合もあった。アレマンネン族やフランク族がその代表的な例である[41]。とりわけサリー・フランク族の場合、その中核集団の王家(メロヴィング家)が属しているスカンブリ Scambri の名称ではなく、「粗野な人々、勇敢な人々、狂暴な人々」といった非歴史的性格の普通の形容語を部族全体の名称としている点は[42]、この部族=従士集団の性格を考える上で重要と思われる。ともあれ軍隊王は自らの出身部族の周囲に、多くの部族から成る混成部隊を集めた。チェルスキー族のアルミニウスは、ウァルスとの会戦で十一の部族出身者を統率した。スエヴィ族のアリオヴィストは七部族を、そしてバタヴィ族のキウィリスは十五部族から出た戦士たちを指揮したのである。(43) このほかにも従士団形成の一要素としてシュレジンガーが挙げるのが、ローマの政敵として追及された人々の従士団長による庇護である。この種の人々に対して彼らが行ったアジールの承諾が、従士団形成の本質の一部を成しているとシュレジンガーは主張している。(44)

このような仕方で結集した戦士の法的地位も多様であった。H・クーンはこの時期のゲルマン人武力集団を Hausgefolgschaft (家従士団) と、これを核として編成される Heerhaufen (軍隊集団) とに区別して考え、固有の意味の従士団は前者に限られ、その成員は自由人に限られるとした。(45) しかしながら従士団長の家共同体に属さない人々によって構成されるという点で、家従士団から明確に区別される従士たちが存在しており、また家従士団も従士団一般と同じく戦争と略奪とをその存在理由としているという意味で、両者を区別することの方法上の意義をヴェンスクスは否定している。(46) 実際には自由人はもとより、奴隷さえ従士団に受けいれられた。ランゴバルド人は戦士の数をふやすために奴隷を解放したし、東ゴート王は被征服民たるローマ人兵士をも自らの戦列に加えた。西ゴート王アラリックの軍隊には大量の逃亡奴隷さえ見出されたのである。(47)

ところで、こうした奴隷的不自由人の場合はおそらく強制による従軍であったであろうが、通常は自由意思に基づき、宣誓を行って従士団に加わった。(48) 従士団の編成原理として、この自由意思による決断が本質的な意味をもっている。この原則は先に示した集団による参加であれ、あるいは個人によるものであれ変らない。その意味では部族小集団の形態による参加は、その構成員個々の個別的決断の集積というその外見を示しているにすぎない。また従士団長の従士に対する指揮・命令権は、略奪・遠征行の比較的短い期間に限られる。遠征後はこうした関係は原則として解消するのである。[49]

言うまでもなく遠征の最大の目的は略奪である。その対象は生活資糧であることもあれば、貨幣その他の財貨、あるいはローマ属州民をはじめとする人的資源である場合もあった。[50] 従士団的軍隊をつき動かした究極的な利害関心は、こうした物質的なそれであった。従士団のこのような利益追求集団的性格は土地占取の時までそうでありつづけたし、フランク人のそれのように、土地占取後もこうした性格を濃厚に保持しつづけたのである。だから声望ある従士団長はそれだけ多くの従士を掌握することが出来たが、反面そうした地位を維持するためには、倦まずたゆまず遠征を組織し、実行し、勝利すべく運命づけられた。成功に終った遠征のみが、従士たちがそもそも遠征に参加する動機となった豊かな獲物をもたらしたからである。こうした期待が満足させられなかった場合、常にというわけではないが、従士たちが去ってしまう危険が大いにあったのである。[51] このような意味で軍隊王が統率したのは種族集団ではなく、第一義的に物質的利害関心によって規定された政治的・目的集団であったという点を強調しておこう。[52] フランク族に関して言えば、四五九年に、それまで王であったクローヴィスの父キルデリクを追放し、かわって新たにローマ人高級軍官アエギディウスを王に選んだことほど、この集団の脱種族的性格を雄弁に物語る事実はないであろう。この問題についてはあとで再びとりあげる。[53]

さて軍隊王の統率した従士団がもつ前述のごとき性格との関連で言えば、成功した軍隊王の幾人かがローマ軍で勤務した経験を有している事実は無視しえない意味がある。ローマ軍隊での経験は軍隊の組織、戦法などの軍事面での知見[54]だけに限定して考える必要はない。彼らはそこで統治や政治についての知識と技術、経験をも得たはずである。[55]「蛮族のエリート」たちのローマ世界での知見は、ゲルマンの政治社会の内部に蓄積されていったであろう。M・ヴァースによれば、四世紀のコンスタンティヌス大帝の時期以後、ゲルマン人のローマ軍での登用がひとつの政策として展開されたが、以前の現象と異なるのは、彼らは今や一介の兵士としてではなく、ガリア全軍の歩兵総司令官、騎兵総司令官あるいは皇帝の護衛隊たる近衛長官などの最高級の軍人として勤務したことである[56]。こうしたローマの高級軍人としての経歴は、とりわけローマ世界の周縁にあって常にその影響を受けつづけた西ゲルマン諸族においては、彼らのもとにおける軍隊王権の形成にとって、たとえ必須ではないにしろ、権威の確立と威信の獲得に大きく寄与したと思われる。ちなみにヴァースは四世紀に高級軍人としてローマ軍で勤務したゲルマン人として確認される五八人の名前を挙げているが、その三分の一はフランク人である[57]。

二　五世紀ガリアにおける軍事力の存在形態

1　四・五世紀におけるローマ帝国軍の動向

西ローマにおける帝国の支配の最末期にあたる五世紀の軍制は、とりわけこの面での資・史料の豊富な四世紀と比べて著しく情報が不足していることもあって、その明確なアウトラインを描くのはむつかしい[58]。だが五世紀のローマ軍のありようが、三世紀末、四世紀初頭のディオクレティアヌス帝による根本的な軍制改革・軍事政策の転換に発する、そしてその後の帝国をとりまく政治的、社会・経済的条件への対応にせまられつつ展開した諸発展のひとつの帰結であったという点は確実に指摘できる。ディオクレティアヌスは、例えばトラヤヌス帝のように、敵対的な周辺蛮族に積極的に攻勢をかけ、追討するといった政策をやめ、それにかえて辺境 limes の防備に重点を置いた[59]。彼は帝国の長大な境界線に沿って要塞を築き、また主要幹線道路に沿った戦略上の拠点に砦を配置して、そこに守備隊を駐屯せしめた(60)。

この時期ガリア諸都市において見られた、囲壁化・要塞化の一層の促進は、軍事面での政策転換のひとつの現われといえよう。こうした防衛政策の変化は、兵員数の著しい増強によってのみ可能である。現にディオクレティアヌス帝は、それ以前の兵員を一挙に四倍に増やし、それに続くコンスタンティヌス大帝はさらにこれを二倍にした。その結果、四世紀のローマ軍は理論上は二〇〇万人に達したことになる(61)。二〇〇万人というこの巨大な数字がたとえ理論的なものにすぎないとしても(62)、新たな軍制のもとで大幅な兵員増にせまられた事実に変わりはない。けれどもローマ人からだけでは、必要な増加分を新たに動員することは困難であった。こうして導入されたのが、ゲルマン諸部族民の帝国軍への編入という制度であった。これは様々な形態をとりながら、四、五世紀を通じて一貫して維持され、そしてまた帝国軍の体質に決定的な変化をもたらすことになる。

ゲルマン人はまずもって補助軍 auxilia という形で、ディオクレティアヌス帝によって創設された機動部隊 comitatenses の一要素としてローマ軍に奉仕した(63)。補助軍におけるゲルマン人の優越は四世紀を通じて維持された(64)。さらにまた四世紀の中頃からラエティ laeti と称されるゲルマン人の一団が帝国領内への植民とひきかえに帝国軍において勤務した。帝政末期の軍団配置一覧『軍官要覧 *Notitia Dignitatum*』には laeti としてバタヴィ人とフランク人とが目立つが、彼らはその大部分がベルギカ州とルグドネンス州の戦略的重要拠点に守備兵として配置された(65)。ラエティについての包括的研究を行ったL・ブロッシュは、その配置からして、ガリアにおける軍道網の守備と深く関わっていたとしている(66)。帝国の最終局面には、さらにいくつかのゲルマン部族が同盟軍として、「軍駐屯制 hospitalitas」という制度のもとに大規模に帝国領内に定着した。その代表的事例が四一八年にガリアの第二アクイタニア州に入った西ゴート族である(67)。彼らは確かにローマ軍事力の一翼を担いはしたが、固有の意味でのローマ軍とは言いがたい。帝国の利害関係に対してある程度の自立性をもった独自の政治集団だからである。そして、そのあり方は、帝国軍の構造に一定の影響を与えた。

このように多様なかたちでローマ軍の中に入り込んできたゲルマン的＝蛮族的要素は、時代を経るに従って比重を増し、相次ぐ政変、内乱と財政事情の悪化のために兵士への給養・補給が滞り、ローマ人正規兵の影が薄れるにつれて、帝国軍そのものの性格を規定するようになる。これがいわゆる帝政末期ローマ軍の「蛮族化」、あるいは「半封建化」[68]と称される現象である。

五世紀ガリアのローマ軍の性格を考える上で、もうひとつ忘れてならないことは、ディオクレティアヌス帝によって創設された機動軍が、ガリアではその軍事活動の面で主要な地位を占めたことである。帝国末期ローマの機動軍に関する浩瀚な著書を著わしたD・ホッフマンは、この点を帝政末期の軍隊とそれ以前の軍隊とをわかつ最大の要素と評価している[69]。機動軍は騎兵vexillatio、軍団の正規歩兵および、先に挙げた蛮族を中核とする補助軍によって構成され、しかも皇帝直属の機動部隊として主人と行動をともにする「大規模な親衛隊」という性格をもっていた[70]。これを指揮したのは歩兵総司令官magister peditumと騎兵総司令官magister equitumである[71]。コンスタンティウス二世の時代(三三七―三六一年)以後、この二つのmagisterのほかに軍事的に特に重要な地域――オリエント、イリュリクム、ガリア――に新たにマギステル・ミリトゥムmagister militumが設置されたが、この軍事官職は四世紀末から五世紀初頭にかけて急速な上昇をとげる。三七〇年にはmagister militum職にはウィル・イルーストリスvir illustris(クラーリシッムスclarissimus)の官位が、さらに五世紀初頭にはパトリキウスpatriciusの称号が与えられ、皇帝に次ぐ地位となったのである[72]。ガリアにおける野戦軍の総司令官の地位が皇帝の次に位するという、軍事権力と最高レベルの政治権力との接近現象は、当然のことながらガリアにおけるローマ軍の主力を成す野戦・機動軍とその指揮官との関係に変化をもたらすことになる。指揮官の政治的利益に奉仕してガリアの全域を縦横に駆けめぐる、きわめて能率的な武力集団としての性格を、それは強めていくのである。

2 私兵軍の展開——buccellarii制——

帝国のいわゆる正規軍の動向とは深いところで繋がりながら、一応それとは別個の範疇に属するもうひとつの軍事集団がこの時期成長しつつあった。正規軍を仮に公的な武力集団とすれば、私的と形容するほかはない——この種の区別は相対的でしかないが——軍事組織、すなわち私的な軍隊である。

ローマの国制・社会組織をその全歴史的過程にわたって貫いたクリエンテーラ(庇護関係)[73]のひとつのあらわれとして、共和政末期に、貴族がその庇護民を武装させる現象はしばしば見られる。[74]しかしながら帝国軍がその規律と強壮を誇った時代においては、それはまだ本当の意味での軍事力としては機能していない。真の軍隊としてそれが姿を現わすのは帝国軍が弱体化するにつれてであり、またその成長はすでに述べた後者の質的転換を一層促進したのである。この種の私兵組織は、armati, amici, clientes, pares, pueri, satellites などの様々な名称をもつが、とりわけ明確な形で登場するのはブッケラーリイ buccellarii(単数形ブッケラーリウス buccellarius)と呼ばれる集団である。ブッケラーリイはとりわけホノリウス帝の治世(三九五—四二三年)とともに西ローマで著しく増加した。[75]この呼称は、そもそもローマ軍の重装騎兵に対して用いられ、ついでゴート人の同種の騎兵に使われた。そこから寄食者的な私兵のカテゴリーに拡大されたのである。[76]

以下、ブッケラーリイを中心にして、主としてH・J・ディースナーの研究によりながら帝政末期ガリアの私兵軍の状況を簡単に見ておこう。

ブッケラーリイ集団の形成・獲得は一様ではない。それが新たに形成される場合の直接の契機は、彼らが主人たるパトロヌスに対して行う誠実宣誓である。これによってパトロヌスはブッケラーリイに給養を保証し、ブッケラーリイのほうはパトロヌスに対する無条件の盲目的な服従が義務づけられる。(77)この服従の義務はきわめて厳格なもので、主人の非業の死をうけて、自らの死を賭しての血讐の事例がいくつか知られている。その中で最も歴史上名高いのが、アエティウスのブッケラーリウス・オッキラの場合で、主人の暗殺を命じた西ローマ皇帝ヴァレンティニアヌス三世(在位四二五—四五五年)を閲兵場で、公衆の面前で殺害して復讐を果たした。(78)

ブッケラーリイ集団の獲得は多くの場合、新規形成ではなく、既存のものの相続、皇帝による下賜、あるいは女子相続人のそれを結婚によって取得するという形でなされた。このように相続・贈与の対象となったところから、ディースナーは彼らが移動の自由も、人格的自由ももっていない存在であったとしている。(79)

ブッケラーリイ集団の社会構成もまた著しく多様である。それはこの時代の社会的矛盾を集中的に表現している。皇帝立法によって繰りかえし禁じられているのは、正規軍兵士の軍隊からの逃亡・離脱と私兵団への加入である。(80)このほか、反乱奴隷、コローヌス、季節労働者などの、古代末期の民衆運動バガウダエやキルクムケリオーネースなどの担い手となった下層大衆、それに蛮族小集団も加わった。(81)言うまでもなくひとりのパトロヌスが抱えるブッケラーリイの規模はまちまちだが、たとえば先のアエティウスのそれは、イタリアに駐屯する正規軍の数を凌ぎ、(82)それを基礎とし、大規模な諸所領、独自の貨幣をもち、大量の奴隷をかかえるその支配のありようは、まさしく国家の中の国家の観を呈していたという。(83)他方ゴート人のサルスのブッケラーリイは最高時でも二〇〇人から三〇〇人であった。(84)もっともこのサルスの事例は、五世紀における私兵軍のもつ意味を考える上で非常に示唆的と思われる。彼は西ゴート人で、兄弟・親族と不和になったため、小規模な戦士団を率いてイタリアに到来して、略奪によって生計をたてていた。彼が皇帝政治と関わりをもつのはスティリコの知遇を得て、四〇六年の対ラダガシウス、四〇七年の対コンスタンティヌス三世戦にスティリコを支持したことに発する。彼は後者によってガリアに派遣され、最終的に magister militum にまで昇進したのである。[85] 彼は magister militum の官職に就いた後も自らのブッケラーリイを維持し続けたことは明らかである。多くの禁令にもかかわらず、国家に対する兵役義務をもつ者が、magister militum のような官職を有するパトロヌスの私的奉仕に走ることを、暗黙のうちに認めていたのである。[86] magister militum の有するこうした公的・私的二面にわたる権威は、結局のところ彼に奉仕する兵士の勤務の性格、あるいは根拠のちがいを曖昧にし、ついには無意味なものとしてしまう。兵士の多くが蛮族出身者であっただけに、ともすれば皇帝権力に体現される公観念は薄れがちであった。ブッケラーリイたちの関心事は何よりも、物質的な給養にあったからである。[87]

3 Magister Militum の権力と支配

すでに述べたようにブッケラーリイ制を中心とする私兵制の展開は、ホノリウス帝の治世とともに目立った現象となっていたが、同帝の死後約一年半にわたるヨハンネスの簒奪政権を経て、西ローマ皇帝となったウァレンティニアヌス三世の統治を境として、magister militum をめぐる状況に以前にもまして大きな変化がもたらされた。その変化とはまず皇帝権との関係で言えば、ウァレンティニアヌス三世以後は、ペトロニウス・マクシムス(在位四五五年三―五月)を除いて、magister militum が元老院や東帝国の協力のもとに皇帝を選んだり、廃位したりするようになったということである。[88] 以後、最後の西ローマ皇帝ロムルス・アウグストルスまで、リビウス・セウェルス、オリブリウス、グリケリウスなどすべて magister militum によって擁立されるか、あるいは、アウィトゥス、マヨリアヌス、ネポスのように、以前 magister militum の職にあった者たち自身が皇帝に登った。[89] 官職序列の点では言うまでもなく、magister militum は皇帝の次位にあったが、[90] 事実上西ローマにおいてヘゲモニーを掌握し、支配者として君臨したのは magister militum のほうであった。

マギステル権力のこうした肥大化現象を支えた大きな要因は、その出身階層に関わる変化と切り離しては考えられない。四世紀にはまだとりたてて地位の高い出自ではない普通の兵士が、その能力だけでこの最高の軍官職に昇進する事例がかなり見られたが、五世紀、とりわけヴァレンティニアヌス三世の時期以後は、こうした実例は見出されない。ゲルマン人出身のマギステル（リキメール Ricimer、グンドヴェック Gundowech、グンドバド Gundobad、キルペリク Chilperich）は王の門閥出身であり、[91] ローマ人の場合は帝国の有力門閥出身者で占められた。特に顕著なのは、ガリアのセナトール貴族家門であり、アエギディウス Aegidius、アグリッピヌス Agrippinus、アルボリヌス Arborinus、アウィトゥス Avitus、エクディキウス Ecdicius、メッシアヌス Messianus、パウルス Paulus、シャグリウス Syagrius といった帝政末期ガリア史を飾る錚々たる名前が並んでいる。[92] しかし、これら有力門閥はその名声と実力のゆえに時たまこの官職を担ったというだけではない。A・デーマントによれば、その世襲化傾向をも一般的に指摘しうるのである。[93] ボニファティウス Bonifatius の後継者は女婿のセバスティアヌス Sebastianus であり、アエティウス Aetius はボニファティウスの寡婦と結婚している。ボニファティウスの場合は、彼の父ガウデンティウス Gaudentius が、以前やはりマギステル職にあった。アストゥリウス Asturius はメロバウドゥス Merobaudus の義父であり、またアエギディウスとシャグリウスの関係はよく知られているように父子であった。こうした世襲化現象はマギステルの権力基盤たる私兵団の相続・継承と不可分に結びついている。[94] 先に指摘したので詳しくは述べないが、帝国正規軍において「従士制的思想」（A・デーマント）[95] は深く浸透しており、その限りにおいては私兵軍とさしたるちがいはなくなっていたのである。再びデーマントの言葉を借りるならば「四世紀後半のゲルマン人マギステルがその金銭に対する軽蔑によって賞讃されたのにひきかえ、〔五世紀中葉のマギステル〕リキメールにあっては、その莫大な現金所持がその地位の決定的前提のひとつであった」。[96]セナトール貴族として政治的威信を帯び、経済的には大土地所有者として広大な所領を有し、それによって独自の武力集団をかかえ、官職の取得によってさらに軍事力をふくらませ、支配の正当性を強化されもしたこれら五世紀後半のマギステルのうち、ガリアを活動領域とし、勢力圏としたアエギディウスの事例を最後に見てみよう。

アエギディウスはライン川の防衛を指揮するコメス comes(伯)であったが、マヨリアヌス帝によって四五九年にガリア軍総司令官 magister militum per Gallias に任命された。[97]二年後の四六一年マヨリアヌスがリキメールによって暗殺され、後者がリビウス・セウェルスを皇帝に擁立したが、アエギディウスはこれに同意しようとはせず、イタリアに赴こうとした。そこでリキメールはブルグンド、西ゴートの助けを得て彼の進軍を阻止する。[98]これによって、以前からガリアの南西部に同盟軍として定着し、自立的な政治勢力として、北の国境線であるロワール沿岸地方でアエギディウスの軍隊と小競合いを繰りかえしていた西ゴート族との敵対関係は決定的となった。[99]以後アエギディウスは、リキメールの支配下にある中央権力と対立したこともあって、北ガリアへの自己の固有な支配圏の確立を目ざした。

かくしてガリアには三つの勢力が対峙することになる。すなわちトゥルーズを中心とし、北辺にロワール川をひかえる西ゴート人のそれ、ブルグンド王国を含めてまだローマの直接の支配下にある南東ガリア、そしてソワソン中心とする第二ベルギカ州に展開するアエギディウスの勢力圏である。[100]このアエギディウスの支配圏を、デーマントは「ガリア部分王国」とさえ称している。[101]おなじ第二ベルギカ州を拠点とするサリー・フランク族はアエギディウスがライン防衛の任務についていた頃から一貫して友好協力関係にあったが[102]、トゥール司教グレゴリウス『歴史十書』において記されている、有名なフランク人によるアエギディウスの自らの部族王への推戴も、彼がこの地方に築いた確たる地位という観点から考えねばならない[103]。それはマギステル権力から成長した支配体制であった。アエギディウスのこうした地位は、息子のシャグリウスに継承された。彼に与えられた「ローマ人の王 rex Romanorum」の呼称は、その父に与えられたとしてもおかしくはなかったはずである。

クローヴィスのシャグリウスへの執拗な追討が、このガリアの部分王国を後顧の憂いなく掌中にするために、まずもって果さなければならない課題であったことは、こうした政治状況から理解できるのである。クローヴィスの勝利は、この「ガリア部分王国」の奪取を意味している。デーマントは末期ローマの支配形態として、ゲルマン人に対する軍隊王の支配、ローマ人に対するマギステルの支配、この両者の結合形態を想定しているが[104]、その最も成功した例としてクローヴィスの王権が考えられよう。確かにクローヴィスがマギステル職を与えられたとは、どの史料にも記されていないが、しかしその可能性が皆無というわけではない。それというのも五〇六年の西ゴートに対するヴィエでの勝利の後、彼は皇帝アナスタシオスからコンスルの称号を与えられているからである[105]。magister militum を経てコンスルの位階に登るのは、フェリックス Felix(四二八年)、アエティウス(四三二、四三七、四四六年)、シギスウルト Sigisvult(四三七年)、アストゥリウス(四四九年)などの例にてらしてみても蓋然的である[106]。たとえ正式にマギステル職が賦与されていなくとも、クローヴィスに対するコンスル職の賦与は彼の権力がマギステル職にある者と同様と認識されていたことを示している。

三　初期メロヴィング王権下の「戦争」の諸形態と軍隊構成

前節まで述べたように、クローヴィスが北ガリアを中心に覇権を確立した五世紀末から六世紀初頭にかけてのフランク社会とガロ・ローマ社会の軍隊集団は、かなり似通った構造、すなわち従士制的構造を示していた。それは基本的には利害関心で結ばれた政治的利益集団、目的集団としての性格が強かった。いまや王であると同時に magister militum 的な権威をも併せもったクローヴィスの率いるメロヴィング軍隊の中核を構成するこれらの従士団は、当初の性格に変化をきたしたであろうか。シュレジンガーの描く軍隊王権論によれば、まさしく然りである。軍隊王は土地占取（＝建国）によって、自らの存立のために課された連戦連勝という苛酷な至上命令から最終的に解放され、同時に支配者としてのカリスマ性を決定的なものとする。従士はいまや超越的な力をもった王の聖なる拘束に服するよう強制されるわけである。もしそうであるとすれば、成立時のメロヴィング軍隊はその大幅に従士制的な性格を払拭した、そして王のカリスマ的威力のもとに融合し、一体化した人民軍でなければならない。果してそうであろうか。私の答えは否定的である。その主たる根拠は二つある。第一は初期メロヴィング諸王のカリスマ性を示唆する事実が、容易に見いだし難いという点である。第二の点は、先の想定に反して実際に史料から読みとられるところの、初期メロヴィング軍隊の不均質なヘテロジェナスな性格である。単に不均質であるばかりでなく、この不均質性がなかば「制度化」され固定化されて、メロヴィング軍隊の機能作用のうちに組み込まれ、そのためそれが軍隊としての一体性を獲得する道をある時期まで閉ざしたということが重要である。ここでは主に第二の点について、トゥール司教グレゴリウスの著作を素材として、六世紀メロヴィング軍隊の構造的モデルを描くことを通じて、この軍隊の基本性格がいかなるものであるかを考えよう。

1 「戦争」の三つのカテゴリー

メロヴィング初期の軍事力行使のケースは、純然たる私戦を除いてなんらかの形で国王権力が関与する場合に限ってみると、以下の三つの範疇を設定することが出来るように思われる。

第一は、いわゆる反逆者、謀反人の烙印を押され、王によってその捕縛・誅殺を命ぜられた人物に対する武力行使である。これはどちらかといえば警察権力の行使といった性格が強く、通常の意味での軍隊動員とは言えないのではないかとも思われるが、この種の武力行使の担い手が、後に述べるようにメロヴィング軍隊の中核を占め、最も能動的な分子であり、またそもそも警察権力と軍事高権は当時にあっては明確に区別されておらず、その規模と態様から固有の意味の軍隊活動とさしたる違いのない場合もあるので、これを広い意味での軍隊行動と理解しておこう。その対象となって追討をうけたのは、主として王の恩顧の喪失状態に陥ったdux(大公)を含む宮廷官職担当者たちであった。[107] 第二のカテゴリーは、分王国間の抗争や王族および王位簒奪者などが関わる内乱の場合である。このような状況の中で機能した軍事力が、固有の意味での軍隊のそれであったのは言うまでもない。

第三のカテゴリーはフランク王国外の、例えばイタリアのランゴバルド王国、セプティマニアやスペインの西ゴート勢力といった他部族への遠征である。これらは基本的には略奪を目的とした戦争であるが、二つの例外的ケースがある。ひとつは主としてメロヴィング王国草創期にクローヴィスによって指揮されたアレマンネン、テューリンゲンなどのゲルマン諸部族への遠征である。これは彼の息子や孫たちの世代の近隣部族国家に対する戦争といささか性格を異にしており、王権の基盤強化と四囲の安定という政治目的がまさっていたと考えられる。もうひとつはフランク王国内にありながらも服属・離反を繰りかえしながら、一貫して実質上自立的勢力として存在し続けたブルトン人への遠征である。これもまた前記のアレマンネンやテューリンゲン諸族に対するのと同様の動機によって行われた。

五世紀末から六世紀末にかけての狭い意味での軍隊活動を、主にトゥール司教グレゴリウスの『歴史十書』から拾い出してみると表のようになる。ただしこれはフランク人の側に軍事力行使の主体的かつ積極的要因のある事例だけであって、五一五年頃のフリーセン人の侵寇[108]、五六一―五六七年のいずれかの年と五六六年頃の、都合二度にわたる中部ヨーロッパからのアヴァール族の侵入[109]、そして五七一年のランゴバルド族のプロヴァンス地方への侵入[110]、これら総計四例の異部族によるフランク支配圏への侵攻に起因する防禦戦は除外してある。たとえ単一ではない複雑な多くの要因が軍事力行使の契機になっているとしても、メロヴィング軍隊の独自な性格を見るという点では、フランクの側に戦争のイニシアティブのある事例がより有益と思われるからである。グレゴリウスの記述から見る限り、五世紀末から六世紀末にかけての約一世紀間にわたるフランク人の戦争の歴史のなかで、五七〇年以前、および五八五年以降の二つの時期は他部族への侵略によって特徴づけられる。初期の西ゴート、テューリンゲン、アレマンネン、ザクセン、ブルターニュへの遠征は、先にも指摘したようにどちらかと言えば政治的色あいが濃いが、このような場合でも略奪、戦利品の獲得の事実が報告されている[111]。またフランク王国内であるが、オーヴェルニュ地方への遠征が目をひく。この地方は帝政末期ガリアの有力なセナトール門閥――例えばアウィトゥス、アポリナーリスそしてフランク人の歴史記録者であるほかならぬグレゴリウスの祖先もそうであった――をかかえ、地味の豊かさと富裕をもってきこえていた。キルデベルト一世はいつも、「すばらしい美しさで輝いていると言われるオーヴェルニュのリマーニュ平野を一度この目で見たいものだ[112]」、と繰りかえしていたとグレゴリウスは伝えている。反乱という政治的要因があったとはいえ[113]、この「エルドラド」への遠征に経済的要因が大きく影を落していたことは間違いない。

図に示した軍隊移動に関して言えば、南北方向のそれは、そのほとんど全てが北から南への動きである。ゲルマン諸部族の侵入・定着、なによりも長期にわたって断続的に展開し、それゆえ根深い社会的・経済的破壊作用をもたらしたバガウダエ運動[114]の結果荒廃に見まわれた北ガリアに比して、経済的に高い水準を維持し続けた南ガリアへのフランク人の関心が、その先進地帯の富と産物に向けられたのはよく知られている。[115]スペイン、セプティマニア、イタリアへの遠征が専ら略奪目的であったことは言うまでもない。

分王国間の政治的抗争としての性格が支配的な五七二年頃から五八五年までの戦争のいくつか[116]にも、明示的に略奪の記述[117]がなされており、この種の戦争においても経済的関心が単に付随的要因を越える意味をもっていたと想定するのはゆきすぎであろうか。こうした大まかな所見は、メロヴィング期の戦争を基本的に生活資糧獲得を目的としたと見る、ボドマーの委曲を尽した研究[118]によって裏づけられるように思われる。第一義的に経済的利害関心につき動かされ、それゆえ本質的にアナーキーな性格をもつこの軍隊のありようを象徴的に示すのが、自らの王に属する分王国での略奪行動である。こうした例は二、三にとどまらない。[119]王は戦士たちのこうした戦争欲求を制禦するいかなるイデオロギー的手段ももちあわせていなかった。ランスの王テウデリクが兄弟のクロタールとキルデベルトが計画したブルグンド遠征への参加をしぶった時、テウデリクは遠征参加を熱望する自らの戦士たちから、もし参加を拒否するならば離反をすると威嚇されたが、その際彼が出来たことといえば、より豊かな戦利品の期待できるオーヴェルニュ遠征をほのめかして慰撫することであった。[120]

ところで略奪戦争はもしそれが成功した場合は、その参加者に相応の戦利品をもたらした。だが戦利品の獲得以上に確実なことは、遠征の経路にあたった地域の荒廃であり、必ず何割かの不帰の戦士を出した軍隊発進地の民力・生産力の低下である。たとえただ一回の会戦で双方の死者合わせて二万九〇〇〇人[121]というのが明らかな誇張であるにせ

初期メロヴィング王権下の軍隊移動

	年 代	軍 隊 の 移 動 状 況	軍隊指揮者(国王)	典 拠 (Greg. Turo. Hist.)
1	486	Tournai⟶Soissons	Clovis	II. 27
2	491/92	Tournai⟶Thüringen	Clovis	II. 27
3	496/97	Tournai⟶Alemannien	Clovis	II. 30
4	498	Tournai⟶Bordeaux	Clovis	*E. Zöllner, p.64
5	500	Tournai⟶Dijon⟶Vienne	Clovis	II. 32
6	506	Tournai⟶Poitiers⟶Bordeaux⟶Toulouse	Clovis	II. 37
		Tournai(?)→Poitiers→Albi→Rodez→Clermont	Theudericus	II. 37
7	508/11	Paris⟶Köln	Clovis	II. 40
8	508/11	Paris⟶Cambrai	Clovis	II. 42
9	515/16	Reims⟶Thüringen	Theudericus	III. 4
10	523	Orléans, Paris, Reims, Soissons⟶Burgundia	Clodomirus, Childebertus, Theudericus Clotharius	III. 6
11	524/31	Reims⟶Thüringen	Theudericus	III. 7
12	531	Paris⟶Clermont⟶Hispania	Childebertus	III. 9
13	531/32	Paris, Soissons⟶Burgundia; Reims⟶Clermont	Clotharius, Childebertus; Theudericus	III. 11–14
14	532	Reims, Soissons⟶Septimania	Theudericus, Clotharius	III. 21
15	c. 534	Paris, Reims⟶Soissons	Childebertus, Theudericus	III. 28
16	539	Reims⟶Italia	Theudericus	III. 32
17	541	Paris, Soissons⟶Hispania	Childebertus, Clotharius	III. 29
18	555	Soissons⟶Clermont	Caribertus, Gunthramnus	IV. 16
19	556	Soissons⟶Sachsen, Thüringen	Clotharius	IV. 10; 14
20	555/58	Paris⟶Champagne (Reims)	Childebertus	IV. 17
21	558	Paris⟶Bretagne	Clotharius	IV. 20
22	561/67	Paris⟶Reims	Chilpericus	IV. 23
23	c. 568	Clermont⟶Arles; Chalon-s.-Saône⟶Avignon ⟶Arles	comes Firminus (Sigibertus) patricius Celsus (Guntramnus)	IV. 30
24	c. 572	Chalon-s.-Saône⟶Tours⟶Poitiers	dux Mummolus (Guntramnus)	IV. 45
25	573	Paris⟶Tours⟶Poitiers⟶Limoges⟶Cahors	Theodebertus	IV. 47
26	574	Reims⟶Paris	Sigibertus	IV. 49
27	575	Paris⟶Reims	Chilpericus	IV. 50–51
28	575	Reims⟶Paris—…Rouen	Sigibertus	IV. 51

29	575	Le Mans→Tours	procer Roccolenus (Chilpericus)	V. 1
30	576	Paris→Tours	Merowechus	V. 2
31	576	Paris→Soissons	Chilpericus	V. 3
32	576	Paris→Tours→Saintes; Chalon-s.-Saône→Limoges→Auvergne	Clodovechus; dux Mummolus (Guntramnus)	V. 13
33	577	Paris→Tours; Paris→Champagne	Chilpericus	V. 14
34	577	Paris→Poitiers	Chilpericus	V. 24
35	578	Tours, Poitiers, Bayeux, Angers, Le Mans→Bretagne	duces (?) (Chilpericus)	V. 26
36	579	Rennes, Angers→Bretagne	dux Beppolenus (Chilpericus)	V. 29
37	581	Paris→Périgeux→Agen	dux Desiderius (Chilpericus)	VI. 12
38	581	Tours→Bourges	dux Berulfus (Chilpericus)	VI. 12
39	581	Gascogne	dux Bladistis (Chilpericus)	VI. 12
40	583	Clermont, Velay (Le Puy)→Avignon	dux Guntramnus (Guntramnus)	VI. 26
41	583	Soissons→Paris; Tours, Poitiers, Angers, Nantes→Bourges Albi, Limoges→Bourges; Gascogne→Bourges; Metz→Bourges Chalon-s.-Saône→Bourges	Chilpericus; dux Berulfus (Chilpericus) dux Desiderius (Chilpericus); dux Bladistis (Chilpericus); Childebertus II; Guntramnus	VI. 31
42	584	Metz→Italia	Childebertus II	VI. 42
43	584	Bourges→Tours, Poitiers	comites (Guntramnus)	VII. 12
44	584	Orléans, Tours, Bourges→Poitiers	comes Willacarius et alii comites	VII.13
45	585	Orléans, Bourges→Poitiers	Guntramnus	VII. 24
46	585	Poitiers→r. Dordogne	Guntramnus	VII. 28
47	585	Chalon-s.-Saône→St Bertrant-de-Comminges	Guntramnus	VII. 34
48	585	Metz→Italia	Childebertus II	VIII. 18
49	585	Bourges, Saintes, Périgeux, Angoulême→Septimania	Guntramnus	VIII. 30
50	587	Metz→pagus Vabrense (près de Verdun)	Childebertus II	IX. 12
51	588	Metz→Italia	duces (Childebertus II)	IX. 25
52	589	Metz→Italia	Childebertus II	IX. 29
53	589	Saintes, Périgeux, Bordeaux, Agen, Toulouse→Septimania	dux Boso (Guntramnus)	IX. 31
54	590	Metz→Italia	20 duces (Childebertus II)	X. 3
55	590	Rennes, Angers→Bretagne	duces Beppolenus, Ebracharius (Guntramnus)	X. 9

*E. Zöllner, *Geschichte der Franken bis zur Mitte des 6. Jahrhunderts*, München, 1970.

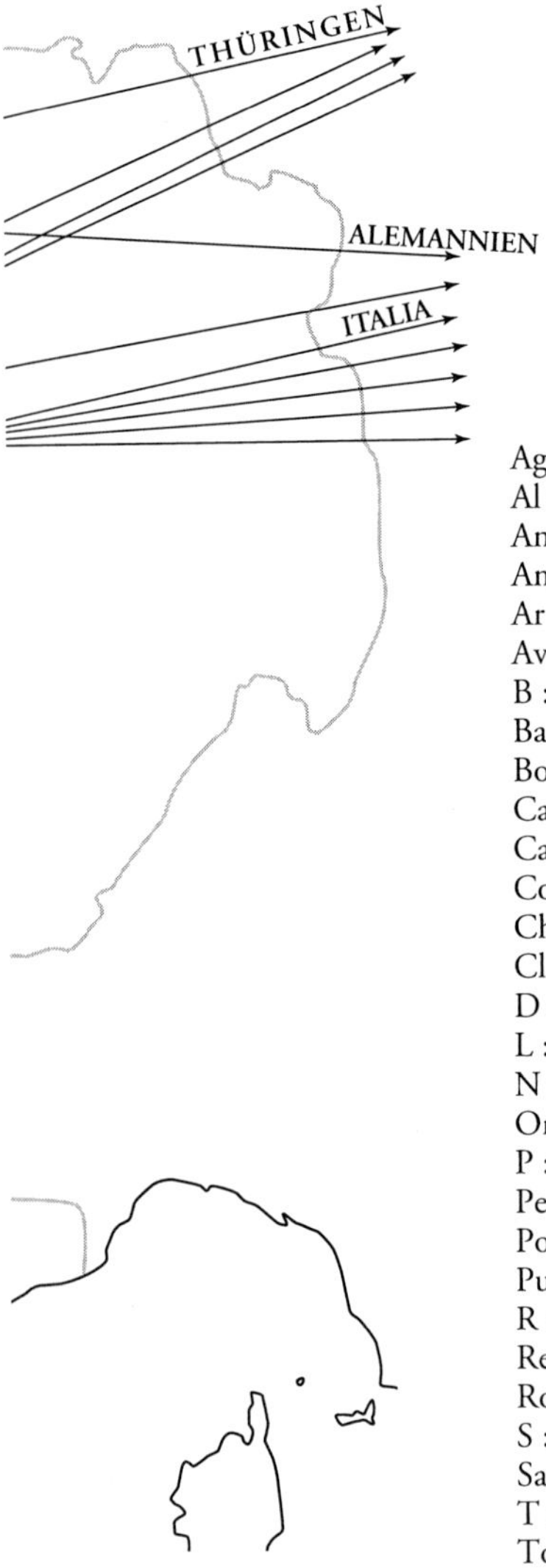

Ag : Agen
Al : Albi
An : Angoulême
Ang : Angers
Ar : Arles
Av : Avignon
B : Bourges
Ba : Bayeux
Bo : Bordeaux
Ca : Cahors
Cam : Cambrai
Com : St Bertrand-de-Comminges
Ch : Chalon-s.-Saône
Cl : Clermont
D : Dijon
L : Limoges
N : Nantes
Or : Orléans
P : Paris
Pe : Périgeux
Po : Poitiers
Pu : Le Puy
R : Reims
Re : Rennes
Ro : Rodez
S : Soissons
Sa : Saintes
T : Tours
To : Toulouse
V : Verdun

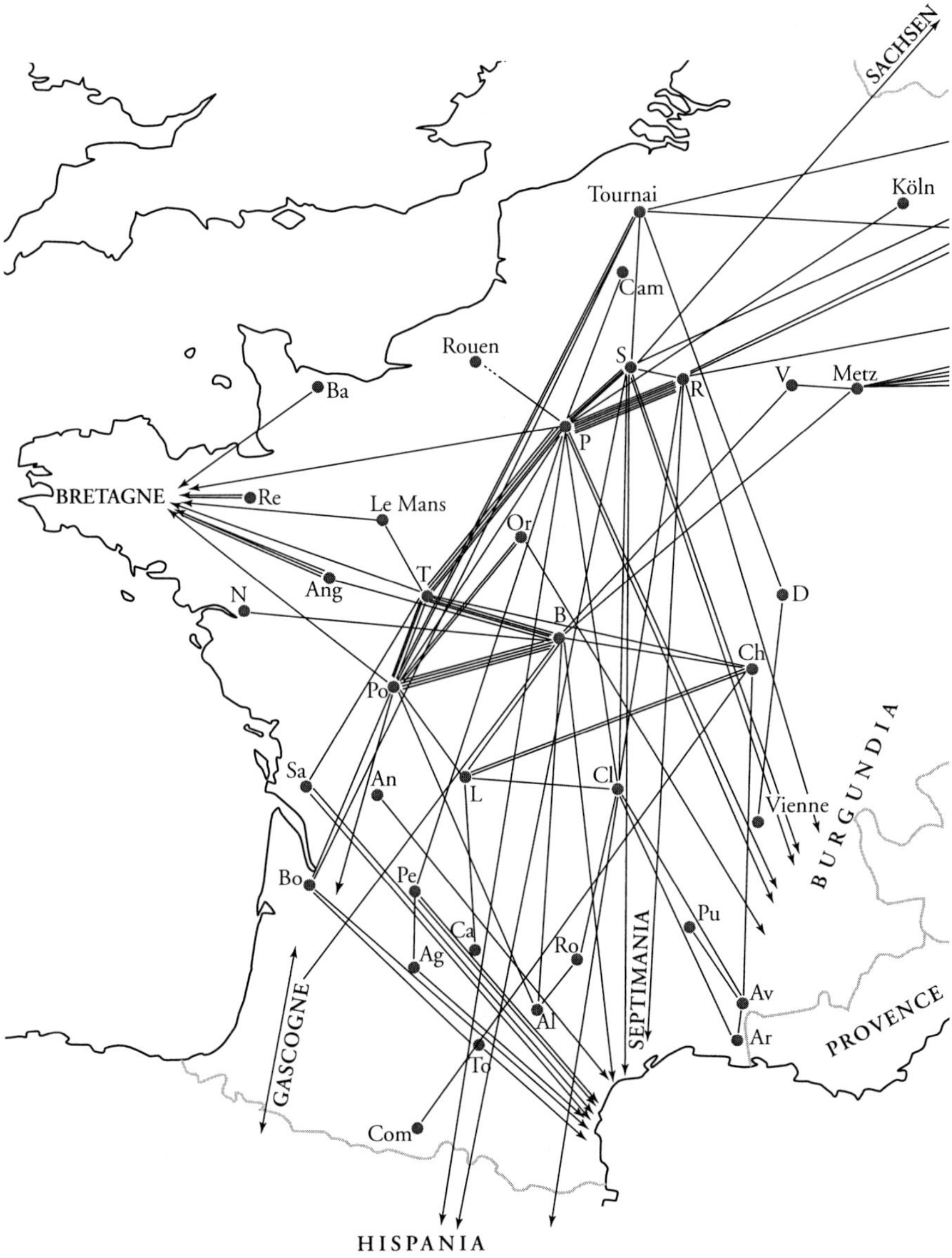
SACHSEN
Tournai
Köln
Cam
Rouen
S
R
V
Metz
Ba
P
BRETAGNE
Re
Le Mans
Or
T
Ang
N
D
B
Ch
Po
BURGUNDIA
Sa
An
L
Cl
Vienne
Bo
Pe
Ca
Ag
Ro
Pu
Av
Al
Ar
PROVENCE
GASCOGNE
SEPTIMANIA
To
Com
HISPANIA

軍隊移動概念図

よ、やはり相当数の死者が出たのは事実であろう。その点で興味深いのは北東ガリアのアウストラシア分王国に属する領域が、とりわけその首都がメッスMetzに移ってから戦場になっておらず、キルデベルト二世治下の四次にわたるイタリア遠征を除けば、軍事行動が少なかったということである。この事実がこの地方の経済生活や社会構造にどのような影響を及ぼしたかは簡単には評価できないが、七世紀にはじまり、八世紀に決定的となるフランク王国内部でのアウストラシアの地位の上昇を考える時[122]、この点は無視しえない意味をもつであろう。

2 軍隊編成の諸類型

先に述べた戦争の三つのケースにほぼ対応する形で、それぞれの間での当該軍事集団の編成上の差異を見てとることが出来る。これはいわば当然のことであって、軍事力行使の目的や敵対勢力の強弱・規模に応じて軍隊編成に差異が出てくるのは、別段異とするにはあたらないといえるであろう。しかしそれが単に投入される兵力の多寡の問題ではなく、武力集団の性格のちがい、それらを成り立たしめている原理の差異と関わって来るならば、それはこの時期の軍隊の基本性格と深く関わる問題を提起するはずである。

第一の類型として挙げられる、どちらかといえば警察的機能を担った武力集団は、主としてプローケーレース proceres などの国王側近である従士団長と、彼に服属する従士によって構成されていた。これらの従士団長が宮廷諸官職を与えられ、コメス・スタブリー comes stabuli やコメス・パラーティイ comes palatii の肩書を帯びて活動している場合もあるが、彼らの社会的存在形態はあくまで従士団長としてのそれである。

王妃フレデグンドのレフェレンダーリウス・ボボレヌスは葡萄畑の帰属をめぐってレンヌ司教の娘(!)ドムノラと争論していたが、結局彼女を含めその配下にあった者たちをほとんど全員を殺害する。それを行ったのはボボレヌスが抱えるviri armati(武装従士)であった[123]。アウストラシア王シギベルトの財産を横領した廉《かど》で追及を受けた大公ベルルフスを捕えた同じく大公ラウキングスが、自らの従士をもってこれを行ったところから[124]、ボボレヌスが王の命をうけて同様の活動を行う時もちいたのが、こうした私的従士団であったことは容易に理解されよう。反逆者・謀反人の討伐といった敏速果敢な行動をとる必要のある、こうした任務に適合的な武力形態は、この時代には従士団以外には考えられない。王に直属する隷属的な武装扈従たるpueri regisが、この種の活動でなんらかの役割を果したかどうかは明らかではない。このような軍事力の行使に関してグレゴリウスはexercitus(軍隊)なる表現を用いないが、その機能と、そしてそれがexercitusの中で占める積極的役割から考えて、これを軍隊なる概念でとらえてもよいと思う。

第二類型は、第一の従士団的軍隊に軍役義務者の動員によって編成された軍隊が加わった形態である。このタイプの武力集団についてグレゴリウスは概ねcommovere exercitum(軍隊を動員する)とか、あるいはこれと似たような表現を用いており、真正の軍隊とみなしてよいであろう[125]。このような軍隊においても、おそらく従士団はその自律性を失うことなく機能した。

ここで軍役義務負担者について若干述べておこう。これは『テオドシウス法典』でpraebitio tironumと呼ばれているガロ・ローマ自由人の軍役義務に基づく制度である。それによれば大土地所有者の場合、自らの所領に割り当てられた兵員数をコローヌスの中から指名して提供した。これは希望すれば代納金を支払って実際の兵士の提供を免れることが出来た。小土地所有者の場合は、カロリング期に見られる応召団体のように、何人かが集まってコーンソルティウムconsortiumなるものを結成し、その中のひとりを軍隊におくる費用を出しあったのである[126]。M・ルーシュは、フランク人の支配下に入ってからもこの方式による軍役義務者の動員がアキテーヌやセーヌ川、およびシャンパーニュ以南のネウストリアで維持されたと想定しているが、[127]それがどの程度まで本来の姿で機能したかは疑問である。だがその原則は原則として消滅することなく残ったのであり、ガリアにヘゲモニーを確立したフランク王権は場合によってその原則を適用し、事後に軍役代納金をとりたてようとしたこともあった。グレゴリウスの記述に二度登場する罰令金徴収の事実[128]は、通例自由人の一般的軍役義務の存在という古典学説的方向で理解されているが、これは praebitio tironum に基づく代納金の事後徴収と解釈することも出来よう。

またアウストラシア分王国では、ライン川の向う岸に住む諸部族 gentes が傭兵として参加したことも二度ほど確認される。[129]軍役義務負担者集団は大公が統率したが、大公の官職上の地位から考えて、王側近、宮廷官職保有者から成る従士団長も彼の指揮下にあったと考えられる。

第三の類型、すなわちヒスパニア、セプティマニア、イタリアなどの異部族、あるいはフランク固有の支配領域外への遠征の場合も、第二類型とほぼ同様の編成であるが、五八五年のブルグンド分国王グントラムのセプティマニア遠征について「自らの王国の全軍を動員して commoto omni exercitu regni sui」とグレゴリウスが表現しているように、軍隊の規模は一般的に著しく大であった。[130]こうした傾向は五九〇年のアウストラシア王キルデベルト二世のイタリア遠征に関しても、二〇人の大公に統率されたと証言されているところから[131]一般化しうるであろう。もっともこの種の遠征が専ら戦利品の獲得を目的としていたので、その参加者が増加すること、それも無秩序にふくれあがることは容易に理解できる。こうした無規律で、充分な訓練を積んでいない、しかし数の上では主力をなしたであろう兵士達は、困難な状況に直面したり、僅かな心理的衝撃で容易に恐慌状態に陥ってわれ先に故国へと逃亡した。その結果フランク軍が敗北を喫するということも再三であった。[132]

3　メロヴィング従士団の国制上の地位

ここで、第一類型で単独で姿を現わす従士団の法的・国制的地位について簡単に見ておこう。従士団長はすでに述べたように proceres, optimates と呼ばれる有力者集団、あるいは種々の官職、わけても宮廷諸職を担う存在であった。彼らは王に勤務し、奉仕するにあたって王に托身し、誠実宣誓を行い、そのことによって王の保護 in verbo regis に入った者たちである。[133] このような人々として、われわれの念頭にすぐ浮んでくるのは、時代が少し下るが、七世紀中葉の法慣行を示す『マルクルフ書式集 *Formulae Marculfi*』第一書一八番に見えるアントルスティオーネース antrustiones と呼ばれる存在である。[134] この書式によれば、このような形で王の保護下に入ろうとする者は、宮廷に武器を携えて到来し、王の手の中で誠実と忠実 truste et fidelitas を宣誓した。この行為によってその者は antrustio の地位を得、六〇〇ソリドゥスの人命金を獲得することが出来たのである。[135]

メロヴィング王国建国間もない六世紀の初頭においては、とりわけ従士制のありようからして、従士団長と従士との身分的格差は根本的なものではなく、いずれも王への托身と誠実宣誓によって等しく antrustio の地位を得たと思われる。ところでH・グラーン＝ヘックによれば、古代ラインラントの一碑文にすでに antrustio なる言葉が登場しており、かなり古い用語であることがうかがえる。[136] 先に挙げたアントルスティオーネン加入儀式における「手の行為」が同じく古いものとすれば、人間に対する支配を意味する両手を差し出すこの行為が、生命を賭しての奉仕を含意しているところから、[137] あるいは古代末期の buccellarii のパトロヌスに対する宣誓と関係があるかも知れない。

ところで、トゥール司教グレゴリウスの『歴史十書』には antrustio は全く姿を見せない。代わりに王の従士的存在としてレウーデス leudes が登場する。[138] その文脈からしていずれも antrustiones と似た存在である。それはR・シュミット＝ヴィーガントの主張にもかかわらず、決して一般自由人的存在ではないのである。(139)グレゴリウスにantrustio が現われない理由を、E・マニュ＝ノルティエは彼が手の行為のような象徴的儀式に見られる秘儀的性格を異教的として嫌い、後の leudesamium（レウーデス宣誓）に見られるように、よりキリスト教化された性格の leudes という表現のほうを好んだからであると解釈している。(140)

おそらくそれぞれの従士団の系譜・伝統に応じていずれの名称をもって呼ばれるか、あるいは従士たち自身が自らをいずれで呼ぶかはまちまちであったであろう。『サリカ法典』のテキスト・クリティクの結論からすると、ネウストリア、ブルグンディアでは antrustio は余り使われず、アウストラシアで一般的であったらしいことが推測される。(141)先に述べたように、この地方では末期ローマ以来の伝統さえ想定されるのである。いずれにせよ複雑に入り組んだ従士制的伝統の多様性の中で、いずれの要素にも等しく妥当する文言として考案されたのが、『サリカ法典』四一章五の「王への忠誠をせし者 qui in truste dominica est」という表現であったというのがわれわれの推定である。だからここには普通言われているように antrustio ばかりでなく、初期の leudes も含まれ得たのである。したがってメロヴィングの最初期の段階においては、従士団長と従士の間に政治的影響力、社会的存在形態に関してある程度の開きはあったとしても、少なくとも法的地位、国制上の地位に関しては未分化の状態にあったと考えられる。

だが六世紀の経過中に、従士団の長と従士との間に顕著な分解現象が起こったようである。それがいかなる契機によって、またどのような過程を経てかは今のところ整理された解答を提示することは出来ない。確実なのは六世紀末には、antrustio と leudes の間に国制上の地位に関して、明白な隔たりが出来ていたということである。キルペリクの勅令（五六一—五八四年）の中で、従士団長は antrustio として leudes に等しい国制上の地位を得るのに対して、(142)五八五年のアンドロ Andelot 条約の中で、グントラムとキルデベルト二世の間で、その帰属に関して原状回復がうたわれている leudes は、いかなる意味においても貴族的存在ではない(143)。『マルクルフ書式集』第一書四〇番に見える leudesamium(144)が、新たに即位した王への一般人民の誠実宣誓の範疇に入ることは、たとえ antrustio と同じく三倍額人命金を保持しつづけたにせよ、leudes が前者に比べてその国制上の地位の点で下位に位置づけられたことを強く示唆している。

四　恒常的戦争状態の軍事的・社会的帰結——六世紀後半——

メロヴィング朝期全体を通して言えることであるが、闘い、裸の暴力の行使は当時の人々の生のひとつの形式であり、日常生活のあらゆる局面にその影を落していた。国王権力が何らかの形で関与する戦争は別にしても、私戦・血讐・略奪行為は絶えず繰りかえされ、これを有効に阻止する公権力も本来の意味では存在していなかった(145)。それどころか「公」権力自体が、貢租徴収のようないわば公的課題を果すにあたって、しばしば暴力的形態をとらざるをえなかったことは、他の場所で述べる(146)。大土地所有者は武装隷属民をかかえ、一般人民は絶えず武器を携行していた。教会に寄食する下層貧民で、諸雑務に従事するマトリクラリウスさえもが、職業的戦士と互角に闘う能力を有していた(147)。それだけではない。聖職者さえもが武器を携帯していた。公会議は何度かにわたって繰りかえし、聖職者の猟犬や鷹を使っての狩猟(これは戦闘訓練としての性格をもっていた)を禁止し、武器を帯びることを禁じている(148)。

こうした社会の慢性的戦争状態にさらに加えて、大規模な兵力の動員を伴う遠征が頻繁に行われた。先に掲げたようにクローヴィスの北ガリアでの覇権確立期から、トゥール司教グレゴリウス『歴史十書』が扱ったおよそ五九〇年頃までの、一世紀間にわたるフランク諸王による軍事行動を、グレゴリウスによりながら表にしてみたが、それは延べにして五五回を数える。五七〇年頃を境にして、それ以後はほとんど毎年のように軍隊活動が行われているが、こうした頻繁な活動は、実際にはそれ以前も同様であったろうと推測される。グレゴリウスの記述のこうした精粗の差は、彼が同時代人として現実に諸事件を見聞したか、それとも自らの出生以前、あるいは十分な精神活動の時期に入る以前の出来事を、伝承によって書きとどめたかの違いによると思われるからである。[149] グレゴリウスの記述のもつ価値についてのこの面での限界を認識した上で、やはり五七〇年頃を分岐点として軍事活動の態様に一定の変化が現われていると言いうる。

ひとつは五七〇年以前には、おおむね王あるいは王息が自ら軍隊を統率するのが一般的であったのに対して、以後はどちらかと言えば大公の指揮が目立つ。王は直接に指揮しないで宮廷にとどまる場合が多かったようである。

これはもうひとつの顕著な変化と重なりあっている。すなわち分王国全体からというより、紛争地域や想定される会戦地に近い地方の人々の動員に主眼が置かれる。23番ではアウストラシア王シギベルトの命令で、クレルモン伯フィルミヌスが、この地方の人々を率いてアルルに遠征している。26番ではパリまで侵攻した同じくシギベルトがシャトーダンとトゥール地方の住民に、おそらくはアキテーヌに在ったキルペリクの長子テウデベルトへの攻撃を命じている。35番はブルターニュに近いトゥール、ポワティエ、バイユー、アンジェ、ル・マンの人々を、40番ではアヴィニョンに近いクレルモン、ヴレの人々、41番ではキルペリクの命令で大公ベルルフスがブールジュ攻撃のためトゥール、ポワティエ、アンジェ、ナントの住民を、同じく大公デシデリウスはアルビ地方の人々をブールジュに向けて動員した。ただ例外的なのはガスコーニュ大公ブラダスティスがバスク人をひきつれて長駆していることである。43番ではグントラムの命令で、伯たちがブールジュの住民を率いてトゥールとポワティエを襲っている。44番と45番では伯やグントラム自身の指揮のもとで、オルレアン、トゥール、ブールジュの人々がポワティエを攻撃した。

このように度重なる軍隊動員は、次第しだいに紛争地に隣接した地域の住民のそれに限定されるようになり、分王国全体からの派兵は、主にフランク王国外への侵略の機会にしか見られなくなる。こうした動員態様の変化と並行して、大公の頻繁な登場が目をひく。メロヴィング朝期の官職大公については、それが果して独自の官職であったか否かという初歩的な点についてR・シュプランデルとD・クラウデの相互に対立した見解がある。

シュプランデルが大公 dux を固有の官職名とみなさず、主として伯 comes が軍隊を統率する際の、専ら機能を強調した呼称であるとするのに対して[150]、クラウデは大公職を、確かに comes との職務内容上の一致はみとめられるが、しかしそれはメロヴィングの行政に共通して見られるコミッサーリシュな性格に由来するのであって、comes とは別個の大公職が厳然と存在すると主張する[151]。固有の大公職の有無に関してのみ言うならば、われわれはクラウデの所説が妥当であると考える。その理由は、こと官職位階の点では宮廷のそれに見られるように、メロヴィング王権はかなり精緻な体系を維持しており、その階梯を昇進していった幾人かの人物が具体的に知られてもおり[152]、地方諸官職に関しても『官職要覧』と俗称される官職一覧表に、comes の上位にある官職として dux が記されているからである[153]。われわれはさしあたりK・ゼーレ＝ホスバッハ[154]、M・ルーシュ[155]の最近の見解に基づいて、クラウデ説に依拠しておこう。ただし、ゼーレ＝ホスバッハ、ルーシュ両者ともクラウデの主張とは異なって、一定の任地を与えられた領域大公と、必要に応じて軍隊指揮に派遣される、いわば無任所大公の二種類の官職大公の存在を指摘している[156]。詳しい議論をここで展開することはしないが、われわれは大公がもともと comes のような地方官職担当者というより、むしろ宮廷官職担当者の系列に属すると見ており、したがって緊急時に軍隊を指揮するこの種の大公が宮廷にあった可能性は強いと考える。

六世紀後半のメロヴィング軍隊は、戦略上重要な地域や辺境に配置されたこうした大公の指揮のもとに専ら活動するようになった。こうした大公領としてしばしば登場するのは、トゥール・ポワティエ、アンジェ・レンヌ、シャンパーニュ、ガスコーニュ、クレルモン・ロデス・ユゼス、トゥルーズ[157]などである。ルーシュは領域大公制を、五八四年のキルデベルト二世のイタリア遠征の折に、同盟軍として接触のあったビザンツの軍制から借用したものであると考えている。[158]いずれにせよ領域大公の出現を六世紀末と見る点で、われわれの検討と一致している。メロヴィング王権から遠く離れ、王権が有効なコントロールをなしえなかったアキテーヌでは、領域大公職がやがてそこから自立的な権力が台頭する基盤となってゆく。[159]

頻繁な軍隊動員は軍制上の変化だけでなく、軍事力の態様、社会構造にも大きな変動をもたらした。というより正確には、古代末期に始動していた一定方向にむけての社会組織上の構造変化を、一層促進したと言った方が良いかも知れない。それは北ガリアから中部ガリアにかけてのメロヴィング王国の中核地帯で著しかったように思われる。前掲の図で示したようにソワソン、ランス、パリ、トゥール、ポワティエ、ブールジュの諸都市が、軍隊移動を示す線が濃密に重なり、これらの都市を中心に周辺を含む地域が最も戦火にさらされたことがわかる。グレゴリウスが司教座を支配するトゥール周辺地域がこの歴史記録者の特に精密な観察の対象になったという事情から、繰りかえされる動員、軍隊の通過に伴って避けがたく生ずる略奪、それに戦火がこれらの地方の住民の生活にどのような変化をひき起したかが如実に語られているが、これはパリ、ランス、ソワソン地方でも同様であろう。その変化とは住民の一層の戦士=従士化である。ほとんど毎年のように行われた軍隊動員は、それまで非戦士的であった部分の戦士化という現象となって帰結した。

与えられた状況の中での彼らのこうした対応は、生き延びるための否応のない条件にさえなったであろう。五八四年オルレアンの住民はブロワの人々と協働してシャトーダンを襲い、家や穀物に火を放ち徹底した略奪を行った。これに対してシャトーダンの住民はシャルトル住民の援助をうけて追撃し、激しい戦いとなったが、伯の仲裁でようやく鎮まった。グレゴリウスはこの争いをかけ値なしにbellum（戦争）と呼んでいる。[160] 翌五八五年のトゥールではシカリウス、アウストレギゼルスそれにクラムネシンドゥスという、おそらくはこの都市の有力者たちの三勢力が血で血を洗う私戦を行っている。グレゴリウス自身仲裁人として事態の収拾に努めるのだが、彼はこれを内戦bella civilaと形容している。[161] この同じ年にグントラムの軍隊が簒奪者グンドウァルドゥスを追ってドルドーニュ河畔に向ったが、この軍勢にトゥールの住民が欲にかられて自発的に参加して、ポワティエの住民と紛争を起し、襲撃をうけて多数の者が殺害されるという事件があった。[162] この他にブールジュ住民に関しても同じような傾向が見てとれる。[163] トゥール、オルレアン、ポワティエ、ブールジュはアウストラシア、ネウストリア、ブルグンドの三分王国の境界地帯であり、これら諸勢力の利害関係が特に複雑に入り組んでいる地域ということもあって、動員も頻繁に行われ、それだけに住民の武力行使も日常的で、その戦士化現象も顕著であったと考えられよう。

この時期の住民の戦士化現象との関連で指摘しておきたいのは、先に触れた『マルクルフ書式集』に見えるleude-samium なる宣誓形態[164]の果した機能である。書式集という文書の性格上、正確にいつこうした宣誓方式が成立したのかは確定しがたい。だがこの書式集が編まれた六〇〇年代の中頃以前にパリ地方の慣行として出現していたことは確かである。「レウーデス宣誓を王に呈すべきこと Ut leudesamio promittantur rege」という標題をもつこの書式は、王から地方の統轄者たる伯に宛てて発されたものである。その内容は、王国の有力者たちの同意を得て、わが息子某が王国を統治することとなった。ついては汝の管轄する全ての住民、それがフランク人であれ、ローマ人であれ、爾余の部族民であれ全ての住民を強制し、都市、村、城塞ごとに集めさせ、わが側近から派遣した使節某の面前において、聖なる場所で聖遺物にかけて、余と余の息子に誠実宣誓とleudes 宣誓を行わしむるべし、[165] というものである。

この種の宣誓がその目的において、五八三年キルペリクがデシデリウス、ブラダスティスの二大公に命じてブールジュの住民に求めた誠実宣誓と同じものであったとすれば、[166] U・エッカルトが推定するように、[167] 六世紀後半のメロヴィング王家の兄弟間の戦争という特殊な状況下で成立したと見なすことが出来る。leudesamium によって住民は法的に leudes に同化されたのである。[168] こうした契機を通して、住民の戦士化が一段と進展したことは容易に理解されよう。

おわりに

五世紀ガリアにおいてゲルマン、ローマ両勢力のいずれにおいても、軍事力の組織化はきわめて似通った原理に基づいて実現されていた。ゲルマン人のもとにあっては、紀元前後の時期に起った古い部族的な神聖王権の衰弱は伝統的な部族的紐帯を破砕し、その結果、従士制という新たな原理に根ざした政治的・軍事的集団を生みだした。フランク人のもとでは、それはやがてひとつの「国家」にまで発展する輝かしい未来を秘めていた。この集団を特徴づけ、また従士個々人をその統率者に結びつけたのは、何よりもまず物質的利益の追求という利害関心であり、そうした目的を充足してくれる限りでの統率者の政治的企図であった。他方ローマの側においても、三世紀の危機的混乱を乗り切ったあとの国制は、以前とは面目を一新し、res publica が国家理念を規定していた時期には政治的秩序の公式の原理とならなかったものの、共和政の初期以来連綿と尽きることなくその生命を保持してきたクリエンテーラ制、あるいは帝政末期にとりわけ浸透したパトロヌス制という私的保護関係が社会組織・政治秩序の実質的な、そしてある程度は公式の原理として機能するようになった。軍人・高級官僚はこうした保護関係による私兵をたくわえ、政治的な行動の支持集団とし、それを軍事活動の中核的な担い手として利用した。私兵がパトロヌスに期待したものが財貨のほどこしであったことは言うまでもない。こうした私兵組織を特徴づける要素は、帝国の正規軍にも浸透し、他方、当初は兵士のレベルで、やがては指揮官としてゲルマン人が帝国軍の中に数を増してくるにつれて、この軍隊のゲルマン人従士団との構造的接近は一段と顕著になる。クローヴィスが軍隊王として、また magister militum の後継者としてガリアの諸武力集団に覇権を確立した時期のそのありようは、その編成の態様の差異、強弱の程度にちがいはあるものの、「従士制的思想」によって結合されているという点で、共通していたのである。

メロヴィング王権の支配が成立したあとも、軍隊のこうした基本性格に修正をもたらすような変化は生じなかった。それどころか、ローマ的な、公的諸表徴との関わりをますます稀薄にさせていたクローヴィスの息子および孫の世代になると、事態はこうした方向に向けてさらに深化することになる。その意味は二重である。戦士的＝従士的イデオロギーは前にもまして諸社会層間に広く浸透し、聖職者さえもが自ら武装するか、あるいは護衛集団にとりまかれていた。西ゴートとランゴバルドの従士制と臣民軍隊についての考察を行ったH・J・ディースナーは、両王国の軍隊における従士団的性格への傾斜について、おおよそ次のように述べている。すなわちこれら諸王国における軍隊の実質的核をなしたのは従士団であった。大規模な遠征、内戦、大がかりなフェーデの際には、さらにこれに自由人が加わり、パトロヌスの隷属民が加勢する。従士団は貧困な自由人と隷属民の双方から人員の補充をうけ、その構成は非常に流動的であった。従士団成員のこの流動性は、この集団の社会的規定性を著しく曖昧にする。従士団はまたその優れた軍事的能力ゆえに、平時にも多様な実力行使にまき込まれた。そしてこれは、この集団をして一種の利益団体に容易に転化せしめる契機となった。このように西ゴート、ランゴバルド王国に関して従士団の利益団体への転化の要因をディースナーは説明している(169)。だがわれわれにとってフランク王国の軍隊＝従士団はその初発から本質的に利益集団であった。王権による戦士集団の有効なコントロールが可能であるためには、彼らの戦士イデオロギーに匹敵し、それを上まわる独自の統合作用をもつイデオロギーが、少なくともこの分野においては要求される。しかし、六世紀の段階においては、それはまだ創出されてはいないように思える。七世紀に入ってようやく王・王族の聖人化、あるいはフランク人のトロイ起源伝説といった国王神話の形成が見えはじめる。とりわけ後者に関してはトゥール司教グレゴリウスが全く知らないところから、七世紀の創造物であることは間違いない。

メロヴィング朝期に入ってから、戦士社会がより一層の展開を見せるようになったさらに大きな要因は、「国家権力」そのものによって企てられ、実行された略奪戦争の頻発である。分王国間の抗争といった、一見したところ専ら政治的性格の軍事行動さえもが、それに参加する兵士の意識において物質的関心が優越していたという意味で、従士戦争と基本的には同じなのである。古ゲルマン時代においても、部族間でこの種の戦争は常にあったであろうが、しかしその規模と部族生活への刻印の深さ、そしてその永続的効果という点で決定的だったのはローマ世界に対するそれであった。略奪が財貨の獲得という経済的意味をもつ以上、こうした現象の起源はローマとゲルマン諸族、とりわけ長くローマ世界の周縁にあって、何らかの意味でローマと接触することの多かった西ゲルマン諸部族をめぐる経済状況に求められよう。すなわち世界帝国と周辺蛮族との著しい経済的格差・文化的落差である。通常の形態での財の流通がゲルマン世界での経済諸力の未発達、あるいは場合によってはローマ側の政治的配慮によって制約された条件のもとでの、暴力による強制流通という性格をもっていた。メロヴィング朝期におけるヒスパニア、セプティマニア、イタリアへの遠征は、高度の経済力と文化を誇るローマと周縁の「バルバロイ」との自然な交流を妨げる政治的・経済的・文化的障壁によって誘発されたゲルマン側の対応の延長線上にあるとみなすことが出来よう。六世紀の中頃、とりわけ五七五年頃からフランク王国の中心地域に、ランゴバルド王国で作られたか、その影響を受けたブルグンドの装身具が流入し、そしてこれを模倣する形で、パリを中心とする地域でこの種の製品が作られはじめられたことを、近年の考古学が明らかにしている。[170] 装身具という経済的にはさしたる比重をもちえない要素ではあるが、しかし、こうした戦争がメロヴィング社会において果した経済的・文化的役割の輪郭を仄かにわれわれに伝えている。ロワール・ライン間地域を中心にして、フランク王国の経済的地位が上昇してくる七世紀になると、このような性格の戦争が稀になってくるが、この事実は五、六世紀の戦争のもつこうした特徴を裏書しているように思われる。

(1) H. Brunner, *Deutsche Rechtsgeschichte*, Bd. II, bearb. v. Cl. Frhr. v. Schwerin, Leipzig, 2. Aufl., 1928, p. 202; E. Zöllner, *Geschichte der Franken*, München, 1970, p.151.
(2) Brunner, *ibid.*, p. 203. これに対してツェルナーは不自由人の軍隊参加も認めている。Zöllner, *ibid.*, p.151 参照。
(3) Brunner, *ibid.*
(4) *Ibid.*, pp. 203–204.
(5) *Ibid.*, p. 202.
(6) H. Brunner, *Deutsche Rechtsgeschichte*, Bd. I, Leipzig, 2. Aufl., 1928, p. 132 et sq.
(7) 詳しくは村上淳一『ゲルマン法史における自由と誠実』東京大学出版会、一九八〇年参照。
(8) J.P. Bodmar, *Der Krieger der Merowingerzeit und seine Welt. Eine Studie über Kriegertum als Form der menschlichen Existenz im Frühmittelalter*, Zürich, 1957, pp. 75–77 参照。
(9) *Ibid.*, pp. 97–103. 略奪禁止は主として教会、教会人のそれを対象としている。よく知られている対西ゴート戦に際して発したクローヴィスのこの種の禁令は、トゥール、ポワティエ地方に限られていたが、それは聖マルティヌスの加護による戦勝祈願という宗教的動機づけによるものである。*Ibid.*, p. 102.
(10) *Ibid.*, passim.
(11) F. Graus, "Die Gewalt bei den Anfängen des Feudalismus und die "Gefangenenbefreiungen" der merowingischen Hagiographie", in *Jahrbuch für Wirtschaftsgeschichte*, 1961, Teil. 1, pp. 69–78. 本書第三章参照。

(12) たとえば Bodmar, *op. cit.*, pp. 41-42.

(13) マールブルク大学H・K・シュルツェ教授の口頭による示唆。

(14) 『歴史十書』の作者トゥール司教グレゴリウスにおけるセナトール門閥出身者としての貴族的イデオロギー、聖人伝作者の教会的イデオロギーは周知の事実である。だがこの種のイデオロギーの存在を絶えず意識していれば、軍隊構造の解明という当面の課題に関してはさしたる障害にはならない。

(15) 筆者が当初念頭に置いていなかったこの重要な問題を指摘されたのは平城照介氏である。記して謝意を表する。

(16) ゲルマンおよび初期フランク時代の王権の性格と王権観については別稿を予定しているので、本章では軍隊の考察に必要な範囲内の輪郭を叙述するにとどめ、本格的な検討は行わない。

(17) R. Wenskus, *Stammesbildung und Verfassung. Das Werden der frühmittelalterlichen Gentes*, 2. Aufl., Köln/Wien, 1977, pp. 305–314 et pp. 410–411; A. Demandt, "Die Anfänge der Staatenbildung bei der Germanen", in *Historische Zeitschrift*, Bd. 230, Heft. 2, 1978, pp. 266–267 参照。

(18) Wenskus, *op. cit.*, p.411.

(19) Demandt, *op.cit.*

(20) Wenskus, *op. cit.*, pp. 413–414.

(21) *Ibid.*, p. 414.

(22) *Ibid.*

(23) *Ibid.*, p. 415.

(24) *Ibid.*

(25) *Ibid.*, p. 416.

(26) *Ibid.*, p. 417.

(27) *Ibid.*, p. 415.

(28) *Ibid.*, p. 411.

(29) W. Schlesinger, "Über germanisches Heerkönigtum", in *Vortrage und Forschungen*, III, 1956, p. 116.

(30) *Ibid.*, p. 110.

(31) Demandt, *op. cit.*, p. 274.
(32) Schlesinger, *op.cit.*, p.131.
(33) *Ibid.*, pp. 105–106.
(34) 以上は Schlesinger, *op.cit.* 全体の要約である。
(35) Wenskus, *op. cit.*, p. 413.
(36) Demandt, *op. cit.*, p. 283. だがヴェンスクスは別の箇所(*op. cit.*, p. 409)で東ゲルマン王権が本質的に軍隊王権であるとも述べている。ただ古い部族的紐帯の破砕の程度、そしてこれを前提としての新たな人的統合というプロセスを軍隊王権の最も重要な特徴と見るわれわれの立場からすれば、その「革新性」は西ゲルマンのそれにあるとする先の確認は変わらない。
(37) Schlesinger, *op. cit.*, pp. 310–311 参照。
(38) Demandt, *op. cit.*, p. 269.
(39) *Ibid.* ただしシュレジンガーは、Stammessplitter が原則としてその部族的性格を維持し続けたと考えている。Schlesinger, *op. cit.*, p. 123 参照。
(40) Schlesinger, *ibid.*
(41) *Ibid.*
(42) *Ibid.*; Wenskus, *op. cit.*, p. 513.
(43) Demandt, *op. cit.*, p. 274.
(44) Schlesinger, *op. cit.*, p. 118.
(45) H. Kuhn, "Die Grenzen der germanischen Gefolgschaft", in *Zeitschrift der Savigny-Stiftung für Rechtsgeschichte, Germ. Abt*, Bd. 86, 1956, p. 12.
(46) Wenskus, *op. cit.*, p. 348 参照。
(47) Schlesinger, *op. cit.*, pp. 123–124 参照。
(48) *Ibid.*, p. 120.
(49) Wenskus, *op. cit.*, pp. 347–348.
(50) Demandt, *op. cit.*, pp. 277–278 参照。

(51) R. Wenskus, "Probleme der germanische-deutschen Verfassungs- u. Sozialgeschichte im Lichte der Ethnologie", in *Historische Forschungen für W. Schlesinger*, Köln/Wien, 1974, p. 38.

(52) ランゴバルド、西ゴート王国における従士団のこうした性格については H.-J. Diesner, *Westgotische und langobardische Gefolgschaften und Untertanenverbände*, Berlin, 1975 参照。

(53) 詳しくは本章第三節3参照。

(54) Demandt, *op.cit.*, p. 273 et 275. マルコマンネン族の Marbod、チェルスキー族の Arminius は、いずれもローマ軍で勤務した経歴を有するが、彼らは自らの軍隊をローマ軍にならって組織し、訓練した。特に Marbod は歩兵七万、騎兵四〇〇〇を動員出来た。この数字は言うまでもなく例外的に大きい。デーマントはこの異例さをローマでの彼の経歴がもたらしたものと考えている。Demandt, *ibid.*, p. 275 .

(55) *Ibid.*, p. 273.

(56) M. Waas, *Germanen im römischen Dienst* (*im 4. Jh. n. Chr.*), 2. Aufl., Bonn, 1971 , pp. 5–9; K.-F. Stroheker, "Zur Rolle der Heermeister fränkischer Abstammung im späten vierten Jahrhundert", in *Germanentum und Spätantike,* Zürich/Stuttgart, 1965, p. 11 et sg.

(57) Waas, *op. cit.*, p. 9.

(58) D. Hoffmann, "Die Gallienarmee und der Grenzschutz am Rhein in der Spätantike", in *Nassauische Annalen,* Bd. 84, 1973, p. 1.

(59) P. Petit, *Histoire générale de l'empire romain*, Paris, 1974, p. 539 参照。

(60) *Ibid.*

(61) *Ibid.,* p. 646.

(62) 四〇〇年と四二九年の間に作成されたと言われる『軍官要覧 *Notitia Dignitatum*』と呼ばれる東西両帝国にまたがる軍団配置表に表われる兵員総数は五〇万人弱である。防衛プランに比して実兵員は常に不足していた。

(63) E. Stein, *Histoire du Bas-Empire,* t. 1, trad. par J.-R. Palanque, réimp. Amsterdam, 1968, p. 73.

(64) D. Hoffmann, *Das spätrömische Bewegungsheer und die Notitia Dignitatum*, Bd. 1, Düsseldorf, 1969, p. 141.

(65) L. Brosch, *Laeti; Untersuchungen über eine Kategorie germanischer Siedler und Soldaten im römischen Gallien*, Diss. Ham-

burg, 1954, pp. 75–79.

(66) *Ibid.*, pp. 79–80. ここで想起されるのが中世の litus と古代末期の laeti との系譜関係である。L・ブロッシュは否定的だが (*ibid.*, pp. 90–92,) Th. Mayer, H. Dannenbauer などのいわゆる国王自由人学説の提唱者、また近年では F. Staab がその連続性を支持している。F. Staab, *Untersuchungen zur Gesellschaft am Mittelrhein in der Karolingerzeit*, Wiesbaden, 1975, pp. 41–42 参照。

(67) M.-B. Bruguière, *Littérature et droit dans la Gaule du Ve siècle*, Paris, 1974, pp. 190–199 参照。

(68) L. Várady, "New evidences on some problems of the Late Roman military organization", in *Acta Antiqua Academiae Scientiarum Hungaricae*, vol. 9, 1961, pp. 334–335. ヴァラディは特に強制による世襲的軍役奉仕を半封建的性格と呼んでいる。

(69) Hoffmann, *Bewegungsheer*, p. xi.

(70) Stein, *op. cit.*, p.73; Petit, *op. cit.*, p. 540 参照。

(71) Petit, *ibid.*, p. 568.

(72) *Lexikon der Altenwelt*, Stuttgart, 1965, col. 1809–1810 参照。

(73) クリエンテーラ関係を超歴史的概念として用い、社会人類学的な問題意識のもとに、ローマを中心としながらも、現代の政治権力にまで関わる諸現象を分析した興味深い研究として N. Rouland, *Rome, démocratie impossible? Les acteurs du pouvoir dans la cité romaine*, Le Paradou, 1981, を参照。

(74) Bruguière, *op. cit.*, p. 172 参照。

(75) H.-J. Diesner, "Das Buccellariertum von Stilicho und Sarus bis auf Aetius", in *Klio*, Bd. 54, 1972, p.321.

(76) P. Guilhermoz, *Essai sur l'origine de la noblesse en France au Moyen Age*, Paris, 1902, pp. 18–19.

(77) Diesner, "Das Buccellariertum", *op. cit.*, p. 336.

(78) *Ibid.*, p. 337. Greg. ep. Turo. Historiarum libri X, lib. II, c. 8. "Ipse[=Valentinianus III]post modum augustus dum in campo Martio pro tribunali resedans concionaretur ad populum, Occila, buccellarius Aeti ex adverso veniens, eum gladio perfodit. Talis utrisque extitit finis", *M. G. SS. r. Mero.*, t. 1, pars 1, fasc. 1, p. 52.

(79) Diesner, "Das Buccellariertum", *op. cit.*, p. 322 参照。

(80) *Ibid.*, p. 325.

(81) *Ibid.*, p. 326.

(82) Stein, *op. cit.*, t. 1, pp. 348–349 参照。

(83) Diesner, “Das Buccellariertum”, *op. cit.*, p. 344.

(84) *Ibid.*, p. 327.

(85) *Ibid.*, pp. 327–328.

(86) *Ibid.*, p. 326.

(87) *Ibid.*

(88) A. Demandt, “Magister militum”, in Pauly-Wissowa, *Realencyclopädie der Klassischen Altertumswissenschaft*, Supplement Bd. XII, Stuttgart, 1970, col. 672.

(89) *Ibid.*, col. 699.

(90) *Lexikon der Altenwelt*, col. 1810 参照。

(91) H. Castritus, “Zur Sozialgeschichte der Heermeister des Westreichs nach der Mitte des 5. Jh.: Flavius Vallia qui et Theodorius”, *Ancient Society*, 3, 1972, pp. 233–234; Demandt, “Magister”, *op. cit.*, col. 702.

(92) *Ibid.*

(93) *Ibid.*, col. 671 参照。

(94) *Ibid.*

(95) *Ibid.*, col. 674.

(96) *Ibid.*

(97) M. Rouche, *L'Aquitaine des Wisigoths aux Arabes, 418–781. Naissance d'une région*, Paris, 1979, p. 34 参照。

(98) *Ibid.*

(99) *Ibid.*

(100) Demandt, “Magister”, *op. cit.*, col. 691.

(101) *Ibid.*, col. 691–692.

(102) Rouche, *op. cit.*, p. 34.

(103) “Denique Franci, hunc eiectum, Egidium sibi, quem superius magistrum militum a re publica missum diximus, unanim-

iter regem adsciscunt", Greg. ep. Turo. Historiarum libri X, lib. II, c. 12, in *M.G. SS. r. Mero.*, t. 1, pp. 61–62.

(104) Demandt, "Magister", *op. cit.*, col. 693–694.

(105) "Igitur ab Anastasio imperatore codecillos de consolato accepit, . . .", Greg. ep. Turo. Historiarum libri X, lib. II, c. 38, p. 88.

(106) Demandt, "Magister", *op. cit.*, col. 671–672 参照。

(107) この点について詳しくは本書第五章参照。

(108) Greg. ep. Turo. Historiarum libri X, lib. III, c. 3, *op. cit.*, p.99.

(109) Greg. ep. Turo. Historiarum libri X, lib. IV, c. 23, *ibid.*, pp. 155–156; lib. IV, c. 29, pp. 161–162.

(110) Greg. ep. Turo. Historiarum libri X, lib. IV, c. 42, *ibid.*, pp. 174–177.

(111) クローヴィスは五〇六年から翌年にかけての西ゴート遠征の際、トゥール、ポワティエ地方に関してはこの地方の守護聖人マルティヌスとヒラリウスの霊力をおもんばかって略奪禁止令を出したが、これ以南の地方では自由に略奪を許したと思われる。西ゴート王国の首都トゥルーズからアラリックの財を根こそぎ奪いとるために、彼はボルドーで越冬しながら指揮をとったのであった。Greg. ep. Turo. Historiarum libri X, Hist. lib. II, c. 37, pp. 85–87.

(112) "'Vellim umquam Arvernam Lemanem, quae tantae iocunditatis gratia refulgere dicitur, oculis cernere.'", *ibid.*, p. 106.

(113) Rouche, *L'Aquitaine, op. cit.*, pp. 51–58.

(114) P. Dockès, "Révoltes bagaudes et ensauvagement ou la guerre sociale en Gaule", in *Sauvages et Ensauvagés*, Lyon, 1980, pp. 143–261 がある。

(115) E. James, *The Merovingian Archeology of South-West Gaul*, vol. 1, Oxford, 1977, p. 11.

(116) 表の番号で言えば20、25、26、30、33、38にこうした記述がある。

(117) 五八五年トゥールの住民は王位請求者グンドウァルドゥスに対する征服に lucri causa(欲得から)参加したと、グレゴリウスは明言している。Greg. ep. Turo. Historiarum libri X, lib. VII, c. 28, p. 346 参照。

(118) 本章「はじめに」参照。なお古代における戦争のこうした性格については P. Ducrey, "L'armée, facteur de profits", in *Armée et fiscalité dans le monde antique*, Paris, 1977, pp. 421–434 参照。

(119) Bodmar, *op. cit.*, pp. 94–96.

(120) Greg. ep. Turo. Historiarum libri X, lib. III, c. 11, pp. 107–108 参照。

(121) 32番の遠征に関連してキルペリク側の大公デシデリウスとグントラム側の大公ムンモルスとの前者の任地リモージュで起こった戦闘。41番はキルペリク、キルデベルト二世連合軍とグントラム軍との戦いだけで双方で死者七〇〇〇人という数字を挙げている。

(122) アウストラシアでドミナントな grafio の地位の上昇に関連して、D・クラウデはこの地方の王国内での地位の上昇を想定している。ただし彼はそれをアキテーヌのいくつかの civitas の取得に帰しているが、アキテーヌとアウストラシアの経済的連関は少なくとも七世紀の流通経済に関する限り否定されているか、あるいは極めて僅かな可能性しか与えられていない。D. Claude, “Untersuchungen zum frühfränkischen Comitat”, in *Zeitschrift der Savigny-Stiftung für Rechtsgeschichte, G. A.*, Bd. 81, 1964, p. 38 ; W. Bleiber, *Naturalwirtschaft und Ware-Geld Beziehung zwischen Somme und Loire während des 7. Jhs.*, Berlin, 1981, pp. 44–46 ; James, *op. cit.*, pp. 233–234 参照。

(123) “Tunc ille, commota sedetione, super eam cum armatis viris intruit.”, Greg. ep. Turo. Historiarum libri X, lib. VIII, c. 32, *op. cit.*, p. 401.

(124) Greg. ep. Turo. Historiarum libri X, lib.VIII, c. 26, *ibid.*, p.30. このほかにもテウデリク一世の procer Aregisilus なども同様の従士をかかえていたものと知られる。Greg. ep. Turo. Historiarum libri X, lib. III, c. 14, *ibid.*, p. 111.

(125) 表の20、22、27、31、32、40、41、44に明示的に commovere exercitum あるいは同種の表現が見られる。

(126) Petit, *Histoire générale, op. cit.*, p. 647 ; Bruguière, *Littérature et droit, op. cit.*, p. 166 参照。

(127) Rouche, *L'Aquitaine, op. cit.*, p. 351.

(128) “Post haec Chilpericus rex de pauperibus et junioribus eclesiae vel basilicae bannos iussit exigi, pro eo quod in exercitu non ambulassent”, Greg. ep. Turo. Historiarum libri X, lib. V, c. 26, *op. cit.*, pp. 232–233 ; “Post haec edictum a iudicibus datum est, ut qui in hac expedetione tardi fuerant damnarentur, Biturigum quoque comes misit pueros suos, ut in domo beati Martini, quae in hoc termino sita est, huiusmodi homines spoliare deberent”, Greg. ep. Turo. Historiarum libri X, lib. VII, c. 42, *op. cit.*, p. 364.

(129) 表26、28番参照。

(130) 表49番参照。

(131) 表54番参照。

(132) Bodmar, *op. cit.*, p. 113.

(133) 本書第五章参照。

(134) Formulae Marculfi, lib. 1, no. 18, in *M. G. LL. Formulae*, t. 1, p. 55.

(135) "Rectum est, ut qui nobis fidem pollicentur inlaesam nostro tueantur auxilio et quia illi fidelis, Deo propitio, noster veniens ibi in palatio nostro una cum arma suo in manu nostra trustem et fidelitatem nobis visus est conjurasse: propterea per praesentem praeceptum decrevimus ac iobemus ut deinceps memoratus ille inter numero antruscionum conputetur. Et si quis fortasse eum interficere presunpserit, noverit se wiregeldo suo soledos sescentos esse culpabilem.", *ibid.*

(136) H. Grahn-Hoek, *Die fränkische Oberschicht im 6. Jh. Studien zu ihrer rechtlichen und politischen Stellung*, Sigmaringen, 1976, p. 49.

(137) E. Magnou-Nortier, *Foi et fidélité. Recherches sur l'évolution des liens personnels chez les Francs du VIIe au IXe siècle*, Toulouse, 1976, p. 21.

(138) Greg. ep. Turo. Historiarum libri X, lib. II, c. 42, *op. cit.*, p. 92; lib. III, c. 23, p. 123; lib. VIII, c. 9, p. 376.

(139) R. Schmidt-Wiegand, "Fränkisch und franko-lateinische Beziehungen für Sozialschichten und Gruppen in der Lex Salica", in *Nachrichten der Akademie der Wissenschaften in Göttingen*, 1, 1972, p. 241.

(140) Magnou-Nortier, *op. cit.*, p. 23.

(141) Grahn-Hoek, *op. cit.*, p. 49.

(142) "Petractantes in Dei nomen cum viris magnificentissimis obtimatibus vel antrustionibus et omni populo nostro convenit...", Chilperici Edictum (561–584), in *M. G. LL. Capitularia,* t. 1, no. 4, p. 8; U. Eckhardt, *Untersuchungen zu Form und Funktion der Treueidleistungen merowingischen Frankenreich*, Marburg, 1976, p. 34.

(143) Grahn-Hoek, *op. cit.*, p. 79 et pp. 121–122; Greg. ep. Turo. Historiarum libri X, lib. IX, c. 20, *op. cit.*, pp. 438-439.

(144) Formulae Marculfi X, lib. 1, no. 40, *op. cit.*, p.68 参照。

(145) Bodmar, *op. cit.*, p. 58 et suiv.

(146) 本書第六章参照。

(147) Bodmar, *op. cit.*, pp. 66-67. matricularii についての最近の包括的な研究として M.Rouche, "La matricule des pauvres, évolution d'une institution de charité du Bas-Empire jusqu'à la fin du haut moyen âge", in *Étude sur l'histoire de la pauvreté*, t. 1,

Paris, 1974, pp. 83–110 がある。とりわけ pp. 90-94 参照。また本書第二章参照。

(148) F. Prinz, *Klerus und Krieg im früheren Mittelalter. Untersuchungen zur Rolle der Kirche beim Aufbau der Königsherrschaft*, Stuttgart, 1971, pp. 5–6.

(149) グレゴリウスは五三〇年頃の生れで、五七三年八月にトゥールの司教に叙任されている。彼の生涯の概略については、K.-F. Stroheker, *Der senatorische Adel im Spätantiken Gallien*, réimp. Darmstadt, 1970, Prosopographie, no. 183 参照。

(150) R. Sprandel, "Bemerkungen zum frühfränkischen Comitat", in *Zeitschrift der Savigny-Stiftung für Rechtsgeschichte, G. A.*, Bd. 82, 1965, p. 289.

(151) D. Claude, "Zu Fragen frühfränkischer Verfassungsgeschichte", *ibid.*, Bd. 81, 1964, pp. 45–46.

(152) 本書第五章参照。

(153) G. Baesecke, "De Gradus Romanorum", in *Festschrift für R. Holtzmann*, Berlin, 1933, p. 3.

(154) K. Selle-Hosbach, *Prosopographie merowingischer Amtsträger in der Zeit von 511 bis 613*, Diss. Bonn, 1974, p. 20.

(155) Rouche, *L'Aquitaine, op. cit.*, p. 353.

(156) Selle-Hosbach, *op. cit.*, p. 25; Rouche, *ibid.*, pp. 353–354.

(157) Selle-Hosbach, *ibid.*, pp. 23–24 参照。

(158) Rouche, *L'Aquitaine*, p. 354. 西ゴート・スペインにも同様の制度が導入されたが、いずれも六世紀ビザンツの新機軸の影響であると見ている。

(159) Rouche, *ibid.*

(160) Greg. ep. Turo. Historiarum libri X, lib. VII, c. 2, *op. cit.*, p. 327.

(161) Greg. ep. Turo. Historiarum libri X, lib. VII, c. 47, *ibid.*, pp. 366-368.

(162) Greg. ep. Turo. Historiarum libri X, lib. VII, c. 28, *ibid.*, pp. 390–391.

(163) Greg. ep. Turo. Historiarum libri X, lib. V, c. 49, *ibid.*, p. 262; lib. VI, c. 12, *ibid.*, pp. 282–283.

(164) Formulae Marculfi, lib. 1, no. 40, *op. cit.*, p. 68.

(165) "Dum et nos una cum consensu procerum nostrorum in regno nostro illo glorioso filio nostro illo regnare precipemus, adeo iubemus, ut omnes paginis vestros, tam Francos, Romanos vel reliqua natione degentibus, bannire et locis congruis per civ-

itates, vicos et castella congregare faciatis, quatenus presente misso nostro, inlustris vero illo, quem ex nostro latere illuc pro hoc direximus, fidelitatem precelso filio nostro vel nobis et leudesamio per loca sanctrorum vel pignora quas illuc per eodem dir-eximus, dibeant promittere et coniurare", *ibid.*

(166) 表41番参照。

(167) Eckardt, *op. cit.*, p. 104.

(168) Magnou-Nortier, *op. cit.*, p. 23 参照。

(169) Diesner, *Westgotische und langobardische Gefolgschaften, op. cit.*, pp. 26–8.

(170) Cl. Lorren, *Fibules et plaques-boucles en Normandie. Contribution à l'étude du peuplement, des échanges et des influences, de la fin du Ve au debut du VIIIe siècles*, 2 vols., Thèse dactyrographié de 3e cycle, Caen, 1976, vol. 1, pp. 760–761.

第五章　六世紀メロヴィング王権の宮廷と権力構造

はじめに

本章の課題は要約すれば、おおよそ六世紀を時代的枠組とし、この時期における王権を中心とする政治権力の二、三の構造的特質を、宮廷を主たる考察の対象にすえつつ素描することにある。

この時期の国制、特にその制度面については、周知の如く十九世紀以来、諸部族法典、勅令、国王証書、書式集などの主として法史料の分析を基礎にして多大な研究の蓄積がなされ、その体系化と批判作業を通じて問題の深化が果たされて来た。一方これに比して、その制度体系の中枢・根幹に位置する国王権力それ自体の存在形態、具体的なあり方については、未だ十分に解明の手がつけられておらず、問題点の指摘も限られているというのが現状であろうと思われる。近年西欧とりわけドイツの学界を中心として、メロヴィング朝期の政治権力の分野に強い関心が寄せられ、いくつかの注目すべき研究があらわれているが、(1)こうした動向は現実にこの時期に権力の果たした固有の役割に比べて、(2)それが研究史の上でこれまで正当な評価が与えられてこなかったことに対する、反省の意味がこめられているように思われる。支配機構としての制度とその機能作用は、国王権力をはじめとする政治諸権力の独自の性格、限界、特殊性を明らかにし、それらとの相互関連を追究することによって、より具体的に解明されることになろう。

冒頭で述べたように、本章では王権の最も重要な権力装置としての宮廷を分析の対象として取りあげる。かつてメロヴィング王国とランゴバルド王国における支配継承の比較研究を著わしたR・シュナイダーの表現を借りるならば、メロヴィング朝の宮廷は「たとえ王の空位期にあっても、国王権力の様々の糸が収斂する」(3)場であり、支配機構の組織化が未成熟で、解体過程にあるとはいえ、なお一定の規定力を有している末期ローマ的社会秩序と、三世紀間にもわたるローマ世界との接触を通じて、多様な局面において始源状態からの離脱を遂げているフランク人の社会秩序とが複雑にからみ合い、錯綜した諸関係を形づくる六世紀には、直接に権力行使の役割を担った王の側近集団が構成する宮廷の比重は一層高かったと考えられる。本章では触れないが、司教及び都市伯 comes civitatis をはじめとする地方支配官の職を担った、在地の有力者層が影響力をもつ政治集団として存在しているので、宮廷を構成するのがこの時代の唯一の政治集団というわけではない。しかしながら、初期メロヴィング王権の権力構造を規定する要素として、宮廷がもった独自の重要な意義は認められなければならないであろう。

一　宮廷と宮廷諸官職

政治構成体としてのメロヴィング王権の宮廷が、いつ頃、またどのようにして成立したかを直接伝える史料は存在しない。だが一般にはクローヴィスがソワソンを拠点として、北西ガリア一帯に勢力を張る「ローマ人の王 rex Romanorum」シャグリウスを四八六年に打倒した折に、彼の擁していた軍隊ともどもその役人団を吸収することによって形成されたと考えられている。(4)当時ソワソンは、ガリアにおけるローマ軍のゲルマン諸部族に対する作戦行動の前線基地的性格を帯びており、そのための国営武器製造工房、駐屯軍兵舎、(5)更には地方政庁 praetorium が(6)存在していた。宮廷の成立を考える上で、この praetorium の接収が見過ごしえない意味をもっている。前章に述べたシャグリウスの父アエギディウスはガリアにおける最高位のガリア軍総司令官 magister militum per Gallias の職にあって、クローヴィスの父キルデリクとともに帝国に敵対的な部族の討伐にしばしば協働した人物であり、またキルデリクがその乱脈な生活のゆえに一時フランク人によって追放された時、彼に代ってフランク人の王 rex Francorum にもなっている。(7) この間の事情を語る唯一の史料であるトゥール司教グレゴリウスの『歴史十書』を、最近再び検討したH・グラーン＝ヘックは、逃亡先のテューリンゲンから舞戻り再度フランク人の部族王となったキルデリクと並んで、アエギディウスがその後も依然としてフランク人の王であり続けたという注目すべき見解を述べている。(8)

アエギディウスが四六四年に死んだ折、伯パウルスがその後任者となるが、(9) 彼が四七〇年頃アンジェをめぐってザクセン人と闘って戦死したのち、(10) この職を継いだのが誰であるか史料は伝えていない。おそらくは四八六年にクローヴィスによって倒されるまで、ローマ皇帝権力から半ば自立的にこの地方一帯を支配していた息子シャグリウスをその後継者と推定することが許されるであろう。彼は「ローマ人の王」として土着豪族的性格を帯びつつも、他方においては——時代はやや下るが、七世紀のフレデガリウスの年代記によれば——パトリキウスなる公的称号を与えられているからである。(11) 彼が父から継承したフランク人従士団をその軍事力の中核としていたことは間違いないであろう。それゆえクローヴィスの対シャグリウス戦争は、後者の支配拠点であるソワソンの武器工房や行政庁をはじめとする諸施設、及びこの都市の周辺にひろがる広大な国家領、更にはシャグリウスに服属するフランク人従士団などを手中にし、一気に北西ガリアでの王権の地歩を固めるという重要な意味を持っていたのである。

さて地方政庁は民政上の諸業務を司る機関で、大略二つの部門に分かれていた。ひとつは裁判と行政を担う部門で、もうひとつは財務部門である。(12) クローヴィスがこの施設の接収によって、そこに収納されていた諸文書、課税台帳、財庫などの支配のための物的諸手段と、両部門の業務に従事する役人団を掌中に収めたことは確実である。たとえば初期メロヴィング朝の国王証書は、その形式においても、また書体――ローマの役人書体である斜字草書体――の点でも著しく末期ローマ的な特徴をとどめており、この事実からその文書局が、ガロ・ローマ人の属州書記局出身者によって担われていた事実が明らかにされている[13]。

書記といういわば特種技能によって王に奉仕する者のほかに、宮廷役人と通常一括される様々の機能を担った一群の人々が存在した。それら個々の官職と職務内容については後に述べることにして、ここではE・エヴィヒの見解、すなわち書記官職をガロ・ローマ起源とする一方、その他の宮廷諸職はゲルマン的なものとするのは[14]、事実において必ずしも正確ではなく[15]、またこうした二分法は個々の要素の文化的系譜を強調するあまり、たとえばわれわれの当面の課題である初期メロヴィング朝の宮廷が全体としていかなる構造を持っていたかという問いに、往々にしてローマ的、ゲルマン的という抽象的かつ無内容な回答で応ずるよう導きやすい。問題なのは、宮廷を構成する諸要素がローマ、ゲルマン両系譜を引きつつも、六世紀という特定の時点でそれぞれが具体的にどのようなあり方を示し、統一的な構造を形づくっているか、ということである。

特定の宮廷官職をもたず、しかし宮廷にあって王の側近として重要な政治的役割を果した集団としてプローケーレース proceres、オプティマーテース optimates と称される人々が存在する。彼らはおそらく自らの従士団を率いて、その時々の利害関係に即して、しかるべき王に奉仕する従士団の首長であった。その存在形態は六世紀前半においては特にR・シュプランデルの示唆する如く、一定の居所をもたず、自己の従士団を統率して王国内を遍歴する有力者といった性格が濃厚で[16]、自らの従士ともども宣誓によって特定の王と結びついている限りにおいて当該王の proceres, optimates あるいは――彼らに従う従士の場合――アントルスティオーネースたりえたのである。王の実力的基礎であるアントルスティオーネースをあまり固定的存在と考えてはならない。彼らは今や王のアントルスティオーネースとなった自らの従士団を統率し、王の命を受けて、反逆者または王によってそのように見なされた者の討伐や逮捕を執行した[17]。六世紀の宮廷詩人ウェナンティウス・フォルトゥナトゥスは、パリの王カリベルトが、proceresと国政を協議したと述べている[18]。更に王位継承者の調整に決定的な影響力を及ぼしたのは、死亡した王の血縁者ではなく、これらproceresやoptimatesであり[19]、たとえばシギベルト一世の暗殺後その息キルデベルト二世の擁立に、またキルペリクの暗殺後、生後四カ月のクロタール二世の継承指名にそれぞれ指導的役割を果したのは、procer出身と考えられる大公グンドウァルドゥス、およびプローケール・アンソワルドゥスであった[20]。

王国の政治動向に少なからぬ影響力を与えた宮廷人としてproceres, optimatesと並んでconvivae regis(国王陪食役)を挙げておかなければならない。史料の不足からその詳細な実体は容易に把握しがたいが、『サリカ法典』の定める人命金から推定して、その担い手としてガロ・ローマ人が前提とされていたと考えられる[21]。convivae regisとは、『官職要覧』と呼ばれる史料の表現を借りれば、「王とともに食事をする者 qui manducant cum rege」の意で[22]、いわゆる王の食卓仲間を指している[23]。だが王と食卓を共にすることのできたすべての者が、狭い意味での、換言すれば『サリカ法典』が言うところのconvivae regisであったとは考えがたい。というのは、先に述べた自らの従士団を率いて王の側近として奉仕する貴族的有力者層によって構成されるはずのoptimatesも、王の食卓仲間であり[24]、当然その多くはフランク人であったと想定しなければならないからである。また司教なども折にふれて王の「食卓共同体」に参加した[25]。従ってconvivae regisとは、王の「食卓共同体」成員であることによって、その機能、国制的地位を根本的に規定され、王の食卓のもつ政治的・社会的機能のうちに、その本源的存在理由を有している人々である。宮廷における職務経歴が例外的に詳らかになっているドメスティクス・コンダの例が、convivae regisの実体を考える上でひとつの示唆を与えてくれる。この人物はランスの宮廷でテウデリク一世のトリブーヌス tribunusから出発し、最後にシギベルト一世の convivae regis となっている。このことから、この地位が宮廷官職担当者の最終的な到達点であり、[26]宮廷の特定の職務から解放された、王の顧問的存在であったらしいことが推定されるのである。

ところで王と食卓を共にすることが王と生活を共にすることの必然的な帰結にすぎないような、そうした人的集団が存在する。この特権的集団は幼少年期から王息とともに宮廷で養育された、セナトール貴族をはじめとする地方名望家の子弟である。彼らはマイヨール・ドムス maior domus (宮宰) の監督のもとに、王息のいわば遊び仲間として一緒に養育されたのだが、[27]この制度はもともと征服領域の有力者の服属を確保するための人質の確保に起源をもつと思われる。ローマ帝政末期から民族移動期にかけてのガリア社会において、部族間相互、あるいは諸部族と帝国との間で、和平締結のために人質の提供・交換は不可欠の要件であり、六世紀ガリアでもその慣行は維持されていた。[28]五三一年頃、テウデリク一世とキルデベルト一世とが盟約を結んだ際、互いに人質として交換されたセナトール貴族の子弟は、それぞれの王の宮廷に、支配領域内のセナトール家門から服属の証として引渡された少年達であったと推定される。[29]P・リシェはこれら若い宮廷人を、convivae regis に類似した存在と考えている。[30]その多くは長じて司教として地方に赴任して行った。メロヴィング朝期の聖人司教の多くが、若い頃王の宮廷で養育された者たちである。[31]J・シェリーニは聖人司教と王とのこのような密接な関係に注目して、メロヴィング朝期の支配体制を Hagiocratie (聖人支配体制) と呼んでいる。[32]この表現は聖人の社会的役割とそのイデオロギー的機能をやや過大に評価しているが、中世初期の司教座都市における司教の地位についていささか誇張混じりではあるが、その本質を言い当てている。[33]

最後に宮廷官職についてごく簡単に説明を加えておこう。トゥール司教グレゴリウスの『歴史十書』には、確実に宮廷職と思われるものが七職ほどあらわれる。すなわちコメス・パラーティイ comes palatii、コメス・スタブリー comes stabuli、マイヨール・ドムス maior domus、ドメスティクス domesticus、テーサウラーリウス thesaurarius、レフェレンダーリウス referendarius、クビクラーリウス cubicularius である。referendarius は既に触れた国王証書をはじめとして、課税台帳の作成を含む一切の公文書の作成と、おそらくそれらの保管を司る部局の長である。[34]

thesaurarius は『歴史十書』に二、三度登場するだけで、しかもその担当者の名前が一度も明記されていないところから判断して、宮廷内での地位は比較的低かったと思われる。多分財庫内の財そのものについては権限を有しない、単なる財庫の管理・運搬の責任者であったようである。この時代には、王の財庫は常に王と行動をともにし、頻繁に移動していた。[35]

王の財の管理をその職務としていたのは cubicularius である。[36]

domesticus に関しては、A・キャロが今世紀初頭に公刊したこの職に関するモノグラフィーの中で詳細に論じているが、この職を専ら王領地の管理人に限定する彼の見解[37]は現在疑問視されている。[38]宮廷をその活動の中心としているところから、王のもとにあって王領地全体の統括を行う、地位の高い存在であったと思われる。[39]

maior domus は周知のように、七世紀中頃から事実上メロヴィング王国の政治動向を左右するほど強大な権力をふるう職となるが、六世紀にはまだ文字どおり王の家 domus、家政の監督者にすぎず、その政治的影響力は他の宮廷官職に比してそれほど卓絶していたとは思えない。[40]ちなみに『サリカ法典』には、王の家で働く下女を統括する女性の監督者と思われるマイヨリッサ maiorissa なる職名も見える。[41]

comes stabuli は厩番の長であり、しばしば宮廷の枠を越えて活動するが、その場合は軍隊の指揮にあたった。[42]

comes palatii は、一般には宮廷裁判所の判決発見人として機能したとされているが、六世紀の時点ではその実体を把握するのが困難である。comes palatii は comes stabuli とともに伯 comes なる呼称を帯びているが、言うまでもなくこれは職能を示すものではなく、その官位を示す標識であると考えられる。[43] ここから、初期メロヴィングの官職体系の中で、地方支配官たる都市伯は、彼らと同位にあったと推定される。

二　宮廷勤務についての諸原則

宮廷官職を担うための前提である宮廷勤務への参加は、いかなる過程を経て実現したのであろうか。通常は王に対するコメンダチォ(托身)によって王の保護 in verbo regis のもとに置かれ、それぞれの行政・政治上の才能と力量、あるいは既に宮廷において官職を有している人物との関係などに応じて、しかるべき職務を与えられたと推定される。そもそも宮廷勤務のための一定の開かれた方式が存在するわけではなく、宮廷職を担当する有力者への托身と、これら有力者による王への推薦が、この時代の宮廷勤務の最も重要かつ確実な手段であった。[44] たとえば古典文学、テオドシウス法典、計算術などに優れた才能を有していた奴隷アンダルキウスは、おそらく解放の後にであろうが、大公ルプスに托身し、後者の推挙によってアウストラシアのシギベルト一世のもとで——詳細は不明だが——ある官職についている。[45] 後にノワイヨン司教となる聖エリギウスは貨幣造幣職人として、パリのダゴベルト一世の thesaurarius に托身し、[46] この thesaurarius の推挽でダゴベルトに仕えることになる。また大公クロドイヌスの養育係であったゴゴは、[47] 前者の推薦でシギベルト一世の宮廷に赴き、後のキルデベルト二世の養育係を務めている。[48]

ここでコメンダチオなる法形式によって宮廷官職を獲得した宮廷人の、王に対する法的立場について若干述べておかなければならない。現在の法史学の通説的見解を代表するH・ミッタイスは、コメンダチオを中世における人身的隷属的関係発生の最も重要な契機としてとらえている。[49] 確かに封建社会の基底を成す隷属農民形成過程において果したコメンダチオの役割は否定しえない。だがこの種の法行為がその当初から、全ての社会層を通して排他的に托身者の「不自由性」を刻印していたわけではない。既にフュステル・ド・クーランジュはメロヴィング王朝期のコメンダチオの多様な機能と社会的諸関連を意識していた(50)。この問題をその後再びとりあげて検討したE・マニュ＝ノルティエは、メロヴィング朝期の書式集にあらわれるコメンダチオが、封臣制の発生とは無関係であるとし、それをむしろ古代ローマの庇護関係の延長線上に位置づけている(51)。彼女の見解では托身者はもともと自由人であり、托身の後も自由人でありつづけるのである(52)。差しあたりわれわれは初期メロヴィングの宮廷人の王に対する法的関係を、マニュ＝ノルティエの説くの如きものと理解しておこう。

それではこのようなコメンダチオを基礎とした宮廷官職保有者と王との関係は、たとえばメロヴィング朝期のコメンダチオに関する最も有名な『トゥール地方書式集』の当該書式が示す如く、終身的なものであろうか(53)。言うまでもなく宮廷官職保有者が死亡した場合、その時点で王への勤務を基礎づけていた法的効力が解消するのは全く自明である。問題なのは托身する当の相手方である王が死亡した場合である。この点について『歴史十書』はいくつかの興味深い事実を提供している。その第三書三三章及び三六章は、宮廷人であるアステリオルスとパルテニウスが、保護者たる王、王妃の死後、日頃敵対関係にあった者たちにより殺害されたことを伝えている(54)。このことは宮廷人としての地位が専ら托身した王個人との人的関係に依存しており、その死によって保護者とともに、事実上宮廷人としての地位を失った可能性を示唆しているのである。『歴史十書』に登場する宮廷人のうち、勤務する王を変えた幾人かの事例を見てみると、いずれも以前仕えた王の死期を境として、別の王に勤務している事実が明らかとなる。キウキリオはアウストラシアのシギベルト一世の comes palatii であったが、五七五年にはネウストリアの王キルペリクの息メロヴェクに仕えている(55)。五七五年シギベルト一世が暗殺された折に、同じく殺害されたクビクラーリウス・カレギゼルスは、ソワソンのクロタール一世(五六一年没)の宮廷で、初め referendarius、次いで domesiticus の職を保有した人物である。[56] またシギベルト一世のレフェレンダーリウス・シゴーはキルペリクの招請で後者に仕えるが、再びシギベルトの息キルデベルト二世のもとへ戻った。キルデベルトのもとへ戻ったのが五七六年のことであるから、アウストラシアからネウストリア、そして再度アウストラシアという一連の目まぐるしいシゴーの行動は、おそらく五七五年のシギベルトの死による保護者の喪失と、その後継者たる幼王キルデベルトの政権の安定化という政治情勢と深く関わっていたと思われる。[57] 以上のいくつかの所見から、宮廷官職の保有はコメンダチオを行った王の死によって原理的には終了したことが推測されるのである。

初期メロヴィング朝の宮廷は帝政末期ローマのそれと同様、それほど精緻・厳格に組織されてはいないものの、宮廷諸職の間の一定の昇進の階梯、垂直的な位階制 cursus honorum を知っていたようである。[58] けれども位階制そのものを規定した文書が存在しないので、宮廷諸職間の序列関係を知るためには、その経歴が詳らかになっている人物がどのような経歴をたどったかという事実から再構成する以外に方法がない。

宮廷内での官職の経歴が最も良く知られているのは、テウデリク一世のもとでトリブーヌスとなり、最終的にシギベルト一世のもとで conviva regis となったコンダの場合である。彼はいま述べた如く、ランスの宮廷でクローヴィスの長子テウデリク一世のトリブーヌスとなり、五三四年テウデリクが亡くなると、その息テウデベルトのもとで comes に上昇する。この場合の comes は言うまでもなく comes civitatis ではなく、comes palatii もしくは comes stabuli であろう。続いて domesticus となっている。テウデベルトの死後はその弟テウドヴァルドに仕え、後者が五五五年に死亡するとソワソンのクロタール一世の宮廷に勤務し、クロタールの死後はランスの宮廷でシギベルト一世により conviva regis にとりたてられている。[59] 彼はランス、ソワソンの二宮廷にまたがり五人の王に勤務し、その変動のたびごとにその地位を高めたことは、最後に conviva regis という王の政治顧問的存在になったという事実からも容易に推察されよう。いずれにせよ宮廷諸職の間に位階差が存在したらしいことが、コンダの経歴から確認される。彼が最初に担ったトリブーヌス職は宮廷と密接な関係にあるもの(60)、固有の意味で宮廷職とは言えないからこれを除外すると、彼がたどった宮廷職の階梯は、comes (palatii aut stabuli)→domesticus→conviva regis となる。ただ conviva regis は何度も言うように特定の職能に結びつけられていない政治全般にわたる助言役であるので、われわれが前節でその機能をごく簡単に説明した七宮廷職を差しあたり枠組とすれば、コンダの経歴から確定しうるのは comes→domesticus の関係だけである。

comes に関しては、宮廷職として comes palatii と comes stabuli が存在する。この時代には、comes とは comes civitatis と同じく、特定の機能を指示する呼称ではなく、帝政末期ローマの官位制の名残りをとどめる官位である。それゆえ comes palatii, comes stabuli はそれぞれ職務内容を異にしているだけで、基本的には同位の官職であったと考えられる。

それではコンダの事例に見られるような comes と domesticus の序列関係は一般的なものであろうか。残念ながら、六世紀の史料には両職を担った人物を他に見出せない(61)。従って直接にはそれを証明できないが、『リブアリア法典 *Lex Ribuaria*』第八八章において domesticus が comes の前に記されているところから(62)、前者が後者よりも官位の点で上位にあったらしいことは推定できる。

それでは referendarius, cubicularius, thesaurarius は位階制の中でどのように位置づけられるであろうか。その手がかりとなるのは、初めクロタール一世の referendarius 次いで domesticus となり、その後シギベルト一世の cubicularius となったカレギゼルスの事例である。referendarius, domesticus 両職の間に位階差があったのか、あったとすればその序列関係はいかなるものであったか。この点の解明のために参照すべき事実として以下の二つが挙げられる。第一はトゥールの第十六代司教となったバウディヌスの例、第二は『マルクルフ書式集』の記述である。先ずバウディヌスの場合を見てみよう。『歴史十書』四書第三章は、トゥール司教インユリオススが死去し、domesticus 出身であったバウディヌスが後任者となった事実を記している。[63] ところが同書第十章末尾のトゥール歴代司教の事績録では、この同じ人物が referendarius 出身とされている。[64] まったく同じ事実についての記述であるから、両者は明らかに矛盾している。職名・称号に比較的敏感なグレゴリウスが犯したこの混乱を理解するには、これら二官職の間には位階差はほとんどなく、その機能の差異――おそらくそれは書記という明確な職務内容を有する referendarius の側から積極的に規定された思われる――が、両者を識別する唯一の指標であったことによると考えられる。

次に『マルクルフ書式集』一書第二五番、「高価な財貨について同時に二人が訴えを起こしたる時の国王判決の前文 Prologo de regio iuditio, cum de magna rem duo causantur simul」を参照することにする。そこには宮廷裁判への出席者の官職名が記されているが、referendarius と domesticus は相前後して記されている。[65] このことからも両職は位階が近接しており、ただその機能を異にしていただけであったと推定される。カレギゼルスが referendarius から domesticus になったのも、E・ツェルナーの見解[66]とは異なり、その地位を上昇させたというより、むしろ職務内容と活動の局面を変えただけではないのか。トゥール司教グレゴリウスの手になる『聖マルティヌス奇跡譚』によれば、当時 referendarius であったカレギゼルスは手足に難病を患い、治癒祈願のためにトゥールのサン・マルタン修道院で勤行に努め、その結果病いは癒えたが、とりたてて財を有していなかったのであろうか喜捨を施さなかった。やがて domesticus になって、おそらくは蓄財が可能となり、ようやく多大な喜捨を施したという経緯が語られている。[67] 王領地の管理と結びついた domesticus の機能が、この職を担う者の致富を容易にした事実を指摘しておこう。一方その職務の「文書世界」との親近性から、宮廷人で司教となって地方に転出していくのは referendarius が最も多く、『歴史十書』に登場する十一名の referendarius のうち半数近い五名が後に司教となっている[68]。このような意味で domesticus, referendarius は宮廷諸職の中で、その獲得が最も熱心に追求された職であったといえる。

cubicularius は宮廷内の位階制においてそれほど高い地位を占めていない。先に挙げた『マルクルフ書式集』一書二五番に見える記事によれば、comes palatii の直前に位置づけられている[69]。前出のカレギゼルスがクロタール一世のもとで referendarius を経て domesticus になっていながら、シギベルト一世の宮廷で cubicularius にその地位を低下させているのも、クロタール一世の宮廷で得ていたほどの恩顧を、シギベルト一世から得られなかったためと思われる。thesaurarius に関しては、具体的な言及がないので何ら確定的なことは言えないが、少なくとも六世紀の時点では宮廷諸職のなかでも最も低い位階の職であったと推定される。

最後に問題の多い、しかしながら七世紀から八世紀前半にかけての後期メロヴィング王権の権力構造の推移を考える上で、最も重要な意味をもつ maior domus の宮廷内での地位を見てみよう。われわれは通説に反して、この職のもつ初発からの政治的重要性を一貫して消極的に評価しつづけて来た。それは『歴史十書』の記述で、この職に後に与えられるような意義を認めがたいこと、初期メロヴィング朝の政治動向において、この職を担った人物の役割は大きくなく、むしろ王の「家」の管理者としての性格がより本質的であったと思われることによる。その意味で、これまで述べてきた諸職の序列体系とは系統を異にする職ともいえよう。六世紀の maior domus として史料から確実に知られるのはバウデギゼルス[70]、フロレンティアヌス[71]、ワドー[72]の三名である。このうちワドーが以前サント Saintes の comes civitatis であったという[73]以外には、宮廷内での経歴はまったく不明である。それゆえこの場合も推測を余儀なくされるのだが、ワドーの所見から、maior domus の地位が少なくとも、comes civitatis と位階の点で同等と思

maior domus | domesticus　　referendarius

↑

cubicularius

↑

comes palatii　　comes stabuli

↑

thesaurarius

われる宮廷職 comes palatii, comes stabuli よりも高いことが予想される。バウデギゼルスが後にル・マン司教になっている事実から[74]、司教を最も多く輩出する referendarius に、ほぼ等しい地位を宮廷内で得ていたと思われる。

以上の検討から得られた結果を図示すると上記のようになる。

三　財庫の問題

初期メロヴィング王権の国王支配の物質的基礎であると同時に、観念的基礎として王の財庫 thesaurus は本質的な重要性をもっていた。「そこから同調者や兵士に報酬が支払われ、有力者の好意が導き出されるところの豊かな財宝が理念的、とくに物質的観点から権力の掌握を可能ならしめた」[75]と、R・シュナイダーが一九七二年の著書で述べているように、クローヴィスの時代から六世紀全期間にわたって、フランク諸王の内訌の歴史の中で、財庫の果した現実的あるいは象徴的機能を、この時代の史料のうちに読みとることが出来る。史上有名なクローヴィスによる部分国王の抹殺、すなわちケルンの王シギベルトと彼の息子[76]、カラリックとその息子たち[77]、カンブレーのラグナカールと彼の兄弟リカリウス、リグノメールの殺害[78]という一連の行動によって、クローヴィスが「大王」への上昇を果した事実を述べるグレゴリウスの記述は、例外なく「財庫とともに王国を獲得し regnum cum thesauris accipere」、という表現を使用している。この事実は当時の人々の権力に関わるイデオロギーが、その本質的要素として thesaurus によって、いかに深く刻印されていたかを示すものである。既にタキトゥスの時代にも、従士団を恒常的に維持するために、首長は従士に分与する豊かな財を確保しておかなければならなかった。首長の財が枯渇することは、とりもなおさず首長を見棄て、新たな、豊かな財を有する首長を求めて従士が去って行く、という事態をひき起したのである。[79] ゲルマン諸部族における従士制のこのような局面は、六世紀フランク部族においてもまだ顕著であった。

初期メロヴィング王権の thesaurus は貨幣のほかに、金銀などの貴金属、宝石、高価な衣類、更に租税の徴収に不可欠の課税台帳をはじめとする種々の文書が収納されている財庫であり、[80] 可視的な形で表現しうる王の富の一切を示している。それゆえ王の thesaurus を獲得したものは、今日、われわれが財庫という言葉から想像する以上に、豊かな果実を手に入れることが出来たのであり、それはまさしく「新王の支配貫徹にとって無比の保証」[81]（U・エッカルト）となったのである。そこから王の死に際して、王位請求者・継承者による先王の thesaurus 獲得の敏速な行動が理解される。例えばクロタール一世の長子キルペリクは五六一年の父の死に際して、王のウィラに集められた thesaurus を先取し、フランク人有力者に財を分与して彼らの歓心をかい、自己の支配下にひき入れようと試みている。[82] また五五八年キルデベルト一世が死亡すると、彼の王国と thesaurus はクロタール一世に奪取され、先王の妃ウルトロゴタと二人の王女は追放に処せられている。[83] この場合は先王の thesaurus が他の分王国の王、または王族の手中に入るのを防ぐための予防的手段の意味があったと思われる。というのは寡婦である王妃との結婚は、最も手早く、しかも最小限の危険で先王の thesaurus を入手すること、すなわち権力を掌握するか、権力の強化を達成する手段であったからである。[84] グントラムはパリに宮廷を置くカリベルトの死後、その妃テオデキルドと結婚し、彼女から多くの財を取上げた後で、アルルの修道院に追放している、(85)キルペリク一世の息メロヴェクはシギベルト一世の寡婦ブルンヒルドとの結婚によって、権力を獲得しようと計った。(86)

初期メロヴィング王権のもとでは、王や王族の婚姻は族外婚の傾向をもっているが、(87)それは政治的配慮の他に、他部族の王家との縁組から期待される莫大な持参金が、主要な動機を成していたのである。キルペリクは既に多くの妻をもっていたにもかかわらず、西ゴート王アタナギルドの娘ガルスヴィントを娶った。(88)その動機をグレゴリウスは「〔ガルスヴィントは〕キルペリクによって深く愛された。というのは彼女は多大の財宝をたずさえて来たからである」(89)という文言のうちに端的に示している。

ところでthesaurusが単に支配のための手段であるにとどまらず、独自のイデオロギー的機能を有する「支配標識」であるとするならば、豊かなthesaurusを所有するものは、そのことによって権力掌握の潜在的能力を有していることになろう。この点で興味深いのは『歴史十書』に頻繁に見られる、王権への、いわゆる反逆者の烙印を押され王命によって殺害されたり、追放されたりする有力者たちに関する記述の中で、彼らの所有していた大量の金・銀・財宝、すなわちthesaurusが国庫に没収されている事実である。反逆者の財の没収は、それ自体としては何ら異とするに足りない。問題なのは彼らを反逆者と見なす、その根拠である。王によってそのように見なされ、殺害あるいは追放刑を受けたものとして、『歴史十書』の中からだけで十例ほど挙げることが出来る。すなわちレフェレンダーリウス・ボボレヌス、(90)同じくガロマグヌス、(91)プローケール・マグノウァルドゥス、(92)クビクラーリウス・エベルルフス、(93)コメス・スタブリー・スンネギゼルス、(94)大公エンノディウス、(95)同ベルルフス、(96)同デシデリウス、(97)同グントラム・ボゾ、(98)同ラウキングス、(99)同ムンモルス、(100)それにムンデリクスといった人々である。(101)確かに、王がそのように判断すべき正当な理由があると思われる明白に謀反計画に参加した人物もこの中は含まれている。しかしながらグレゴリウスの記述は多くの場合、伝聞による証言であって、事件の大よその顚末・結果だけを記したものであるため、事の真偽は必ずしも明らかではない。最も極端な例はプローケール・マグノウァルドゥスで、グレゴリウスの言葉を借りるならば「理由は不明だが、王の命令で殺された」[102]のである。そしてその章の最後で、グレゴリウスはマグノウァルドゥスが兄弟の死後、自分の妻を殺して兄弟の寡婦と関係をもったのがその理由であろうと憶測している。[103]おそらくこれほど明確ではないであろうが、この種の「理由づけ」が他の事例においても行われている可能性があるし、また謀反・反逆の事実が明白な場合にも、彼らがそのような選択を行った真の動機は隠されたままなのである。莫大なthesaurusの所有が王との不和をもたらし、王の恩顧の喪失状態、すなわち敵対関係に発展することは、この時代にthesaurusが有していた象徴的機能から容易に理解される。その意味で、「反逆者」ラウキングスに関する次のような記述、「ところで、王からラウキングスの財を探すために派遣された王僕たちは、王の財庫にすら見出されぬほど多くのものを、彼のthesaurusの中に見つけることが出来た」[104]という一節は、まことに暗示的である。王と「反逆者」たちとの争いは、このような視点から見た場合純粋の権力闘争と呼ぶことが出来るかも知れない。

さてそれでは王家のthesaurusは通例説かれている如く、分割不能のフィスクスfiscus(国庫)の概念のもとに、王によって排他的に掌握されていたのだろうか。[105]

グレゴリウスは幼くして死んだキルペリク一世の息がプエリーリ・テーサウルスpuerili thesaurus(王息の財庫)を所有していた事実を挙げている。[106]また継母フレデグンドの命令で殺された同じくキルペリクの次子クローヴィスが、自らのthesaurusを擁していたことなどから、[107]王息が王位継承以前に、既に自己のthesaurusを所有していたことが知られる。

更に王女・王妃も固有のthesaurusを持っていたことが史料から読みとれる。[108]王女のそれは、五八七年のアンドロ条約の文言のうちに明示されている。その部分を引用すると次の如くである。「すなわち王グントラムが自分の娘クロティルドに与えたもの、あるいは主の思召により今後与えるであろうものは物であれ人であれ、都市であれ農地であれ、貢租であれ、何であれそれらは彼女の権利と支配のもとにとどまるべきである。そしてもし彼女が国家領や財貨を自分の判断によって処分し、あるいは何びとかに与えようと欲するならば、主の助けにより永遠に尊重さるべきであり、何びとによってもまたいかなる時にも侵害されてはならない[109]」。

一層明白かつ重要と思われるのは、王妃の thesaurus である。シギベルト一世の寡婦であるブルンヒルドは、自らの財をルーアン司教プレテクスタトゥスに委託していたし[110]、またキルペリク一世の娘リグントが、西ゴート王レカレッド一世のもとへ嫁ぐ際の嫁資として多大の金銀・衣類を与えられたが、その一部はリグントの母である王妃フレデグンド自身の財からもたらされたものであった。フレデグンドは、それらが国庫 thesaurus publicus から持ち出されたのではないかと疑うキルデベルト二世と、フランク人有力者たちに対して、「あなたがたが目にしているものは、全て私の財産から与えられたのです、というのもこの上なく輝かしい王は私に多くを与えて下さり、私も自分の努力で多くを蓄えたからです。また私が譲与された所領から収穫物や貢租として多くを手に入れました[111]」、と弁明している。彼女の言葉の真偽は別にして、この時代の一般的観念において、王妃が独自の thesaurus を所有しえたことは明らかであろう。

王妃の場合、thesaurus は二つの異った要素から成っていたと思われる。核になっているのはリグント、ブルンヒルド、ガルスヴィントなどの例から見られるように、両親から与えられた嫁資であり、少なくともその一部は彼女たち自身の財として、手元に保留したと思われる。こうした嫁資に、配偶者となる王によって贈与されるモルゲンガーベ(後朝《きぬぎぬ》の贈物)が加わる。アンドロ条約の中で、ブルンヒルドが所有していたとされているボルドー、リモージュ、カオール、ベアルン、ビゴールの諸都市は、もともとは彼女の姉ガルスヴィントが、キルペリク一世からモルゲンガーベとして贈与されたものであった。[112] 王妃の財が、王のそれとは別個に管理されたことは、グンダリウスなる人物が、ウェナンティウス・フォルトゥナトゥスによって「王妃の財産を管理する者 reginae patrimonia gubernans」と称されている事実からその存在は明らかである。[113] ちなみに、この時代には一般に妻が自らの親族から得た世襲財産は彼女固有の財とみなされ、例えば配偶者が「反逆者」として追及され、その財が国庫に没収される場合でも、原則として妻のそれは没収を免かれていたようである。[114]

以上の如く、王の他に王息、王女、王妃などの王族も、自己の thesaurus を所有していた事実が概ね確認されたと思われる。

四　宮廷の複合的構造

前節では初期メロヴィング王権のもとで、thesaurus が、単に権力の物的基礎であるにとどまらず、同時代人の意識の中で、ひとつの「支配標識」と観念され、また王権の水準では、その thesaurus が王ばかりか王息、王女、王妃などの王族によって個別的に所有されているのを見た。そこで本節では、これら王族の thesaurus が権力構造においていかなる意味をもちえたかを考えてみたい。

まず最初に研究史の上で、これまでその意義がほとんど評価されることのなかった、ひとつの事実を指摘しておかなければならない。それは、王族も王の宮廷職と同一の呼称を帯びた家政諸職を擁している、という事実である。『歴史十書』及びウェナンティウス・フォルトゥナトゥスの頌詩などにあわせて七名ほどの、主として王妃の家政官職保有者の名前と、その職名が見出される。特に注目すべきは王妃・王女が独自の maior domus を擁していることであり、この maior domus とは既に触れたように domus(家) の長である。それゆえ王妃・王女も独自の domus をもち、いわばその家長として、固有の政治的影響力を行使した可能性が考えられるのである。実はこのことは考えてみれば当然であって、王族が独自の thesaurus を有し、財政的基礎として都市や農村所領を有しているならば、それらを運営・管理・維持する独自の官職担当者集団が不可欠となる。そしてそこに、王の権力から範疇的に区別さるべき独自の権力体が形成されたことが、十分予想されるのである。しかし一方において、このような構想は古ゲルマン時代以来強固に貫徹し続けたとされる、家父の統一的な家権力、ムント理論との根本的矛盾に直面することになる。[115]そこで本節においてもこの点について若干関説しておかなければならない。

H・ミッタイスによれば、ムント Munt は何よりも家構成員、すなわち妻、正規の妻から生まれた子、それに自由人たる僕婢に対する支配権と保護義務によって特徴づけられる。[116]本章の課題との関連で直接問題となるのは、妻及び正規の妻から生まれた子に対する支配権の局面であり、それが初期メロヴィング王権の王と王族間にも存在しえたか否かである。

まず最初にK・クレシェルの紹介によりつつ、ムント概念の語義史的研究の成果をごく簡単に見てみよう。

ムント概念を中世国制史研究の基礎概念にまで練りあげたA・ホイスラーは、ムントをローマのマヌス manus に対応する、始源的かつ包括的な家支配権とみなし、中世における多様な支配形態、すなわち国王支配、グルントヘルシャフト、体僕支配等は、家父による家構成員に対するムントによる支配の拡大形態であると考えた。[117]ところでラテン語マヌスに対応するラテン語化されたゲルマン語 mundium もしくは mundiburdium を史料のうちに探ってみると、『サリカ法典』にはこの言葉が見出されない。[118]『リブアリア法典』及びトゥールとブールジュの地方書式集に mundiburdium なる用語が姿をあらわすが、[119] それらは托身者 commendati に対する保護者の保護権力、あるいはタブラーリウス tabularius として解放された者に対する教会の保護、それに寡婦や孤児などの下層民衆や教会への国王の保護権力の意味で使われているのであって、家父の家支配を内容とはしていないのである。[120] この他ランゴバルド、アングロ＝サクソン両部族のムント概念を検討した結果、クレシェルは次のように結論づけている。「結局確実なことは、史料は実はムントの概念を保護の一般的な意味で知っている〔にすぎない〕ということである」[121]。家父の家構成員に対する支配権としてのムント概念は、少なくとも語義論の観点からは史料的根拠を欠いていると言わねばならない。[122]

他方、ローマ的法慣行においても、古典期に絶対的権威を有していた家父長権は、二世紀前半から揺らぎ始め、財産権の分野では、家長の存命中に息子がその所有権を獲得したり、妻や娘が相続または部分的な処分能力を得た。[123] このような傾向は帝政初期に一層顕著となり、四世紀には男系親的結合の法的意味が大幅に低下したのである。[124] 中世初期の親族用語を検討したD・A・バラは、六世紀から八世紀にかけての部族法典、証書、年代記などに登場する agnatio は、男系親族という本来の意味を失って、直系卑属一般の意味で使われたと主張している。[125] 彼の意見によれば、ローマ帝国領内に定着したゲルマン諸部族は男女両系親的構造を有していたのであり、その結果、カロリング朝期以前に男系親的ジッペの排他的存在を主張するミッタイス説[126]は、事実上否定されている。一般に男系親的血縁関係が強固となるのは九世紀以降であり、それは社会の上層に位置する支配層の、「自意識」の成長と内的関連をもっていたのである。[127]

以上の極めて簡単な諸説の概括から、われわれが当面の課題としている時代的枠組においては、家父の家構成員に対する支配権としてのムントの存在が証明されないこと、またムントが現実に規定力を有するための基礎となる男系親的結合が、決してドミナントではなかったことを確認しておく。

さて『歴史十書』には王族の maior domus として二人の人物が登場する。ひとりは、アウストラシアのキルデベルト二世の王妃ファイレウバのマイヨール・ドムス・フロレンティアヌスである。彼は五八九年にキルデベルトの comes palatii であるロムルフスとともに、古くなって、実情に合わなくなった課税台帳を修正し、適正な課税を行わしむるためにポワティエに派遣された。[128] その二年前の五八七年に結ばれたアンドロ条約では、ポワティエはキルデベルトに属しているが、[129] これはあくまで分王国間の条約であって、それぞれの分王国内部での具体的な所有関係には関知していない。この場合ポワティエはキルデベルトが妃ファイレウバに譲渡した都市であったと推定される。このような事情があったために王妃の maior domus が、王妃の domus の最高責任者として派遣され、キルデベルトの comes palatii は対外的に、つまりキルデベルトにしかるべき人物の派遣を要請したポワティエ司教に対する王の代理人として、形式的な意味から同行したと考えられる。これだけの事実から断定は慎しまなければならないが、他の徴候からしても、王妃その他の domus は、国制上は対外的に自立的行為能力を有していなかったと考えられる。だがこうした推定は、domus が独自の権力体であったというわれわれの認識とは何ら矛盾しないし、またこの時期に多様な政治的局面を通して、国制的秩序がどれだけ自律的に貫徹しえたかは疑問であろう。

もうひとりは、キルペリク一世の娘リグントの maior domus であったワドーである。彼は以前、サントの伯であった。彼は『歴史十書』で二度 maior domus regiae と呼ばれている。[130] 都市伯という地方官職保有者で宮廷職を担った者は、初期メロヴィング王権下では、このワドーただひとりである。この人物がどのような経緯でリグントの maior domus となったのかは、残念ながら不明である。彼はリグントが西ゴートに嫁ぐ際に随行するが、途中行列がアウストラシアの支援を受けた簒奪者グンドウァルドゥスの軍勢の襲撃を受けたのを契機として、簒奪者の側に立った。[131] その動機は不明である。おそらくリグントの thesaurus がグンドウァルドゥスの手に落ちたことと無関係ではなかろう。簒奪者がブルグンド王グントラムの軍隊に敗北し殺害されると、彼はアウストラシアのブルンヒルドのもとに走り、彼女の厚遇を得ている。[132] ワドーがブルンヒルドの domus の成員となったことは十分考えられる。比較的地位の高い家政官職保有者の帰属変動がかなり激しかった事実が、ワドーの例から知られるわけだが、このワドーの場合は決して特殊な事例ではなく、この時代の宮廷官職保有者のむしろ典型を示すと思われる。

王妃の referendarius として、やはり二人の人物が知られる。後にカオール司教となったウルシキヌスは、キルデベルトの妃ウルトロゴタの referendarius であったし、[133] レンヌ司教の娘ドムノラを殺害したボボレヌスは、キルペリク一世の妃フレデグンドの referendarius であった。[134]

テウデリク一世の娘テウデキルドのトリブーヌスであるヌンニヌスの事例は、王妃のみならず王女もまた独自の domus を擁していたというわれわれの推定を裏づけると同時に、domus が確実に基礎的な経済単位をなし、domus に帰属する所領からの貢租が、domus 成員の手によって当該家長のもとへ輸送された事実を明らかにしている。すなわち『聖証人の栄光を讃えて *Liber in gloria confessorum*』第四〇章は、「その頃ヌンニヌスと称する、王女テウデキルドのトリブーヌスはオーヴェルニュを経て、王女に貢租を引渡した後でフランキアから帰途につき、宗教上の理由でオーセールにやって来た[135]」と述べ、ヌンニヌスなる人物が王女の domus 成員らしきことを示唆しているのである。

最後にカリベルトの妃マルコヴェイファの comes stabuli であったレウダスティス[136]の事跡から、こうした王族の domus の自立的性格を確認しておこう。レウダスティスはトゥール司教グレゴリウスの同時代人であり、かつ後にトゥールの都市伯にもなっており、グレゴリウスと個人的な面識があることもあって、『歴史十書』はその経歴を詳しく書いている。それによれば、かれはポワティエ地方にある国家領の奴隷の出自であった。やがて成長すると宮廷の炊事番となるが、その仕事を嫌ってカリベルトの妃マルコヴェイファのもとに身を寄せ、厩番となる。後に昇進してマルコヴェイファの domus の comes stabuli となり[137]、各地に派遣され、地位と権力をたてに不法に蓄財したとされる。注目すべきは、家長であるマルコヴェイファの死に際しての彼の行動である。グレゴリウスは次のように述べている。「王妃の死後、彼は略奪で富裕になっていたので、贈り物をすることによって、王カリベルトのもとでその地位を維持しようとした[138]」。既に指摘したように、原則として宮廷官職保有者は自らが托身した王の死によってその官職を失い、宮廷での経歴を終えることになるのだが、domus においても事情は同様であった。更にこの記述から、カリベルトの宮廷と王妃の domus とは別個の存在であり、両者の間には明白な断絶が存在したことが読みとれる。たとえ配偶者の domus の成員であろうと、特別の恩顧のない限りその地位を維持し、経歴を連続させえなかったのである。

このように、初期メロヴィング王権下でのそれぞれの分王国の「宮廷」とは、実は王族の有する domus と、王の有するその規模と国制的機能の優越により本来の意味での宮廷組織 palatium という相互に異質な実体から成る複合体であった。

おわりに

六世紀ガリアは、この時期についての最も豊かな知見を与えてくれる、トゥール司教グレゴリウスの『歴史十書』を一読すれば明らかなように、極めて錯綜した政治状況によって特徴づけられている。その原因のひとつが分王国体制であり、分王国間相互の慢性的な敵対関係にあることは言うまでもなかろう。更にひとつの分王国をとってみた場合、その内部において支配・権力関係は不安定かつ流動的であり、またこうした権力をめぐる闘争はしばしば分王国の枠を越えてメロヴィング「国家」全体を巻込む抗争に発展した。従ってその意味では、分王国間の敵対関係も分王国内部における権力関係の所産であると見ることも出来よう。

このような権力関係を、たまたま状況によって作り出された偶然的な要素とは考えずに、この段階における国王支配のあり方、限界から必然的に結果するようなひとつの構造とみるならば、この権力関係の構造的特質がいかなるものかを、最上位の権力たる国王権力の「場」としての宮廷のあり方を通じて明らかにするのが本章の課題であった。これまで検討して来た如く、権力体としての宮廷を考えた場合、初期メロヴィング朝のそれは以下の二つの基本的性格を具えている。

第一は、王のみならず王息、王女、王妃などの王族も、独自の小宮廷 domus を擁し、ひとつの分王国をとってみた場合、その王国の宮廷とは、こうした小宮廷及び王の宮廷との複合体であったということである。そしてこれら小宮廷及び国王の宮廷において、また頻繁に宮廷の枠を越えて、現実に権力行使を担った宮廷職保有者は、相互に独立した、あるいは対立する利害関係を有していたと考えなければならない。そこから国王権力の重層的性格、いわば権力としての凝集力の欠如が結果する。

第二は、王の死、あるいは王族の domus の場合は家長の死によってその宮廷が消滅し、支配を継承した新王の宮廷と原理的には明白な断絶を示しているという点である。この点は王位請求者である王族が、王位に即く以前に既に独自の宮廷を有し、そのトレーガーを擁しているところから当然もたらされる帰結である。権力体としての宮廷の非永続性、その生成と消滅とが比較的短いサイクルで完結したことによって権力関係に著しく不安定な要素を加えたことは容易に理解されるのである。

フランク王国における政治権力史の観点から見た場合、ポスト・ローマ期が終焉する七世紀中葉以降の、後期メロヴィング王権下での宮廷を拠点とする宮宰権力の台頭は、六世紀の宮廷を特徴づけ、権力構造を規定したこれら二つの属性の克服を前提として実現したと思われるが、それがいかなる条件のもとに、またどのような過程を経て実現したかを検討するのが、今後の課題となろう。

（1） 例えば R. Schneider, *Königswahl und Königserhebung im Frühmittelalter. Untersuchungen zur Herrschaftsnachfolge bei den Langobarden und Merowingern*, Stuttgart, 1972; U. Eckardt, *Untersuchungen zu Form und Funktion der Treueidleistung im merowingischen Frankenreich*, Marburg, 1976; H. Grahn-Hoek, *Die fränkische Oberschicht im 6. Jahrhundert. Studien zu ihrer rechtlichen und politischen Stellung*, Sigmaringen, 1976; E. Ewig, "Studien zur merowingischen Dynastie", in *Frühmittelalterliche Studien*, Bd. 8, 1974, pp. 15–59 などの研究が挙げられよう。
（2） メロヴィング朝期の聖人伝を素材として、この問題に取り組んだ注目すべき研究として F. Graus, "Die Gewalt bei den Anfängen des Feudalismus und die "Gefangenenbefreiungen" der merowingischen Hagiographie", in *Jahrbuch für Wirtschaftsgechichte*, 1961, Teil 1, pp. 61–156 がある。また本書第三章を参照のこと。
（3） R. Schneider, *op. cit.*, p. 266.
（4） J. M. Wallace-Hadrill, *The Long-haired Kings and Other Studies in Frankish History*, London, 1962, p. 165.
（5） F. Vercauteren, *Étude sur les civitates de la Belgique seconde. Contribution à l'histoire urbaine du Nord de la France de la fin du IIIe siècle à la fin du XIe siècle*, Bruxelles, 1934, pp. 108–109.
（6） C. Brühl, *Palatium und Civitas. Studien zur Profantopographie spätantiker Civitates vom 3. bis zum 13. Jahrhundert. Bd. 1, Gallien*, Köln/Wien, 1975, p. 39. なおクローヴィスの息子たちの分王国の首都となった他の三都市、すなわちパリ、ランス、オルレアンにおいても praetorium が宮廷所在地となったことは同書 p. 21, 48, 63 を参照。
（7） Greg. ep. Turo. Historiarum libri X, lib. II, c. 12, in *M. G. SS. r. Mero.*, t. 1, pars 1, p. 62.
（8） Grahn-Hoek, *op. cit.*, p. 136 参照。

（9）　Greg. ep. Turo. Historiarum libri X, lib. II, c. 18, *op. cit.*, p. 65; G. Tessier, *Le baptême de Clovis*, Paris, 1964, pp. 22–23 参照。

（10）　*Ibid.*

（11）　"An. autem quinto regni eius Syagrius Romanorum patricius apud civitatem Sexonas, quam quondam pater suos tenuerat, sedem habebat." Chronicarum Fredegarii, lib. III, c.15, in *M. G. SS. r. Mero.*, t. 2, p. 98.

（12）　A. H. M. Jones, *The Later Roman Empire, 284–602. A Social, Economic and Administrative Survey*, Oxford, 1964, vol. II, p. 589.

（13）　E. Zöllner, *Geschichte der Franken bis zur Mitte des 6. Jahrhunderts*, München, 1970, p. 135; E. Ewig, "Das Fortleben römischer Institutionen in Gallien und Germanien", in *Spätantikes und fränkisches Gallien*, Bd. 1, Zürich/München, 1976, pp. 409–410.

（14）　E. Ewig, "Das Fortleben", *op. cit.*, p. 410.

（15）　一例を挙げるならば、Zöllner, *op. cit.*, p. 136, n. 7は、maior domus職のゲルマン起源説に疑問を呈している。

（16）　R. Sprandel, *Der merowingische Adel und die Gebiete östlich des Rheins*, Freiburg, 1957, p.14 参照。

（17）　Greg. ep. Turo. Historiarum libri X, lib. III, c. 14, *op. cit.*, pp. 110–112; lib. V, c. 4, pp. 198–200; lib. VIII, c. 43, pp. 409–410 にそれぞれ登場するアレギゼルス、ロッコレヌス、アンテスティウスはこの史料の編者であるレヴィゾンによれば、いずれもprocerである。

（18）　"…publica cura movens proceres si congreget omnes,/ spes est consilii te monitore sequi.", Venanti Fortunati Carminum, lib. VI, II, in *M. G. AA.*, t. 4, pars l, p. 133.

（19）　U. Eckardt, *op. cit.*, p. 55.

（20）　Greg. ep. Turo. Historiarum libri X, lib. VII, c. 7, pp. 329–330; lib. V, c. 1, *op. cit.*, p.194 参照。大公グンドゥヴァルドゥスの経歴は不明であるが、大公の軍事的性格を考慮した場合、彼が以前procerであった可能性が大きい。

（21）　『サリカ法典』久保正幡訳、創文社、第四一章五・六、一一八頁。

（22）　G. Baesecke, "De Gradus Romanorum", in *Festschrift für R. Holtzmann*, Berlin, 1933, p. 4.

（23）　メロヴィング朝期における王の食卓仲間が有した政治的意義についてはD. Claude, "Untersuchungen zum frühfränkischen Comitat", in *Zeitschrift der Savigny-Stiftung für Rechtsgeschichte*, Germ. Abt. Bd. 81, 1964, pp. 74–76 参照。

(24) (Text V) "Obtimates racinpurii acxiones unum sunt, qui manducant cum rege", in G. Baesecke, *op. cit.*, p. 4.

(25) D. Claude, *op. cit.*, p. 75.

(26) "...nunc etiam placidi Sigiberchti regis amore sunt data servitiis libera dona tuis/ iussit et egregios inter residere potestes/convivam reddens proficiente gradu", Venanti Fortunati Carminum, lib. VII, XVI, *op. cit.*, p. 171.

(27) P. Riché, *Éducation et culture dans l'occident barbare, VIe-VIIIe siècles*, Paris, 1962, pp. 283–284.

(28) Greg. ep. Turo. Historiarum libri X, lib. II, c. 18, p. 65 ; lib. III, c. 7, p. 104 ; lib. III, c. 9, p. 106 ; lib. III, c. 23, pp. 122–123 ; lib. VI, c. 26, p. 293 ; lib .VI, c. 31, p. 299 ; lib VII, c. 39, p. 362 ; lib. X, c. 9, p. 493. 参照。

(29) *Ibid.*, lib. III, c. 15, p. 112.

(30) P. Riché, *op. cit.*, p. 282.

(31) P. Guilhiermoz, *L'origine de la noblesse en France au Moyen Age*, Paris, 1902, pp. 422–423. 六世紀後半以後、初期の人質としての意味が薄れ、むしろ聖俗高位職就任への階梯となりつつあり、こうした者の中から referendarius などの宮廷職につく者が出てくることは P. Guilhiermoz, *ibid.*, pp. 426–427 参照。

(32) J. Chelini, *Histoire religieuse de l'occident médieval,* Paris, 1968, p. 71.

(33) 中世初期における司教の地位、およびその社会的役割について、都市論の観点から F. Prinz, "Die bischöfliche Stadtherrschaft im Frankenreich vom 5. bis zum 7. Jahrhundert", in *Bischofs-Kathedralstadte des Mittelaters und der frühen Neuzeit*, hrsg. F. Petri, Köln/Wien, 1976, pp. 1–26. また社会史の観点から M. Heinzelmann, *Bischofsherrschaft in Gallien. Zur Kontinuität römischer Führungsschichten vom 4. bis zum 7. Jahrhundert*, München, 1976 がある。

(34) Greg. ep. Turo. Historiarum libri X, lib. V, c. 28, pp. 233–234 ; lib. V, c. 34, p. 240 ; lib. X, c. 19, p. 511.

(35) R. Schneider, *op. cit.*, p. 242, n. 5 参照。

(36) E. Zöllner, *op. cit.*, p. 136.

(37) A. Carlot, *Étude sur le domesticus franc*, Liège, 1903, pp. 12–17 参照。

(38) E. Zöllner, *op. cit.*, p. 134.

(39) *Ibid.*

(40) *Ibid.*, p. 136 は maior domus を国王従士団の統括者とみているが、われわれはこうした意見に否定的である。

(41)　"Si vero maiorrissam aut ancillam ministerialem valentem solidos XXV, …", Pactus legis Salicae. c. 10, 6, in *Pactus legis Salicae 65 Titel-Text, Germanenrechte*, hrsg. K. A. Eckhardt, Berlin/Frankfurt, 1955, p. 150.

(42)　Greg. ep. Turo. Historiarum libri X, lib. V, c. 39, p. 247.　H・ミッタイス、世良晃志郎訳『ドイツ法制史概説』創文社、一九五二年、九三頁参照。

(43)　E. Zöllner, *op. cit*., p. 133.　H・ミッタイス前掲訳書一〇一頁参照。

(44)　N・D・フュステル・ド・クーランジュ、明比達朗訳『フランス封建制度起源論』御茶の水書房、一九五六年、二七三―二七九頁。

(45)　Greg. ep. Turo. Historiarum libri X, lib. IV, c. 46, p. 181.

(46)　"Ubi paucis degens diebus factus est noctus cuidam regis thesaurario Bobone vocabulo, viro honesto et mansueto, cuius se patrocinio commitens, sub eius tuitione debebat", Vita Eligii, in *M. G. SS. r. Mero*., t. 4, p. 671.

(47)　"Tunc Chrodini consilio nutritum suum, memorato superius Gogonem maiorem domus elegunt.", Fredegari Chronicarum, lib. III, c. 59, p. 109.

(48)　Greg. ep. Turo. Historiarum libri X, lib. IV, c. 46, p. 181. この場合興味深いのは、トゥール司教グレゴリウスの『歴史十書』では、ゴゴはその死に到るまで(彼の後を継いだヴァンダレヌスが五八五年に死んだ時(lib. VIII, c. 22, p. 359)、王の養育係であったのであるからその前任者ゴゴも同職にあったことは明らかである)養育係として記されているのに対して、『フレデガリウス年代記』では彼がmaior domusとして登場していることである。われわれは前節でmaior domusの機能のひとつとして王息の養育・教育があった事実を指摘した。従って『歴史十書』と『フレデガリウス年代記』の記述の相違は実は根本的矛盾を含んでいない。注目すべきは、二つの史料の表現上の差異は、両史料の属する六世紀と七世紀におけるmaior domus職の政治的比重のちがいを反映していると思われることである。トゥール司教グレゴリウスを六世紀の観念の典型とみなす限りにおいて、この時代にはmaior domusは、七世紀以後にもつことになる重要性を未だ有していなかったのである。

(49)　ミッタイス前掲訳書、七七―七八頁。

(50)　クーランジュ前掲訳書、二七三―二七九頁。

(51)　E. Magnou-Nortier, *Foi et fidélité. Recherches sur l'évolution des liens personnels chez les Francs du VIIe au IXe siècle*, Toulouse, 1976, p. 28.

(52)　*Ibid*., p. 29.

(53) "...et dum ego in capud advixero, ingenuili ordine tibi servicium vel obsequium inpendere debeam, et de vestra potestate vel mundeburdo tempore vitae meae potestatem non habeam subtrahendi, nisi sub vestra potestate vel defensione diebus vitae meae debeam permanere.", Formulae Turonenses, no. 43, in *M. G. LL. Formulae*, t. 1, p. 153.

(54) Greg. ep. Turo. Historiarum libri X, lib. III, c. 33, pp. 128–129; c. 36, pp. 131–132.

(55) *Ibid.*, p. 224.

(56) Greg. ep. Turo. Liber de Virtutibus s. Martini, lib.1, c. 25, p. 151; Greg. ep. Turo. Historiarum libri X, lib. IV, c. 51, pp. 188–189.

(57) *Ibid.*, lib. V, c. 4, p. 198.

(58) E. Zöllner, *op. cit.*, p. 134.

(59) "Theudericus ovans ornavit honore tribunum:/... Theudeberchtus enim comitivae praemia cessit,/...instituit eupiens ut deinde domesticus esses:/ Theudebaldi etiam cum parva infantia vixit,/huius in auxilium maxima cura fuit./...Chlotharii rursus magna dominatus in aula,/ quique domum simili iussit amore regi/...nunc etiam placidi Sigiberchti regis amore sunt data servitiis/libera dona tuis iussit et egregios inter residere potentes,/convivam reddens proficiente gradu.", Venanti Fortunati Carminum, lib. VII, XVI, *op. cit.*, p. 171.

(60) 本書第七章参照。

(61) K. Selle-Hosbach, *Prosopographie merowingischer Amtsträger in der Zeit von 511 bis 613*, Diss. Bonn, 1974, pp. 34–37 参照。

(62) 『リブアリア法典』久保正幡訳、創文社、一九七七年、一一七頁参照。

(63) "Obiit autem Iniuriosus episcopus urbis Turonicae decimo et septimo episcopatus sui anno: cui Baudinus ex domestico Chlothacari regis successit, decimus sextus...", Greg. ep. Turo. Historiarum libri X, lib. IV, c. 3, p. 137.

(64) "XVI. Baudinus ex referendario Chlothari regis ordinatur episcopus.", *ibid.*, p. 533.

(65) "...illis episcopis, illi maiorem domus; illis ducibus, illis patriciis, illis referendariis, illis domesticis, illis siniscalcis...", Marculfi Formulae, lib. 1, no. 25, p. 59.

(66) E. Zöllner, *op. cit.*, p. 134 参照。

(67) "Haec experta Charigiselus referendarius Chlothari, cui manus et pedes ab humore cotraxerunt, venit ad sanctam basili-

cam, et orationi incumbens per duos aut tres menses, a beato antestite visitatus membris debilibus sanitatem obtenere promeruit. Et postea antedicti regis domesticus fuit multaque beneficia populo Turonico vel servientibus beatae basilicae ministravit.", Greg. ep. Turo. Liber de Virtutibus s. Martini, lib. 1, c. 25, p. 151.

(68) 橋本龍幸「メロヴィング＝ガリアにおける俗人の教育状況について——アンリ・ピレンヌ説の一検討」愛知学院大学文学部紀要第五号、一九七六年、一一八(一七)頁参照。

(69) "...illis ducibus, illis patriciis, illis referendariis, illis domesticis, illis siniscalcis, illis cobiculariis et illi comes palati vel reliquis...", Marculfi Formulae, lib. 1, no. 25, p. 59.

(70) Greg. ep. Turo. Historiarum libri X, lib.VI, c. 9, p. 299.

(71) *Ibid.*, lib. IX, c. 30, p. 448.

(72) *Ibid.*, lib. VI, c. 45, p. 319.

(73) *Ibid.*

(74) *Ibid.*, lib. VI, c. 9, p. 279.

(75) R. Schneider, *op. cit.*, p. 242.

(76) Greg. ep. Turo. Historiarum libri X, lib. II, c. 40, p. 91.

(77) *Ibid.*, lib. II, c. 41, p. 91.

(78) *Ibid.*, lib. II, c. 42, p. 93.

(79) R. Wenskus, " Probleme der germanische-deutschen Verfassungs-und Sozialgeschichte im Lichte der Ethnologie", in *Historische Forschungen für W. Schlesinger*, Köln/Wien, 1974, p. 38.

(80) R. Schneider, *op.cit.*, p. 243.

(81) U. Eckardt, *op. cit.*, p. 47.

(82) Greg. ep. Turo. Historiarum libri X, lib. IV, c. 22, pp. 154–155.

(83) *Ibid.*, lib. IV, c. 20, pp. 152–153.

(84) R. Schneider, *op. cit.*, p. 246.

(85) Greg. ep. Turo. Historiarum libri X, lib. IV, c. 26, p. 159.

(86) *Ibid.*, lib. V, c. 2, p. 195.

(87) R. Wenskus, *op. cit.*, p. 31 参照。

(88) Greg. ep. Turo. Historiarum libri X, lib. IV, c. 28, p. 160.

(89) "...a quo[=Chilperico]etiam magno amore diligentur. Detulerat enim secum magnos thesauros.", *ibid.*

(90) *Ibid.*, lib.VIII, c. 43, p. 409.

(91) *Ibid.*, lib. IX, c. 38, p. 459.

(92) *Ibid.*, lib. VIII, c. 36, p. 404 .

(93) *Ibid.*, lib. VII, c. 21, 22, pp. 339–343.

(94) *Ibid.*, lib. IX, c. 38, p. 459.

(95) *Ibid.*, lib. V, c. 24, p. 230.

(96) *Ibid.*, lib. VIII, c. 26, p. 345.

(97) *Ibid.*, lib. VIII, c. 45, p. 411.

(98) *Ibid.*, lib. IX, c. 10, pp. 424–426.

(99) *Ibid.*, lib. IX, c. 9, pp. 421–423.

(100) *Ibid.*, lib. VII, c. 40, p. 363.

(101) *Ibid.*, lib. III, c. 14, p. 112.

(102) "...Magnovaldus causis occultis ex iussu regis interficitur...", *ibid.*, lib. VIII, c. 36, p. 404.

(103) "Autumabant tamen quidam, eo quod post mortem fratris diversis plagis coniugum affectam interfecisset et uxorem fratris adscisset toro, extetisse causam, qua interimeretur.", *ibid.*

(104) "Pueri vero, qui missi a rege fuerant ad requirendas res eius, tanta in thesauris illius repperierunt, quanta nec in ipso aerarii publice registu poterant invenire...", *ibid.*, lib. IX, c. 9, p. 423.

(105) R. Schneider, *op. cit.*, p. 244 参照。

(106) Greg. ep. Turo. Historiarum libri X, lib. VI, c. 35, p. 306.

(107) *Ibid.*, lib. V, c. 39, p. 247.

(108) E. Ewig, "Studien", *op. cit.*, p. 49 参照。

(109) "...ut, quicquid domnus Guntchramnus rex filiae suae Chlothiheldae contulit aut adhuc, Deo propriante, contulerit, in omnibus rebus adque corporibus, tam civitatis quam agri vel rediti, in jure et dominatione ipsius debeant permanere. Et si quid de agris fiscalibus vel speciebus atque praesidio pro arbitrii suis voluntate facere voluerit, in perpetuo, auxiliante Domino, conservetur neque a quocumque ullo cumquam tempore convellatur...", *ibid.*, lib. IX, c. 20, p. 436.

(110) *Ibid.*, lib. V, c. 18, p. 216.

(111) "Ne potis, viri, quiquam hic de thesauris anteriorum regem habere; omnia enim quae cernetis de mea proprietate oblata sunt, quia mihi gloriossimus rex multa largitus est, et ego nonnula de proprio congregavi labore et de domibus mihi concessis tam de fructibus quam tributis plurima reparavi...", *ibid.*, lib. VI, c. 45, p. 318.

(112) *Ibid.*, lib. IX, c. 20, p. 437.

(113) "...reginae egregiae patrimonia celsa gubernans,...", Venanti Fortunati Carminum, lib. VII, XVII, p. 172.

(114) 例えば Mummolus の妻の場合。Greg. ep. Turo. Historiarum libri X, lib.VII, c. 40, p. 363 参照。

(115) 本章のもとになる草稿を、法制史学会第三〇回大会において報告した際、この点について、故世良晃志郎、石川武両氏から有益な批判と助言を与えられた。記して感謝申しあげる。

(116) ミッタイス前掲訳書、二三―二四頁参照。

(117) K. Kroeschell, *Haus und Herrschaft im frühen deutschen Recht. Ein methodische Versuch*, Göttingen, 1968, p. 37. クレシェルによれば、ホイスラーの見解は、基本的にはO・ブルンナー、W・シュレジンガー、K・ボーズルなどによって支持されているという。*ibid.*, n. 5 参照。

(118) *Ibid.*

(119) *Ibid.*, p. 39.

(120) *Ibid.*

(121) *Ibid.*, p. 40.

(122) 語義史の観点からムントの存在を証明しえないとしても、ムント概念で把握しうるような実体が存在しえたのではないか、という疑問は依然として残るであろう。この点について若干註記しておく。エヴィヒは前掲の"Studien"論文において、メロヴィング王家の婚姻形態について検討を加えているが、その際ムントの問題も念頭に置いている。『歴史十書』の記述から知られるように、メロヴィング諸王は多くの妻を擁している（クロタール一世は五人、カリベルト一世、ダゴベルト一世はいずれも四人、テウデベルト一世、キルペリク一世、クロタール二世は三人など）が、エヴィヒによればこの事実は固有の意味での一夫多妻制 Vielweibrei を意味していない。というのは異部族の王家との婚姻はムント婚であり、その際それまで擁していた妻とは離別するからであるという。確かに単に、同時に複数の妻をもっている事実だけからは一夫多妻制を結論することは出来ない。一夫多妻は何よりも制度・社会的規範であり、メロヴィング王家にこうした制度が存在した形跡はない。だが一方ではエヴィヒが主張するように、彼が言うところのムント婚によって以前の妻と離別したことを示す確実な史料はなく、多くは事実上複数の妻を擁しているのであり、更に重要と思われるのは、グレゴリウス、フレデガリウスはそれらの女性を等しく regina と称していることである。初期メロヴィング王家において、王と王妃との関係はこのように流動的であり、家構成員に対する統一的な支配権としてのムントが有効に機能する前提が、欠けていたのである。Ewig, “Studien”, pp. 38–46.

(123) D. A. Bullough, “Early medieval social groupings: the terminology of kinship”, in *Past and Present*, no 45, November, 1969, p. 8.

(124) *Ibid.*

(125) *Ibid.*, p. 16.

(126) H・ミッタイス、世良晃志郎・広中俊雄訳『ドイツ私法史概説』創文社、一九六一年、一〇九頁参照。

(127) Bullough, *op. cit.*, p. 17 参照。

(128) Greg. ep. Turo. Historiarum libri X, lib. IX, c. 30, pp. 448–449.

(129) “Pari conditione civitatis Meldus et duas portiones de Silvanectis, Thornus, Pectavis, Abrincatis, Vico Juli...domnus data Childeberthus rex cum terminibus a praesenti die suae vindicti potestate.”, *ibid.*, lib. IX, c. 20, p. 435.

(130) *Ibid.*, lib. VII, c. 27, 28, p. 346 また lib. VII, c. 43, p. 364 では、maior domus Riguntis と称されている。

(131) *Ibid.*, lib. VII, c. 27, p. 346.

(132) *Ibid.*, lib. VII, c. 43, p. 364.

(133) “...ipse Ursicinum, qui quondam referendarius Ultrogotho reginae fuerat...”, *ibid.*, lib. V, c. 42, p. 249.

(134) “...intentione de vineis cum Boboleno, referendario Fredegundis...”, *ibid.*, lib. VIII, c. 32, p. 400.

(135) "Tempore autem Theudachildae reginae Nunnus quidam tribunus ex Arverno de Francia post reddita reginae tribut a revertens, Audissiodrensim urbem adivit causa tantum religionis.", Greg. ep. Turo. Liber in gloria confessorum, in *M. G. SS. r. Mero.*, t. 1, pars. 2, p. 323.

(136) Greg. ep. Turo. Historiarum libri X, lib. V, c. 48, pp. 257–258.

(137) "Hinc iam obsessus vanitate ac superbiae deditus, comitatum ambit stabulorum;", *ibid.*, p. 258.

(138) "Cuius [=Marcoveifae] post obitum refertus praedis, locum ipsum cum rege Chariberto, oblatis muneribus, tenere coepit.", *ibid.*

第六章　六世紀メロヴィング王権における国王貢租

はじめに

　メロヴィング朝国家の国制は、同じく民族移動期にローマ領内に定着した他のゲルマン部族国家のそれと比較した場合、いくつかの基本的な点で著しい独自性を示している。(1) たとえば西ゴート、ヴァンダル、ブルグンドの諸族では長期にわたる民族移動の過程で王位継承の世襲原理が廃棄され、かわって選挙制が優越するようになったのにひきかえ、フランク族ではそれがのちのちまで維持されている。他の部族国家では全く見られない現象として、特にフランク族にのみ見られるのが、複数の王息の間での王国そのものの分割継承である。王の私的財産である王領地が分割相続の対象になることはあっても、王国が全体として分割継承されるというのは他の部族国家では全く見られない現象である。(2) 時代を経るに従って分割線が固定し、それがネウストリア、アウストラシア、ブルグンドという三つの部分王国の枠組となって収斂してはいくものの、王の交替のたびごとに王族の間で国家が分割されるという基本は変らない。

　メロヴィング王国がこのように複数の分王国に細分され、そのために統治構造が著しく斉一性・一体性を欠いているということ、それればかりか分割によって分王国相互間の領域的枠組が変動する可能性を絶えず孕んでいるということ、とはいいながら分王国は法的にはそれ自体独立の国家とはみられず、あくまでメロヴィング全体王国の一部でしかなかったということ、こうした事実は問題を複雑にし、歴史家がメロヴィング国家論・権力論を構想しようとする際、それが理論的明快さをもつのを妨げたり、あるいは逆に明快に構築されたモデルへの不信を醸成するよう作用して来たように思われる。そのようなわけで、この国家は単に古代から中世への移行期の国家という、それ自体ほとんど無内容な消極的規定を受けるにとどまっているのが研究の現状であろう。その構造論的把握の貧しさと弱さは覆うべくもない。

その大きな原因のひとつに、先に指摘したような、この時期の多様かつ「異様」な国家現象を矛盾なく合理的に説明しうる国家理論をもたない、近代以降の国家を素材として帰納的に構成された、われわれの側の国家概念の貧困が責められなければならない。通例の国家観では掬いえないこのメロヴィング国家の存在構造の研究は、国家理論の内容を豊かにし、われわれの思考の枠組の転換をはかる恰好の素材を提供するであろう。それはこの王権が縦横に駆使した、われわれにとって未知のものである支配技術の体系を発見する手懸りをも、おそらくは秘めているはずである。

本章の課題は、以上述べたようなメロヴィング国家論・権力論の現状を念頭に置きつつ、その解明への寄与の一環として、六世紀の国王貢租をめぐる国制上の基本的枠組を明らかにし、特にその収取態様がこの時代のガリアにもたらした社会的諸帰結を検討することにある。王権の財政的基礎の一端を支えた国王貢租のありようや収取形態が、他の形態ではなくまさしくそのようなものたらざるをえなかった客観的条件を明らかにすることは、同時に国家の性格や、その権力構造の解明に大きく寄与するに違いない。

一　研究史の概要

考察の対象である国王貢租は、古代ローマ国家や近代国家の租税とはかなり異なった性格をもっている。けれども、それがこれまで研究者によって概ね「租税」という言葉で理解され、論じられて来たことも事実である。そこで研究史を整理し、問題の所在を明らかにするという本節の課題にあわせて、国王貢租の研究史を広く租税のそれとしてあとづけることにする。その場合対象となるのは直接諸税であって、関税や流通税などの間接税は考察の対象から除外される。

最初に挙げるべきは、一八三九年に発表されたかの所領明細帳（ポリプティック）の刊行で名高いB・ゲラールの論文である。(3) これは当時のある懸賞論文公募の審査員のひとりであったゲラールが、最優秀作三点を取り挙げ行った審査報告という形をとっているため、この論文で自らの考えを実証的に展開しているというわけではない。論文公募のテーマたる「フランク王国の成立からルイ敬虔帝の死に至るまでのガリアでの租税はいかなるものであったか。それはいかにして成立し、徴収され、どのような人々がそれに服したかを研究せよ」を解くのに必要な方法論を示唆した内容のものである。ゲラールはここで租税と地代とを概念上明確に区別し、その上でフランク国王は公権力の代表者としてそれを収取しているのか、それとも土地の所有主として徴収しているのか、そのいずれであるかによって租税の存否いかんを判断すべしと指摘している。(4) だがこうした概念上の区別は、この時代の史料の分析においてはほとんど無力である。確実に言えるのは、王が何らかの根拠をもって人民から収奪を行っているという事実だけであって、それを公権力の代表者として収取しているのか、それとも土地の所有主として徴収しているのかは史料に即して明確にしえないからである。

この点F・ダーンは「メロヴィング期の租税法について」(5)（一八九三年）と題する論文の中で、メロヴィング朝期の国王が収取したのは租税であると簡明に割りきって考察を進めている。彼によれば、末期ローマの租税は地租・人頭税いずれも維持された。徴収されるのは、王の領域高権に基礎をおく真正の税であって地代ではない。したがって人民の貢納を公的な租税として徴収しえたメロヴィング王国の国家としての成熟度は、大いに評価さるべきであるとしている。また現実の運用においてはしばしば混同されることはあったものの、公的な性格の国家領が王の私的な財産たる王領地と区別されたとして、この国家の制度国家としての完成度を高く評価している。

さてF・ダーンがローマの租税制度はメロヴィング朝期にも生き永らえたと主張する場合、彼が具体的に考えていたのは間接諸税を除外すれば地租と人頭税である。この直接税の二形態の古代末期から中世初期にかけての推移を詳細に考察したのが、F・ロトの『ローマ帝国末期とフランク時代の地租と人頭税』(6)(一九二八年)と題する著書である。ロトのこの問題についての最も独自な寄与は、地租の徴収方式に関する主張にある。彼は徴収人が国王役人ではなく、慣習的に固定した額を国庫に納入するよう義務づけられた私人であったとする。(7)この著書の七年前に書かれた一論文の中で、彼は明瞭に「徴税請負」という表現を使ってこの徴収方法を理解している。(8)メロヴィング朝期の租税徴収の形態を「請負」と規定するこのロトの重大な問題提起は、それを真剣に受けとめてさらに実証的に検討すれば、その最終的妥当性はともかく様々の問題連関が引き出されたと思われるが、この中世史の大家の新説はほとんど黙殺に近い遇されかたをして来た。本章を起した理由の大きな部分は、このロト説をその後のメロヴィング朝史の研究成果に照して再検討しようとするところにあった。ロトはこうしたメロヴィング朝期の租税制度が、基本的にはカロリング朝期まで存続したと主張するが、(9)一方では現実に徴税の実施される領域が漸次縮小する傾向にあったことも認める。(10)その原因は教会・修道院領へのインムニテート特権の賦与と、司教を指導者とするキウィタス単位での同種の権利の獲得の結果であった。(11)聖界を中心とするこうした動きは七世紀に特に顕著な現象となる。しかしロトはこれをあくまで徴税領域の量的縮小とみなし、徴税体系そのものの深刻な動揺とは考えない。これに対して、七世紀のこの時点で租税制度は解体するというのがＦ・ティボーの主張である。

Ｆ・ティボーは、一九〇七年の論文「フランク王国における直接税と土地所有」に先立って、帝政末期ローマの直接税に関する研究をまとめ、その中で帝政末期に人頭税がすでに消滅していたこと、セナトール貴族身分の大土地所有者クラーリッシミ clarissimi は、一般のガロ・ローマ人土地所有者ポセッソーレス possessores と同種の地租は支払わなかったという二点を確認していた(12)。それをうけて前記研究において次のように続ける。帝政末期にガリアに定着したゲルマン人は一般に地租を払わず、代償として軍役を負担した。おそらくフランク人の場合もそうであった。セナトール貴族も帝政期と同様、フランク王のもとでも地租を免除されつづけた。したがって地租を負担した唯一の層は、ガロ・ローマ系中小土地所有者 possessores であった。だがポセッソーレスの土地は租税免除特権を有するセナトール貴族やフランクの国王役人、さらには国王によってインムニテートを賦与された教会領などに売買・寄進されるか、簒奪などによって吸収され、七世紀に消滅してしまう。担税階級の消滅は租税制度の解体へとつながった。ガロ・ローマ人土地所有者の没落後は、大土地所有者の攻勢はフランク人中小土地所有者に向けられる。彼らは過重な軍役負担と国王役人・大土地所有者からの圧迫のために、経済的に従属的な地位に置かれ、かくしてメロヴィングの歩兵軍の基盤は崩壊し、新たに形成された封建的な社会組織に適合的な騎兵軍が軍制の根幹となった(13)。

ティボーはこのようにメロヴィング朝期の租税制度の問題を、社会構造や国制の変化との相互関連という視点から動的に把握してみせた。ただ彼の場合、その構想から必然的に派生してくる問題であろうが、種々の国制・社会組織の変化に対する租税制度のもつ意味が過大に評価されているきらいがある、と言うより正確には両者の関係が必要な媒介項なしに結びつけられているために問題が十分に展開されていないとの印象を受ける。また possessores とか、clarissimi といった法的な固定した枠組をもってしては、メロヴィング朝期の流動的な租税現象を現実に即してとらえるのは困難ではなかろうか、という方法論上の疑問もぬぐえない。

時間が大幅に飛ぶが、旧ソ連の中世史家H・Φ・コレスニツキーが「初期階級諸社会の構造の問題によせて」[14]（一九六八年）という大きな標題の論文において、メロヴィング朝期の租税について、マルクス主義的歴史学の側から、とりわけその社会的機能について鋭い理論的把握を見せている。コレスニツキーはこの時期の租税をその他の国家的義務とならんで、経済関係がいまだ未発達であり、政治的上部構造が形成途上の段階における国家的搾取と規定し、後に封建的従属農民の搾取たる地代が生まれてくるための必須の前提と考える。国家的収奪の対象たる自由人がその苛斂誅求によって階級的没落の道を歩むという意味で、租税は隷属農民形成の歴史過程においてきわめて重要な社会的機能を果たしたとするのである。

一九七〇年代に入って間もなく書かれたW・ゴファート「ローマ的租税徴収から中世の領主制へ。三つのノート」[15]と題する論文は、九世紀の所領明細帳において明確な姿を知られる農民の負担および賦課単位などが、ポリプティックとも帝政末期の租税システムや課税台帳に発するのではなかろうかと想定し、カシオドルスの記述やフロドアルドゥスの『ランス教会史 *Historia Remensis Ecclesiae*』などを素材として、ほぼ六世紀頃まではローマ的な徴税システムの存続が確認できると結論づけている。

R・カイザーはその問題作「メロヴィング期の租税と関税」の中で、特にポリプティックに関するゴファートの意見を基本的に支持しながら、ランス教会の場合九世紀に見られるような所領明細帳の作成が開始されるのは七世紀の徴税権の教会への譲与を契機としたとして[16]、古代末期の課税台帳と直接には結びつけない点で多少の見解の相違を示している。カイザーのもともとの関心は、七世紀ガリアの多くの司教座都市において見られる司教のキウィタス支配が、いかなる過程を経て形成されたかを解明するところにあり、この租税研究もその一環なのである。つまり末期ローマの租税制度がメロヴィング朝期に継承された点は認めるものの、租税を徴収する世俗役人の能力に関しては厳しい見方をしており、六世紀から既に複雑な徴税システムを十全に機能させえなくなっていたと見る。そして漸次司教あるいは修道院長にインムニテートの形で租税徴収の権利が譲与された。この譲与を集中的に行ったとされるのがダゴベルト一世である。[17] メロヴィング朝期に入ると、徴税にたずさわったのは一般に地方支配の責任者としてキウィタスを統轄する都市伯であった。司教への徴税権の譲与は、司教が都市伯を自らに服属せしめる重要な契機となったとして、いわゆるCivitas-Republik（E・エヴィヒ）形成への重要な一段階としての意義を与えている。

われわれの観点からして重要なのは、F・ロトによって提起されながら長い間無視されて来た徴税請負という考え方を、Bürgschaft（保証）という慎重な表現でカイザーも支持したと思われることである。[18] もしこうした仮説が成り立つとすれば、メロヴィング朝期ガリアの社会経済関係が、従来よりもっと多彩でかつ動的なものとして構想されねばならない。領主層による高利貸的活動の事例は中世初期にも知られている。[19] カイザーの研究が示唆するもうひとつのより大きな問題がある。つまり租税徴収権もその一部であるが、国王統治上の諸権能を聖界勢力に委ねることの、個々の王の主観的動機づけとは別個の、いわばメロヴィング王国という政治権力の構造的特質と関係する問題である。あえて近代的用語を用いるならば、国家主権の内実をなす枢要な権能を次々と教会に譲り渡した後でもなお国家性をもちうるとすれば、それはどのような支配の原理に根ざす国家なのかという問題である。

最後に挙げるのはM・ルーシュの『西ゴート人からアラブ人にいたるアキテーヌ地方。四一八―七八一年――一地域の誕生』[20]（一九七九年）と題する大部の学位論文である。標題からも知られるように、これは租税史のモノグラフィーではなく、中世初期アキテーヌの政治・経済・社会の諸側面を地域社会の誕生という視点から考察した全体史的記述であるが、その中に「租税に対する闘争」なる一節をもうけてメロヴィング期の租税論を展開している。ルーシュの基本認識は、この地方に関して、五世紀から八世紀にかけてローマの租税制度は何ら変化を受けることなく存続したとする極端な連続論である。[21] 彼の議論でとりわけ興味深い論点は、メロヴィング朝期の造幣システムと租税との密接な関連の指摘である。

さて以上の必ずしも網羅的ではない、一応の研究史の素描から出て来た諸問題を次のように順次検討することにしよう。

まず主としてトゥール司教グレゴリウスの『歴史十書』その他の叙述史料を素材にして、六世紀の国王貢租収取の事例を網羅的に検討する。これを通して貢租収取に関わる基礎的な事実、たとえば負担者は誰で、免除されたのはどのような人々か、賦課の基準、収取の手続(課税台帳の作成・修正の問題)、貢租の支払い手段(現物か貨幣か)、支払い手段としての貨幣の機能、さらに徴収人は誰で、徴収の態様はどのようであったかなどが明らかにされる。続いてF・ロトが請負と称し、R・カイザーが保証制と呼ぶ徴収のありようを史料に即して検討し、最後にその社会的・経済的関連について考察する。

二　諸構造

六世紀の国王貢租について、量的に最も豊富な記述は、これまでにも度々引用してきた、トゥール司教グレゴリウスがほぼ同時代史として記した『歴史十書』である。いわば六世紀メロヴィングの政治裏面史としての性格を持つこの書は、王国の政治的事件をかなり詳しく語っており、小説的な面白さすら具えているが、反面個々の政治現象を国制史的現実として意味づけるために必要な制度的枠組や構造については無関心である。したがって、この書を何らかの制度的原理を解明するための素材として利用する場合、われわれはそこに叙述されている個別具体的現象を手懸りとして、類推的に再構成することを余儀なくされる。本章における『歴史十書』の史料としての操作も、そのようなものとなる。おなじグレゴリウスの他の著作、すなわち奇跡譚および小品や、さらに後代に書かれた他の若干のメロヴィング朝期聖人伝に関しても同様である。

いまひとつあらかじめ指摘しておかねばならないのは、貢租の性格に関してである。われわれが問題にしている国王貢租は、トゥール司教グレゴリウス一人をとっても実に多様な言葉で表現される。例示的に挙げれば、tributum[22] publicum, census publicus, functio tributaria, functio等である。その中でメロヴィング朝諸王が支配する領域外、つまり「外国」の王から、服属もしくは恭順の意の表明としてもたらされる貢納としてトリブートゥム tributum があるが、これは本章での考察から除外される。すでに述べたように、われわれの当面の関心は国王貢租の問題系を軸としてメロヴィング王国の内部構造を明らかにすることであり、したがって考察はこの王国内の人民が、自らが帰属する王に支払う租税的貢租に限られる。[23][24][25][26]

1　徴収人は誰か

a　都市伯 comes civitatis の場合

国王貢租の徴収人として comes civitatis の登場する事例が『歴史十書』に三例ほど見られる。ひとつはトゥールの伯エウノミウス comes Eunomius に関してである。その七書第二三章には、当時すでに伯の職を退いて ex comite となっているエウノミウスのもとへ、ユダヤ人アルメンタリウスがやって来て貸金の返済を迫った。この借財のそもそもの原因は、「国王貢租のため propter tributa publica」であったと明示されている。[27] 国王貢租のために借財するという事実は、後で詳しく検討するように重大な問題をはらんでいるが、ここでは差しあたり貢租徴収の任務とその責任を負った伯が、何らかの理由でそれが出来なかったか、あるいは徴収額が不足していたためにやむを得ず借財したと理解して、その徴収機能を確認するにとどめよう。

同書九書第三〇章にはカリベルトの治世にトゥールの伯ガイゾ comes Gaiso が、久しい間徴収を免れて来たトゥールの住民に対して、どこからか課税台帳を見つけて来て貢租を徴収しはじめたことが語られている。[28] 彼は当時のトゥール司教であったエウフロニウスに妨げられて、徴収しえた僅かな額の貢租をもって王のもとへ赴いたのであったが、王カリベルトは都市トゥールの守護聖人マルティヌスの奇跡力を畏れて課税台帳を燃し、徴収した貢租をサン・マルタン修道院に寄進した上で、公式にトゥール住民への貢租免除を申しわたした。[29] 先の例と異なり、ここには伯の貢租徴収機能が、事実として直截に示されている。これを単に事実上のものではなく、制度的背景をもった行為であったと解するのに何の不都合もない。

最後の例は十書第二一章にみられる。王女リグントの宮宰 maior domus であったワドーの息子たちは、ポワティエ地方で一連の悪行を重ね、ポワティエ伯マッコーと対立していた。ある時マッコーは王の宮廷で偶然この兄弟と出会ったが、[30] 伯マッコーが宮廷に来たそもそもの理由は、「国庫に負っている負担を習慣どおり納入する」[31] ためであった。トゥールの伯ガイゾの場合と同じく、ここに伯の国王貢租徴収機能が疑問の余地なく示されている。

b　ウィカーリウス vicarius の場合

官職位階の点で都市伯の下僚として位置づけられる vicarius が、貢租徴収を行っている事例も一例見られる。[32] すでに引用したのと同じ、ユダヤ人アルメンタリウスから借財した前トゥール伯エウノミウスとの経緯を記した叙述である。トゥールのヴィカーリウス・インユリオスス vicarius Inuriosus もエウノミウスとおなじく、貢租のためにこのユダヤ人から借財していたのであった。彼はおそらくエウノミウスの意をうけてと思われるが、債務の支払いに応ずるどころか、家人を使ってこの債権者とその郎党を殺害したと伝えられている。(33) このインユリオススの貢租のための借財もまた、自己に課されたそれではなく、職務上彼が国庫に納入すべき貢租のための借財であったと推定することは容易である。

c　トリブーヌス(34) tribunus の場合

トリブーヌスの貢租徴収機能は、メロヴィング朝期に成立した『官職要覧』と呼ばれる、官職名とその位階・職務内容を記した文書において「トリブーヌスは貢租を徴収し、かつ一乃至二パーグスを統括する(35)」と明確に述べられている。またトゥール司教グレゴリウスの手になる『聖証人の栄光を讃えて』第四〇章には、「その頃ヌンニヌスと称する、王妃テウデキルドのトリブーヌスはオーヴェルニュを発って(フランキアに赴き)、王妃に貢租を引き渡した後で帰途につき……(36)」と、トリブーヌスの貢租輸送・納入の事実が記されているが、彼が徴収の責任も負っていたのは間違いなかろう。三たび登場することになるが、『歴史十書』七書第二三章で金貸のアルメンタリウス殺害事件の下手人のひとりとして、グレゴリウスは伝聞である旨を強調しながらも、トリブーヌス・メダルドゥス tribunus Medardus の名前も挙げている。(37) 彼によれば元伯《もと》エウノミウス、元ヴィカーリウス・インユリオススと並んでメダルドゥスも借財をしており、あえて想像をたくましくするならば、それは前二者と同じ理由からであったのではないかと思われる。この時期、トゥール地方には貢租徴収がままならなかった特別の事情でもあったのであろうか。

d　レフェレンダーリウス referendarius の場合

レフェレンダーリウスは宮廷文書局の長であり、国王証書や国王裁定文書 placita の作成責任者として確認の副署を行う。この官職はメロヴィング王権が帝政期ローマの官職制度から継承したものであり、ローマにあっても東帝国の首都コンスタンティノープルと、西帝国ではラヴェンナにのみその官職が配置され、属州政庁には配されていない、元来きわめて地位の高い文官であったとされている。(38)『歴史十書』五書第二八章には、このレフェレンダーリウスが貢租徴収を行っている事例が述べられている。五七九年ネウストリア王キルペリクは新たに貢租を加重し、葡萄畑二アルパンにつき葡萄酒一アンフォラを徴収し、また他の耕地やそこで働く隷属民に関しても貢租を加重する計画をもっていた。そしてその実施の命を受けてリモージュに派遣されたのがレフェレンダーリウスのマルクスであった。(39)貢租の支払いが不可能であると考えたこの地方の人々は、徴収の行われる三月一日に「貢租徴収を命ぜられていたレフェレンダーリウスのマルクスを殺害しようとした(40)」。マルクスはリモージュ司教フェレオルスの機転で危く難をのがれたのであった。

またおなじく『歴史十書』五書第三四章にもおなじマルクスが登場し、キルペリクの妃フレデグンドが息子たちの病気の原因が貢租の徴収にあるとして、それを焼却しようとする彼女に課税台帳を差し出している。(41)さらに六書第二八章では、同人が「不正な貢租徴収によって蓄財した後で(42)」、急に病いに襲われ息をひきとった事実が簡単に述べられている。

以上の所見から、少なくともマルクスが貢租を徴収しているという事実、それを叙述するグレゴリウスが、レフェレンダーリウスの肩書をもつ者がこうした機能を果しているいることを不自然と感じていないという事実を指摘しておこう。レフェレンダーリウスのこの種の行為も何らかの法的根拠を有していたと考えざるをえない。

e　エクサークトーレース exactores の場合

国王貢租の徴収にたずさわる者で、exactores の名称でグレゴリウスが呼んでいる人物もいた。『歴史十書』十書第七章には国王キルデベルトが、クレルモンの聖職者および教会領の耕作民に tributum (貢租) を免除した経緯が簡潔に語られている。(43) このエピソードの中に、それまで教会領から貢租を徴収する役割を担って来た存在として exactores が挙げられている。(44) この exactores なる名称は、これまで取り挙げてきた伯以下四職とは異なり、官職名ではなく、exactio (貢租徴収) を行うという純粋に機能的な側面を指示するだけの一般的名称である。したがってこの平凡な呼称の下に、実はその貢租徴収機能だけが『歴史十書』のこの章で強調されているところの伯、ウィカーリウス、トリブーヌスなどが理解されていた可能性をまったく否定するわけにはいかないであろう。これについて詳しくは第3項で検討することにする。

『歴史十書』の中で明示的に国王貢租の徴収を行っているか、あるいはそのように推定される人々が異なった官職名・呼称をもって登場するという事実は、六世紀メロヴィング王権の貢租徴収組織・体系のどのような性格を示しているのか。ここでは差しあたり、貢租徴収の領域単位を中心に見ておく。その際、基本的に押さえておかねばならないことは、特に伯、ウィカーリウス、トリブーヌスなどの官職担当者の場合、徴収の領域的単位は彼らに委ねられているその他の、例えば行政、裁判等の管轄領域と同一であるということである。

伯の徴収単位は、都市的中心地を核としてその周辺に展開する農村領域 (パーグス pagus) を含む、広い意味でのキウィタスである。その枠組は地域によって多少の違いはあるものの、おおよそ古代末期の行政単位としてのキウィタスを継承したものであった。われわれが他の機会に指摘するように、伯の管轄領域たるキウィタスは、かなり早い時期から伯ひとりの手によってではなく、現実には小集落ウィークス vicus を拠点として、農村地方を掌握するウィカーリウスに伯がその支配諸機能を委ねるかたちで、前者によって分担支配されていた。[45] 制度的にはウィカーリウスは伯の単なる補佐役人にすぎず、独自の管轄領域をもたないはずの存在であったが、やがてその補佐機能が領域的なものに転化され、農村地方に与えられた独自の管轄領域を固定化してゆくという傾向は、トゥール司教グレゴリウスの証言にもとづいて、トゥール地方でかなり明瞭に読みとれるように思う。しかし両者の分掌体制はあくまで事実上のものにとどまり、制度化されておらず、したがって法的にはどこまでも伯がキウィタス領域全体に単独で責任を負う存在であった。

このようにキウィタス内部の統轄の側面と、伯の対王権関係という形式的側面とを分けて考える必要がある。先に紹介したトゥール伯エウノミウスおよびガイゾの行動から、伯は専ら都市的中心地としてのキウィタスを、実際上の徴収単位としていたことがわかる。これに対して農村地域に関してはウィカーリウスが責任を負った。そうでないとトゥールのウィカーリウス・インユリオススの借財の理由がわからなくなる。ただあくまで形式的には伯はキウィタス領域全体に責任を負っていたから、国庫への納入はポワティエ伯マッコーのように伯が単独でこれを行った。トリブーヌスの徴収単位は、クレルモンに管轄領域を有するヌンニヌスの例からも知られるように、王族あるいは国王が自由に処分しうる王領地(＝国家領)であった。[46]

レフェレンダーリウスのそれはどのようなものであろうか。ところで伯、ウィカーリウス、トリブーヌスいずれも制度的位置づけや、国王との関係こそそれぞれ異なるものの、その貢租徴収機能は本来的なものであるように思われる。これに対してレフェレンダーリウスの場合は根本的に異質である。それというのも、前に述べたように、この官職の役割は国王文書局の統轄であり、その活動は専ら宮廷を中心としていたはずだからである。したがってマルクスの貢租徴収はレフェレンダーリウスとしては唯一と言わないまでも、異例であったことは間違いなかろう。マルクスのこの種の活動をその本来の機能との関連で何とか合理的に理解しようとする際、与えられる説明のひとつとして、マルクスの活動が問題になっているのが、新たに加重された貢租であったとすることであろう。レフェレンダーリウスは公文書の管理も司るから[47]、その一種である課税台帳の管理も行うわけで、貢租の加重とはとりもなおさず課税台帳の修正を意味している。興味深いのはマルクスが貢租徴収のためにリモージュに赴いたのは三月一日であるという事実であり、これはローマ時代以来翌年度の税額を申し渡す期日である[48]。つまり新たに加重された税額を台帳に記載し、それを負担者に告知するところまではレフェレンダーリウスの本来的機能に属しており、マルクスの行動はこれを逸脱するものではない。この場合は課税台帳の記載内容の管理を契機として、場合によってその徴収を行うこともあったと理解するほかはなかろう。ただマルクスの場合、何度もこうした徴収を実施したことがあるらしく、グレゴリウスによれば「不正な貢租徴収によって蓄財[49]」をなしえたほどであった。

同じくレフェレンダーリウス・ガロマグヌスも、彼の加わった謀反計画が事前に発覚し投獄された際、彼が「国庫 fiscus から得ていたもの[50]」が没収されたが、グレゴリウスのこの表現はマルクスの場合と同じく、不正な貢租徴収による蓄財を暗にほのめかしている。

2　貢租の支払い手段

国王貢租が何によって支払われていたかを知ることは、メロヴィング王国の財政構造の解明はもとより、王権の性格やこの時期の社会経済的連関を理解する上で有益な知見をもたらす。M・ルーシュはメロヴィングの国王貢租(＝租税)が徹底して貨幣によって納入された事実を、専ら負担者側の利害関心に発する趨勢から説明しているが、その際の法的根拠となったのが、古代ローマの租税原則の一環たる貨幣代納 adaeratio であった。トゥール司教グレゴリウスの手になる『教父伝 *Liber vitae patrum*』中の聖イリディウス伝に、四世紀末の皇帝マクシムスの治世におけるオーヴェルニュでの貨幣代納に関する叙述が見られる[51]。皇帝の娘が難病を患い、それを治癒したイリディウスに対して、皇帝は金銀の提供を申し出る。「司教〔イリディウス〕はこれを断わり、〔その代わりに〕小麦や葡萄酒で納入しているオーヴェルニュのキウィタスの貢租を金貨で支払う許しを得た。というのも、それらを皇帝のもとへ運ぶのは大変な苦労がいったからである[52]」。この逸話は当時の租税原理(adaeratio)の確認というだけにはとどまらない意味を有している。すなわちこれは現物による貢租支払い拒否の特権の獲得を意味するものであり、以後オーヴェルニュの住民はおそらくトゥール司教グレゴリウスの時代にいたるまで、この権利に基づいて貢租を常に貨幣によって納入したものであろう。

この特権を得るについて司教イリディウスの挙げた理由は、これまたこの時代の財務行政、あるいは交通・物資輸送をめぐる条件を推測する上で示唆するところ少なくない。四世紀末の皇帝マクシムスの時代に、地方の民政において指導的役割を果たす司教が、折あらば現物貢租にかえて貨幣納を永続的にひとつの権利として認めてもらおうと熱心に努力するほどに、貢租としてもたらされる多量の物資の運搬には多大の困難と出費がつきまとうような状況があったのである。道路や橋の整備・補修の結滞という物資流通・交通の基礎的条件は、オーヴェルニュ地方の固有のものではなく、少なくともガリア全域に一般化しうる事柄である。いずれのキウィタスも機会さえあれば、オーヴェルニュと同様の権利を得ようとしたであろうことは疑いない。

この挿話に時間的に続く時代のものと思われる奇跡譚が、オーヴェルニュにおける貢租の貨幣納を明確に物語っている。これはおなじくグレゴリウスの手になる『殉教者功徳伝 *Liber in gloria martyrum*』の第四三章に見出される。

それによれば、「ある人物が tributa publica を納めに行く途中、うかつにも財布をなくしてしまった。この都市〔クレルモン〕に近づいてようやく、たずさえて来た貢租代納金をなくしたのに気がついた。落胆した男は聖人の墓所の前で失ったものが運よくかえり、妻や子供たちがそのために囚人になりませんようにと、涙ながらに懇願した。墓所を退出して来ると、前庭で、路上でそのお金を見つけたという人に出会った。その人は、彼が殉教者の助力を一生懸命求めていたまさしくその時間に財布を見つけたと言った」[53]。この奇跡物語は少なくとも五、六世紀のオーヴェルニュ地方では、国王貢租が貨幣の形で支払われていたことを示している。この種の制度的事実をきちんと踏まえることによってはじめて、奇跡譚が真実のものとして民衆に受容されたであろう。

本章が考察の対象とする時代的枠組を越えることになるが、七世紀にも貨幣による国王貢租の支払いが行われていた事実を確認しておこう。

カロリング朝期に書かれた[54]七世紀初頭のブールジュ司教アウストリギジルスの奇跡譚二書第二章には次のように記されている。「当時国王テウデリク〔二世〕の宮廷から、王の許しを得てワルナリウスという名前の、最も苛酷で金銭欲の強い人物がやって来て、自ら思いのままにブールジュの都市と農村に対して、以後貢租を課すとし、各々その身分に応じて金または銀を支払い、それを王のもとへ運び、かくして彼らを貢租負担民たらしめようとした」[55]。これまで貢租免除の特権を享受していたブールジュに対して、この特権を無視してたまたま苛斂誅求を行ったことが文脈から知られる[56]。いずれにせよ、これが慣行を踏みにじった異例の行動であったことが、徴収を強引に実施した人物がブールジュの属するブルグンド分王国の宮宰であったことからうかがわれるのである[57]。本来であればこれを行うのはブールジュの都市伯であったが、長い間こうした機能を果さなかったためにこの面での能力をなくしたか、あるいはそれを実施するための必要な手段を具えていなかったためか、ともかく宮宰が直接王の命をうけ実行したものと思われる。あるいはむしろ自らの行動を王の命令として、ブールジュ住民に正当化したというのが真実であろうか。いずれにせよわれわれの主たる問題に立ち帰るならば、ワルナリウスがそれまでの慣行を無視して行った貢租徴収が、金貨あるいは銀貨でなされたという点は確認できよう。

国王貢租が貨幣で支払われていた事実を直接明示的に証言している以上の所見のほかにも、少なくとも現物では納入されていなかった事実を示唆することで、間接的に貨幣納を物語る所見がいくつかある。先にも触れたが『歴史十書』九書第三〇章には、聖マルティヌスの霊力のおかげで長い間貢租を免除されて来たトゥールの住民に対して、伯ガイゾがどこからか古い課税台帳を見つけて来て貢租を徴収しはじめ、司教エウフロニウスの介入によって阻止された経緯が述べられている。司教の介入によって徴収をやむなく中断したガイゾが、王カリベルトのもとへ、徴収できた少量をもって赴いたことが記されている。[58] これだけでは当の貢租が現物によるものか貨幣によるものかははっきりしないのだが、仮に現物で徴収された場合に想定される運搬作業の形跡が全く語られないところから推して、同種の所見たるポワティエ伯マッコー、[59] オーヴェルニュのトリブーヌス・ヌンニヌスの場合とともに[60]貨幣による貢租の納入が一般的であった事実の傍証として理解できよう。

さて主として金貨で徴収された貢租は、『エリギウス伝』一書第十五章の有名な記述を借りるならば、「造幣人がその場で金貨を竈のとろ火で溶かし、慣行に従って純粋で混じり気のない金属塊にして王の宮廷に運ばれた」[61]のであった。その結果、徴収は貨幣の名目価値で行われるのに、王が実際に手にするのはそこに含まれる金の価値にとどまる。[62] なぜ王権は貨幣貨幣の溶解によって、王のもとから貨幣の名目価値と実質価値の差額が失われてしまうことになる。なぜ王権は貨幣の溶解という手間のかかる、しかも自らの損失にしかならない手続をあえてとらせたのであろうか。光り輝く純金の延棒は王の黄金欲をいかばかり満足させたか、などという皮相な理解にとどまらず、この種の作業を当時の貨幣をめぐる状況から必然的に要請される事態として捉えるならば、われわれは国王貢租の問題系に全体的な見通しをつけるためにも、これを契機に若干の紙幅を割いて、多くの問題が未解決のままに残されている[63]メロヴィング朝期の貨幣の機能の探索に向うことを余儀なくされる。

初期メロヴィング朝の貨幣制度は、古代末期ローマの通貨システムを継承している。一ポンドの金(三二七・四五グラム)から七二ソリドゥス、すなわち金貨七二枚が造幣され[64]、したがって金貨一ソリドゥスあたりの金の含有量は四・五五グラムほどであった。さらに一ソリドゥスは二四シリクア(銀貨)に相当する[65]。これがメロヴィング王国における貨幣の換算率の出発点である[66]。『サリカ法典』においてソリドゥスの下位単位となっているデナリウス銀貨は、七世紀になってようやく登場したのであり、六世紀にはまだ知られていない[67]。

さて金一ポンド＝七二ソリドゥス、一ソリドゥス＝二四シリクアの換算率は、五八〇年代以降、あるいはそれ以前から若干の変化を示し、一ソリドゥス＝二一シリクアとなっている[68]。ソリドゥス金貨に含まれる金の含有量が十二・五%減少したのであった。メロヴィング朝期の史料に最も頻繁に登場し、この時期の基本通貨とみなされるのはトリエンス貨、つまり三分の一ソリドゥス金貨である[69]。このほかに換算率は不明だが小額補助貨幣として銅貨がある[70]。クローヴィスの時代には主としてコンスタンティヌス型ソリドゥス金貨を半ソリドゥス貨やトリエンス貨に造幣し直して使用し、王権は独自の意匠を持った造幣を行っていない[71]。メロヴィング王権の第二世代であるテウデリク、テウデベルト、キルデベルトの治世になってようやく補助貨幣である銅貨に、自らの名前を刻印しはじめた[72]。ソリドゥス金貨に単に名前だけでなく、支配者としての威光を示す肖像と銘文を刻ませた最初の王は、ランスのテウデベルトであった。これは「勝利者たる君主テウデベルト DN THEODEBERTVS VICTOR」なる銘文から推測されるように、五三九年の彼のイタリア遠征の成功を祝う、戦勝記念の意味をもっていた[73]。東ローマの歴史家プロコピウスは西方の

「一属国」の王が、自らの像と名前を刻んだ金貨を造幣したことを僭越な振舞いと怒っている。[74] けれどもメロヴィング諸王の造幣に対する積極的な関与もここまでで、テウデベルトの死後、王の肖像と讃仰の銘文を刻んだ国王貨幣の造幣はほとんど途絶えてしまう。[75] メロヴィング朝期全体を通してみると、むしろテウデベルトのような独自の金貨造幣は異例なのであって、王権自らが造幣にのり出したりせず、また通貨を直接的コントロールのもとに置こうとしなかったのが常態であったことがわかる。多くのソリドゥス貨・トリエンス貨は造幣人の名前やそれを委託した司教・修道院長の名前、造幣地しか記していない。[76] 本来支配の重要な一環をなす通貨の造幣大権を、たとえ明示的に放棄することはなかったとしても、なぜ実質的にそれに等しいことを行ったのか、あるいはそうせざるをえなかったのか。

R・ドゥエールトの説明はきわめて明快である。つまり金貨を造幣するための金を王権は常時確保しえなかった。[77] これを取得する方法としては、一般に二つ考えられる。ひとつは貨幣によって金塊をしかるべき売り手から購入する方法である。だがそのためには対価として支払われる貨幣が余程安定し、通用力をもっていなければならない。そうでなければ、それ自体貨幣以上に強力な通用力を有する金を売却するはずがない。また王権の側からすればごく少量の金を取得するのに、いかに純分が低いとは言え、その金塊から造幣しうる以上の金貨を支払わなければならないとするならば、そもそも金貨造幣のための金の取得ということが意味をなさない。要は一定量の金と通貨との微妙な関係が安定的に成立しうるか否かであるが、この時代にはこの種の関係が恒常的に成立する経済的条件が欠けていた。

もうひとつの方法は王権自らが金を作り出すこと、つまり金鉱山を所有し、そこから産出される金によって通貨の造幣を行うことである。スペインでは七世紀にも西ゴート王権が造幣を独占的に掌握しているが、ここでは王権が奴隷使役によって操業される金鉱山を所有していた。[78] それにひきかえガリアには、王権が一定量の金貨を永続的に造幣しうるほど豊富に金を産出する鉱山はなかった。古代以来ガリアで貴金属を産出する鉱山は西部のポワティエ地方と中央山塊地方の、いずれにしてもロワール川から南の地域であったが[79]、定期的に産出する量は造幣活動にとって不十分であった。M・ルーシュによれば、トリエンス貨の重量が一・五一グラムから一・四〇グラム、そして五八〇年代には一・二五グラムまで下落したのが、七世紀のダゴベルト一世の時代に一気に上昇したのはリモージュ地方の金山の発見によるというのであるが[80]、もしそうであるとすれば、この事実はメロヴィング王権が常日頃いかに慢性的な金不足をかこっていたかを証明している。

国王貢租を貨幣で徴収することの意味は、まさしくそこに含まれる金を取得するところにある。それによって国王は新たに金貨を造幣せしめた。メロヴィング期の貨幣にしばしば見られる君主名義 ratio domini、国庫名義 ratio fisci などの銘文は、地金を王から与えられて賃労働として造幣人が作った貨幣であることを示すとされている[81]。また種々の聖具に加工するために教会・修道院などに金属塊の形で賦与された。溶解という作業はおそらく、末期ローマのコンスタンティヌス型金貨から、それを鋳直して打造したガリア製ソリドゥス貨、トリエンス貨あるいはビザンツのアナスタシオス、ユスティニアヌス帝のトリエンス貨までが混在し、通用していたとされる[82]当時の貨幣状況に照応している。

貢租として徴収された多様な形態・意匠の貨幣を王権の再利用の便宜上か、あるいはそもそも徴収責任者は地金の重量で納入を義務づけられたためか、いずれにせよ溶解されて宮廷へ運ばれたのである。貢租という形で人民から収奪された財はしかしながら、国王から貢租収入の分与にあずかる聖俗支配層によって退蔵され、流通に投ぜられることは少なかった[83]。富の再配分を存在理由のひとつとしている王権は一層苛烈な徴収に向わざるをえない。こうして貨幣はますます日常生活での使用が稀となる。メロヴィング朝期ガリアでその存在が確認される八〇〇にも及ぶ造幣所は[84]、それが恒常的施設か一時的なそれかを別にすれば[85]、貨幣流通の緩慢さ、量的稀少性を物語る[86]。古銭学の大家A・

ブランシェは、ル・マン地方の小河川流域の農村に見られる造幣所を、専ら貢租支払いのために農民がなにがしかの財貨とひきかえに貨幣を取得するためのものであったという推定さえ行っている。[87]

かくして初期メロヴィング朝の国王貢租徴収は、考えうる限り多様な形で蓄積されている動産的富を収奪するひとつのシステムとして成立した。支払い不能の場合の家族成員を含めての身柄拘束・奴隷化は、その苛酷さを如実に示すものである。[88] 王を介してその富のゆきつく先は、王に奉仕する政治的支配集団であり、教会・修道院であった。国王貢租の徴収はその意味で、「国家権力」による大規模な富の移動、大多数から奪い、ごく少数への富の集中を結果としてもたらす作用を果たしたと言えよう。

3　貢租徴収の態様

六世紀メロヴィング王権下において、国王貢租は基本的には全人民に課された。賦課を免除されたのは以下の三つのカテゴリーに属する人々である。

第一は寡婦、二〇歳未満の孤児などのいわば社会的弱者である。[89]『歴史十書』九書第三〇章にはポワティエ司教の訴えにより、このキウィタスの課税台帳の修正が行われた経緯が詳しく語られている。[90] それによれば、台帳が長い間必要な手直しを受けなかったために、「貢租の負担が寡婦と孤児、それに身体の不自由な者に課された。彼らはこれを職権で調査し、貧者と病人を免除し、正当な条件によって貢租負担者とされた者に国王貢租を負担せしめた[91]」として、これら弱者が本来この種の負担を免除されていたことを示唆している。ただこの叙述には未婚・既婚をとわず、家長たる男子の健在な世帯に属する女性が明示的に免除の対象として言及されていない。これを叙述史料の性格から、単に例示的なものと解すれば、これらの女性も相変らず免除され続けたわけだが、しかし貢租が国家的収奪として絶えず強化・加重されたこと、また七世紀に関する史料『バルティルド伝 *Vita Balthildis*』には、国王貢租の徴収によって、多くの人々は子供を育てるよりはむしろ死に至らしめることを望んだと、[92] 嬰児殺害を男女を問わない未成年者への賦課を理由として非難しているところから、女性は寡婦を除いて賦課されたと考えられる。

第二は聖職者である。彼らはすでに帝政末期に租税の免除特権を得ていたが、メロヴィング朝期に入っても維持しつづけたようである。『マルクルフ書式集』一書第十九番や、[93] 六二七―六三〇年のランス公会議決議第六条の、[94] 聖職者が剃髪して修道士となることの禁止、あるいは修道士の籍に入る際、王もしくは伯の許可を得べしとする規定は、いずれも七世紀の所見ではあるが、聖職者は貢租を免除されていることを前提にしなければ無意味なものとなろう。

第三のグループは、宮廷および地方の官職担当者である。こうした官職担当者が貢租免除の特権を与えられていた、というより正確には支払わないことを黙認されていた事実を明示的に述べている史料をわれわれは知らない。だがわれわれはこの事実を自明と考える。むしろこの点にメロヴィング朝期の国王貢租の国家的収奪としての本質が露呈しているのであって、文字通りの苛斂誅求 exactio を実施する当の集団までが貢租を支払うような態勢が貫徹しているならば、この王国はこうした観点からする限り、その政治的地位の高低にかかわらず等しく臣民としての負担を頒ちあう制度国家ということになろう。だが伯やウィカーリウスなどの貢租徴収を現場で担当する者たちは、事実上貢租を免除されていた。ただそれにかえて、官職担当者たちは国王に対して年に一度しかるべき贈り物をすることを、慣習の力によって強制されていた。それは年ごとの贈物 annua dona あるいは dona annualia と称されるが、こうした名称をともなって史料に登場するのはカロリング時代に入ってからとは言うものの、[95] おそらくはメロヴィング朝期にすでに慣行として確立していたと思われる。とりわけ伯に関わる事例として、『歴史十書』には折にふれての王への donum が記されている。[96]

ところでメロヴィング朝期における貢租徴収の苛酷で暴力的な性格は、支払い不能の場合の投獄、そして奴隷化というプロセスに如実にあらわれているが、このことは視点を変えれば貢租徴収を担当する者、その責を負う者にこの面でのきわめて強力な裁量権が認められていたことを意味する。彼らは実質的に自らの管轄領域での貢租徴収の全権を有していたと言ってもよかろう。彼は可能な限り多くの者から徴収せんとした。先に引用したポワティエの事例から知られるように、時には初期キリスト教会の伝統によって長い間免除特権を承認されて来た寡婦や孤児にまでそれを課したのである。これまた先に挙げたランス公会議決議第六条は、聖職者すらも場合によっては貢租徴収の対象となる場合があったらしいことを示唆している(97)。

このように考えてみると、フランク人やセナトール貴族が地租、あるいは人頭税を免除されていたという意見は成り立たない(98)。フランク人に貢租を課したためにトリーアで石で打ち殺された宮宰パルテニウスやパトリキウス・ムンモルスとともに、おなじくフランク人に貢租を課したために恨みを抱くフランク人に襲われ、身ぐるみ剝がれた上に、家に火を放たれ命からがら教会に逃げ込んだユーデクス judex(おそらくは伯)アウドン(100)の例を引きあいに出して、フランク人がいかに貢租の負担を屈辱と感じ抵抗したかが主張される。ここまではあえて異を唱えるつもりはない。しかし、それゆえにフランク人は貢租を徴収されなかったと結論づけることは出来ない。むしろ逆である。そもそもパルテニウス、アウドンの二人ともフランク人の襲撃をうけたのは、彼らを保護し、官職を賦与した国王が死亡することによって、その庇護を喪失した権力の空白期である。このような時期でなければ噴出させ得なかった鬱積した怒りは、現実にはそれまで貢租を徴収され続けたという事実を背景にしてよりよく理解できるのである(101)。

セナトール貴族に関しては、この階層が他のローマ大土地所有者層から区別されてひとつの法的身分としてメロヴィング国制に登場したことは一度もない。だから「土地所有ローマ人 romanus possessor」は地租を支払ったが、clarissimi 身分（セナトール貴族）がそれを免除されたなどというティボーの議論[102]は成り立ちえないのである。確かなことは、貢租徴収者はなんびとに対しても、必要とあらばこれを課しえたということである。そしてこれがこの時代の国制の本質的特徴であった。いささか比喩的に言えば、徴収する者ひとりが自由な世界であった。とりわけアキテーヌ地方で見られるコメス職の獲得をめぐるセナトール門閥間の[103]、そして場合によっては父子の間でも生じえた熾烈な抗争は[104]、貢租徴収機能のこうした性格によるところ大であると思われる。

さて国王貢租はどのような仕方で徴収されたか。帝政期ローマでは各キウィタスの都市参事会員が租税の徴収責任を負い、もしあらかじめ決められた徴収割当額に達しない場合は、自らの財産によって不足分を補塡しなければならなかったのである。都市参事会員 curiales による租税収入の保証が、徴収に関する基本原則であった。しかしローマ帝国が政治的に解体する以前から、徴税保証団体としてのクーリアは、益々重くなる保証責任に耐えられずに逃亡する参事会員の増加に悩まされ、徴税を固有の財産で保証しうる財力をもたない市民の参事会員への起用などの末期的症状を呈して、この種の財政的機能をとうてい果しえない状態にあった[105]。それゆえたとえ支配・行政の枠組としてメロヴィング朝期に入った後にも、キウィタスが、とりわけアキテーヌ地方において生きつづけ、クーリアーレスの存在さえ確認されるとしても[106]、都市参事会員による徴収保証の原則は終わりを告げた。伯をはじめとする地方官職担当者が、それに代わって貢租徴収を保証する役割を担わされたというのが、近年メロヴィング朝期の租税についての研究を行ったカイザーの見解である[107]。だがこれは果たして帝政期ローマのクーリアーレスが担ったような文字通りの保証であろうか。ローマ市民権を有する都市有力者の参事会員の役職を担うことの衿持と同種の代償を、メロヴィング朝期の官職担当者はもちえただろうか。あるいは何らかの物質的利益をそこから引き出すことが出来たであろうか。さらに、実は貢租徴収の「保証」は楯の片面にすぎず、一定額以上の徴収が出来たとき、それが徴収者の利益となるようなシステムがメロヴィング朝期の国王貢租徴収の実態であったとは言えないであろうか。徴収者の義務の側面のみを見れば保証制だが、権利の面を併せて考えるならば、それは請負制とでも呼ぶべき内容の徴収形態ということになろう。W・ブライバーによれば、A・エンゲルやR・セリュルらは、前世紀にすでにメロヴィング朝期の貢租徴収が請負制であったことを示唆している(108)。だが何と言っても国王貢租徴収方式を明確に請負制と主張した功績はF・ロトに帰せられる(109)。ところで請負であるためには、貢租は年々変動する額ではなく、ある程度固定した額でなければならないし、またもしそうであるとするならば課税台帳の存在理由は何かという問題が出て来よう。これらの問題を含めて、以下メロヴィング朝期の貢租徴収の方式が請負であったことを示唆する若干の史料を検討することにしよう。

最初に取り挙げるのは『歴史十書』七書第二三章の、本章でもすでに何度か引用した五八四年のトゥールで起きたユダヤ人金貸殺害事件の記述である。「同年、ユダヤ人アルメンタリウスは宗派を同じくする一人の護衛と二人のキリスト教徒を随え、前のウィカーリウスであったインユリオススと前の伯であったエウノミウスが、国王貢租のために彼に与えた保証書(=借用証)の履行を要求するためにトゥールへやって来た。彼は二人に執拗に催促し、借金を利息と併せて返済するという約束を得た(110)」。このあとユダヤ人金融業者がインユリオススとエウノミウスの策略に遭って護衛ともども殺害されるという事件の顛末が述べられている。当面われわれにとって重要なのはここまでの記述と、この章の最後にさりげなくつけ加えられた、「当時多くの人々はトリブーヌスのメダルドゥスもこの犯行に加わったと噂していた。というのも彼もまたそのユダヤ人から借財していたからである(111)」というくだりである。

この章で語られている事件とこれを叙述した記事の信憑性は、それがトゥールでの、しかもグレゴリウスと同時代に起った事件であることから、かなり信頼がおける。貢租徴収方式を推定する上で重要な意味をもつのは“propter tributa publica”の解釈であるが、propter なる前置詞は、ここでは二人が cautio(保証書)を書いた、すなわち借財をした原因・理由を示していると考えられる。インユリオススとエウノミウスは国王貢租を納入するためにユダヤ人に借財をしているのである。すでに指摘したように、彼ら自身が文字通りの貢租を課されていたとは考えられないから、それは彼らが職務上負っていた徴収貢租の国庫納入義務に関連した借財としか理解できない。伯とウィカーリウスはその管轄領域において、あらかじめ決められた一定額を現実に徴収しえた額の多寡にかかわらず国庫に納入する義務を負っていたのである。たまたまここに記されている五八四年頃に、自然・気候条件もしくは何らかの人為的理由で、徴収額が保証額に達しなかったためにユダヤ人に借財せざるをえなかったという事情が背景としてあったと思われる。

こうした危険負担をするからには、他方では保証額を上まわる余剰が生じた場合——というより、彼らは通常無理にでもそれを作り出した——、当然その残余は伯やウィカーリウスに帰属することを前提にしなければこの方式は成立し難いであろう。この時代には利息つき貸借は禁じられていない。利率は一般に十二%が上限と定められていたようだが、[112]七世紀パリ地方の慣行を示す『マルクルフ書式集』二書第二六章によれば、一ソリドゥスにつき一トリエンス、すなわち三三・三%であるから、[113]専門の金融業者に借財を申し込むことが出来るためには、彼らが期待しえた取り分が相当大きかったと考えなければならない。伯とは異なる管轄領域で同様の機能を果したはずのトリブーヌス・メダルドゥスもおなじユダヤ人から借財しているところから推して、六世紀末のこの時期に頻発した異常気象による凶作、あるいは疫病の流行を、[114]彼ら揃っての徴収不足の原因と想定するのは無理であろうか。

次におなじく『歴史十書』十書第七章の解釈に移ろう。この章は比較的短く、また全体として重要な意味をもっていると思われるので、以下その全文を訳出することにする。

上記の都市〔クレルモン〕で王キルデベルトは教会、修道院および教会に属する聖職者、また教会の土地 officium

ecclesiae を耕作する者に、大いなる敬虔の念から一切の貢租を免除した。実は貢租徴収人たち exactores はすでに多大な損害を蒙っていた。というのも久しく幾世代にもわたって教会の所有地が多くの地片に細分され、この貢租を徴収することがほとんど出来なかったからである。そこで神の啓示を得たキルデベルトは、国庫に対する負債によって徴収人が被害を受けることなきよう、また納入遅滞によって教会の耕作民が土地から駆逐されざるよう改革を命じた(115)。

この記述によれば、exactor は貢租徴収の管轄区たるクレルモンの教会領における土地の細分化によって、その徴収がほとんど不可能となり多大な損害を蒙った。その原因として、徴収不能にもかかわらず国庫に対して毎年一定額を納入するよう義務づけられたところの保証＝請負制があったことは、まず間違いないと思われる。この推定は「国庫に対する負債によって徴収人が被害を受けることなきよう quod super haec fisco debitur, nec exactore damna percuterent」という文言によって確証される。したがってこの exactor はすでに検討した『歴史十書』七書第二三章に登場したエウノミウス、インユリオススらと同様の機能を果たし、その徴収方式も同じく請負であったと考えざるをえないのである。それゆえにこそ、彼らは現実には徴収不能——おそらく不能という表現は正確ではなく、現実には多少の徴収が行われたと思われる。このことは徴収人が支払い不能の領民に対してとった強制措置、すなわち保有地の没収という手続からうかがわれる——でありながら、国庫に対し自らの固有の財産をもってしてまで保証しなければならなかった。彼らはおそらくこのような苦境が久しく続いたために、たまたまクレルモンへ到来した王キルデベルトに実情を訴えた結果、前述のような措置がとられたと思われるのである。

さて、この exactor はいかなる存在であったか(116)。グレゴリウスは何の説明も加えていない。先にも触れたように exactor とは文字通り exactio を行う人という、専らその機能的側面を表現する用語である。問題なのは、グレゴリウスはあの膨大な『歴史十書』において、この表現を唯一この箇所にしか使用していないということである。ちなみにメロヴィング朝期の書式集にもこの語は全く姿を見せない。グレゴリウスの異例な用語法をいかに理解すべきであろうか。われわれがこれまで取り挙げて来た貢租徴収をもその重要な機能としながら、その他の「公」権力的機能を果した官職担当者とは異なるカテゴリーの、専ら貢租徴収を職業として請負った私人であったのか。[117] それとも官職担当者でありながら、何らかの理由でグレゴリウスがあえて異例の用語をもって指称したのであろうか。われわれは後者であると考える。その理由は、そこで問題になっているのが教会領であり、教会人としてのグレゴリウスのイデオロギーからすれば、教会領への貢租賦課はまさしく不法なものであり、苛斂誅求 exactio にほかならなかったということである。教会領からの徴収の不当性を印象づけるべく暴力的収奪を連想せしめる exactor の語が用いられたと推定されるのである。ここに登場する exactor とは実は伯、ウィカーリウス、トリブーヌスなどの官職担当者であった。

以上のようにメロヴィング朝期の国王貢租の徴収方式が、実質的に請負的性格のものであったならば、徴収人から国庫または王に手渡されるのは、ある一定の固定額ということになる。この点についてカイザーは、すでにローマ時代から税は定額になっており、それゆえにこそそれを引き上げたり、あるいは新たな貢租を導入しようという試み——たとえばキルペリク治下に実施されたリモージュ地方に課された葡萄酒への現物貢租——は、常に激しい抵抗を惹き起したとして、租税の慣習的賦課租としての性格を指摘している。[118]

課税台帳に関して言えば、負担が固定化し、またある程度均一化することによって、それは貢租負担者の名前を登録する負担人名簿という性格が強くなった。貢租負担者 tributarii の数から貢租の総額が割り出されるのである。[119] したがって、それは徴収人が専ら負担者一人ひとりに対して、自らの徴収権の根拠を示す、逆から言えば負担者各人の支払い義務を明示する手段となった。少なくとも王権にとって計数的な利用価値はほとんどなかったと言ってよい。すでに何度も引用したポワティエの例、[120] それにトゥールの伯ガイゾが何処からか探し出してきた昔の課税台帳 capitularium をもち出して貢租徴収を行ったという事情からして、[121] descriptiones, polyptica, libri censuales, capitularium など様々の名称で呼ばれる文書は、正確には貢租負担人名簿と称すべきものであったことが推定される。

4 保証=請負制の社会的機能

国王貢租の徴収方式が、保証制というより実質的には請負制であったことは、六世紀ガリア社会においていかなる意味をもったであろうか。六世紀に関する検討を終えるにあたって、最後にこの最も重要かつ興味深い問題を取り挙げてみたい。メロヴィング朝期の国王貢租が請負的に徴収されていたという認識に到達していながら、F・ロトのこの見解が冷やかな無視の態度で歴史家にむかえられたが、その社会的連関について積極的に言及しなかった彼の側にもその一端の責任がありはしなかっただろうか。

貢租徴収は様々のランクの地方官職および宮廷職担当者によって実施された。それゆえ官職の保有はそのまま財貨の獲得・形成を結果としてもたらすことになった。いかなる苛斂誅求も官職を帯びることで正当化されえた。メロヴィング朝期の聖人伝は官職担当者 judex の行為を決して不正なものと糾弾することはない。ただ寛容な役人を賞揚することによって、彼らに対して緩やかにこうした態度を取るよう推奨するにとどまった。[122] だが常に一定額の貢租納入を義務づけられている徴収人の側からすれば、その危険負担を可能な限り軽減すべく、絶えず最大限の徴収を心がけ、その蓄積によって不測の事態に備えたであろう。そして支払い不能の者たちは土地を没収されたり、妻子が獄へ投ぜられ、[123] 奴隷労働力として売却されたのである。ル・マン司教ベルトラムヌスの遺言状の中で解放を約束されている人々は、もと囚人であったのを彼によって買いとられたのだが[125]、本来は自由人ingenuiであった。こうした自由人の囚人化は戦争捕虜だけでなく[126]、おそらくは貢租未納をも原因としていたはずである[127]。六、七世紀ガリア社会において、土地と人間とが最も一般的な商品として現象するのは偶然ではない[128]。国王貢租という形での国家的収奪は、とりわけ請負という徴収人の裁量に多くを委ねざるをえない、そして本質的に苛酷たらざるをえない形態で実施されることにより、人間を土地から引き離し、いずれをも商品化するという役割をも果したのであった。

他方このような仕方で貢租徴収をする側にとっては、それは財の形成、致富の主要な手段となった。官職を取得することによって、それがいかに容易になされうるかを極端なかたちで示している、めざましい例を二つほど挙げよう。いずれも『歴史十書』で述べられているものである。

ひとつはその四書第四六章で語られているアンダルキウスの場合である。彼はセナトール貴族フェリクス[129]の奴隷であったが、文芸・法律の知識に秀れ、計算の術にも長けていた。たまたまマルセイユに到来した大公ルプスに托身し、その才能を認めた大公は彼をアウストラシア王シギベルト一世に推挙した。アンダルキウスはこうして一介の奴隷の身からまたたくまに官職担当者の地位に駈け上がったのである。彼は様々の地方に派遣され、そしてまた戦場にも赴いた。このようにして彼がクレルモンへやって来た時には、あたかも名門貴族の如き雰囲気をただよわせていた。彼はこの都市の市民ウルススと友誼を重ね、こうするうちにウルススの娘と結婚を望むようになる。しかし、おそらくは婚資を支払うのを惜しんでであろうか、一計を案じ、文書箱に武具を入れて重くした上で、ウルススの妻に次のように言った。「この文書箱の中に隠されている一万六〇〇〇枚以上もの私の金貨をあなたに託しましょう。もしあなたが、あなたの娘が私と結婚するよう取りはからってくれるならば、これはあなたのものになるでしょう[130]」。アンダルキウスの言葉を信じたウルススの妻は、夫の不在の折に娘に結婚を首尾よく承諾させた。これを言質として、アンダルキウスは王シギベルトから婚姻を強制する特別の文書も手に入れウルススに迫るのだが、後者は頑《かたくな》に結婚を承諾せず、そこでアンダルキウスは仕方なく一万六〇〇〇ソリドゥスの負債証明書を偽造し、ウルススがヴレ Velay 地方に所有する領地を代償として占取するという挙に出る。だがその夜のうちに、おそらくはウルススに秘かに命ぜられたのであろう、領地の召使い達の手で焼き殺されてしまう。

以上がグレゴリウスの語るアンダルキウスの生涯である。われわれの問題関心からして重要なのは、アンダルキウスが現実に一万六〇〇〇ソリドゥスという法外な財を所有していたかどうかということにあるのではない。ウルススの妻が容易にそれを信じた点が重要なのである。官職担当者がその地位と権能によってこうした莫大な財を形成することは何ら不自然ではなく、そのような事態が可能であるというこの時代の通念、そしてそのような現実をそこに読みとることが出来る。

もうひとり、おなじく奴隷の出自で高位官職を保有するまでになったレウダスティスの例を紹介しよう[131]。

レウダスティスはポワティエ地方 Gracina(現在地不明)と呼ばれる、おそらくは大西洋に浮ぶ小島にある国家領の葡萄栽培奴隷の息子に生まれた。やがて宮廷の勤務に召し出され、料理場に配属された。だがその勤めの退屈さに嫌気がさして度々逃亡し、はては罰として片耳を切り取られるほどであった。しかしついに王カリベルトの妃マルコヴェイファのもとへ逃げおおせることで、新しい運命が開けた。マルコヴェイファは彼を comes stabuli に取りたてたので、レウダスティスはこの官職を帯びて各地に派遣された。その主たる任務がアンダルキウスの場合と同じく、貢租徴収であったであろうことは想像にかたくない。レウダスティスは王妃の死後もその地位を維持するために、王カリベルトに贈り物をするのだが、それが出来たのも「略奪によって富裕になっていた」からである[132]。彼は続いてトゥールの伯に任ぜられ、ここでもその策謀と機略を尽して、「かなりの財貨をふやした」[133]のであった。

これら二つの事例はいずれも奴隷から身を起しながら、貢租徴収と結びついた官職を得ることによって、いかに目ざましい仕方で財を形成しえたかを示している。このほか、前に引用したレフェレンダーリウス・マルクスは「不正な貢租徴収によって蓄財した後で[134]」、病いに襲われ息をひきとった。彼の死後発見された金銀は国庫に没収されている[135]。ところで同じくレフェレンダーリウスとして貢租徴収を行った可能性のあるボボレヌスやガロマグヌスなども[136]、王の不興をかって財産を取り上げられた時、その世襲財産とそれ以外のものとが慎重に区別され、おそらく官職を担当して後の財産が国庫に没収されている。この事実は苛斂誅求の果実は、ひとたび王の恩顧を失うや国庫からの横領と観念されたことを示唆している。その意味で請負はあくまで事実上のものであって、制度として定立していたわけではない。貢租徴収から財を取得した官職担当者は王の恩顧をつなぎとめ、横領とか国庫からの略奪の指弾を受けないよう、利益の一部を贈り物として王に差し出すよう絶えず配慮せねばならなかったのである。

さてこのようにして国王貢租の徴収を実質的に請負的に行った官職担当者たちが、それによって獲得し、かつ蓄積しえた財貨はどのような形態で所有されたのであろうか。その多くが金銀の地金あるいは工芸品として、または貨幣の形で退蔵されていたらしいことは、これらの官職担当者たちが王の恩顧を失って「反逆者」として、あるいは追放され、あるいは殺害された後に、彼らの財が没収される際の『歴史十書』の叙述から疑問の余地がない。この時期、支配層の所有する富の形態として、予想以上に動産の比重が高いのである[137]。

だがこのような現象は、彼らの財産形成の重要な手段として貢租徴収が想定される限り当然と言ってよい。けれども全ての財貨が動産的形態にとどまっていなかったこともまた確かである。そのかなりの部分が、土地と奴隷の購入に充てられたとわれわれは推定する。この点は六世紀における貢租徴収の請負的形態が、どのような社会的機能を果したかを考える上で重要と思われるが、残念ながらこの点を例えば任意の官職担当者の財産目録の類いから推定するという道は閉ざされている。メロヴィング朝期において、遺言状は実質的にその作成者の財産目録とみなしてかまわない内実を具えているが、六世紀の世俗の官職担当者として知られている人物で、その真正性が異論なく認められている遺言状を残している例はないのである。[138] したがって、この論点を深く掘りさげるための直接的与件は存在しない。残された方法は、その真正性が確認されている聖職者の遺言状にあらわれた財貨の使用形態から、俗人の官職担当者のそれを類推することである。こうした間接的手法は方法的に許されるとわれわれは考える。というのも、この時期俗人と聖職者との形式的区別は勿論明確であったが、一方から他方——多くは俗人から聖職者——への移行は、まさしく形式の問題でしかなく、容易に行われえた。キリスト教の教義にとりたてて知識もない宮廷役人や伯、大公などが突然司教や修道院長におさまるのも何ら珍しいことではなかったのである。[139] したがってその経済行動に関して両者の間に何ら根本的相違はなかったと考えられる。

われわれがここで取り挙げて、その所見を引用しようと思うのはル・マン司教ベルトラムヌスの遺言状である。[140] これは六一六年の日付をもっているが、[141] その生涯の終わりに近づいた時期の財産状態を反映している。その中に記されている個々の財貨を取得したのは、それより早い時期であるのは確実であり、したがってその点に関する限り六世紀の与件として理解することは差しつかえないと思われる。

さてこの遺言状の内容は整理すると全部でおよそ一六〇項目を数えるが、これらは概ね以下の四つのカテゴリーに分類できる。第一は土地や家屋などの不動産の遺贈、第二は貨幣、衣類、馬匹などの動産の遺贈、第三はベルトラムヌスに仕えた、おそらくは所領管理人、差配といった役どころの人々や家人に対してすでに行っている贈与の確認、最後は自由の賦与、すなわちベルトラムヌスが所有し、支配している所領で働く奴隷的不自由人の一部解放である。

われわれにとって重要なのは特に第一のカテゴリーである。家屋に関しては domus, casa, casellus, cella の四語に限られるが、土地については実に多様な表現が用いられている。最も多用されているのはウィラ villa であるが、その外に villare, ager, colonica, area, campellos, locus, locellus, reicola, opidum, mansiones, portio, vinea, viniola などが見られる。最後の二つは葡萄畑を指している。またarea は専ら都市内の土地を指すのに使われている(142)。しかしそれ以外の用語が、それぞれ土地のいかなる形状・利用形態の相違を反映しているのか、あるいはそもそも用語の差異は指称される現実の差異と見合うものかどうかも、必ずしも明らかではない(143)。いずれにせよ、こうした様々の言葉で表現される土地や家屋といった不動産は少なく見積って一三六を数える。

ところでこれら一三六にのぼる不動産をベルトラムヌスはいかなる手段で自らのものとしたか。その取得原因の内訳はどのようであったか。六世紀末の財貨の使用形態を推定するうえでこの点が最も重要である。共同所有になる所領の他者の持分を、一定の対価とひきかえに取得するという一部購入を含めて、買得は実に五五件に達し、全不動産の四割を占めるのである。このほか、主としてクロタール二世などの王族の贈与によるもの四一件、王族以外の聖俗有力者による贈与、およびル・マン教会への遺贈を条件としてベルトラムヌスに託された物件が十一、父母両系からの相続十三、交換二、不明二五というのが残りの数字である。

このように取得原因を見てみると、買得が予想以上に多いのに驚かされる。むろん個々の所領の面積は不明であるから、量的に見て、買得に起因するのがベルトラムヌスの所有あるいは保有になる総所領面積のどの程度を占めていたかはわからない。王族による贈与、あるいは世襲所領のほうが全体のうちでより多くの面積を占め、買得によるのはその件数にもかかわらず、小規模の所領が主で、総量としてはそれほど多くなかったのかも知れない。この点については研究の現状では確定的なことは言えない。だが肝心な問題はそこにあるのではない。たとえ中小の所領であろうとも、きわめて精力的にベルトラムヌスがそれらを集積したこと、その半数以上を貨幣で購ったこと、この点が重要なのである。このような手段で土地を集積する状況が決して例外的ではなく、むしろ一般的であったとすれば、国王貢租の徴収によって財貨を獲得した官職担当者が、全体としてベルトラムヌスとは異なった価値観のもとに、別な行動をとったと考える根拠はない。

この遺言状を作成した時点で、ベルトラムヌスが所有していた現金は三〇〇ソリドゥスにも満たなかったようである。(144) この額は一つのウィラを買得するのに三〇〇とか一〇〇〇ソリドゥスを支払っているのを見るとき、いささか奇異の感に打たれざるをえない。(145)(146) 土地の取得を財貨使用の基本にすえるという一定の原則を想定しなければ、なかなか理解しがたい事実である。実際彼はクロタール二世から下賜された金銭を、ただちに四つのウィラの購入に充てている。(147) こうした行動は六世紀中葉にトゥールの司教であったインユリオススが、司教在位時に蓄積した二万ソリドゥスをそのまま後継者に引き渡したのと対照的である。(148) これは単に両司教の思考様式・価値観の違いというだけでなく、二人の間に横たわる半世紀の時代の流れ、その間に実現された社会・経済構造の変化、それへの対応を想定しなければ正確に理解したことにはならないであろう。

すなわち一方にあるのは貨幣価値の下落である。ベルトラムヌスが精力的に土地を買い集めていた頃の一ソリドゥスの購買力は、インユリオススの時代の三分の二にまで低下していた。(149) 他方においては——より重要なのだが——、制度的には古代末期ローマの都市参事会員による租税徴収の保証制を前提として成立し、メロヴィング期の政治的・国制的条件によって必然的にそのような形態たらざるをえなかった、貢租徴収の請負制の社会的機能がある。その性格からして、不測の事態に備えて徴収人は可能な限りの収奪を試みざるをえず、その結果未納者、支払い不能者は獄につながれ、その土地は売却された。加えて『歴史十書』で飽きもせず語られる分王国間の戦争があり、あるいは戦場で斃れ、あるいは捕虜となったために所有者を失った所領の数も少なくなかったはずである。ベルトラムヌスの兄弟ベルトゥルフスはクロタール二世に従軍して戦死した。そのためにウィラ・マウロキンクト villa Maurocincto に対して彼が有していた持分をベルトラムヌスが取得している(150)。

いずれにせよ、この時期ベルトラムヌスの遺言状に見られるような買得行為を行いうるほどの土地の流動化現象が生じていたのは確かである、そして貨幣価値の下落とそれに起因する土地買得、メロヴィング的大土地所有とそれを可能にした土地の大量供給とは、それぞれ独立の現象ではなく、この時代の国家的収奪の方式、すなわち貨幣による、そして請負によるという方式、それに財貨の流通の様式によってひとつのシステムに結びつけられた因果関係のうちにあるのである。これを構造と称してもよい。

おわりに

王は貢租を金貨で、しかも実質的に請負の形態で徴収せしめた。収奪の果実は王の手を経て、主として喜捨・寄進・贈与として教会へ流入する。また請負によって官職担当者のもとにも蓄積される。彼らは貢租の支払い不能のために没収され売却にふされた土地を蓄積した金貨を用いて購なう。だがとりわけ教会に顕著だが、金の多くが聖具に加工され流通から外れる。すでに指摘したように、このように流通から外れて退蔵される量を上まわって金が採掘されるならば、純分低下による貨幣価値の決定的下落は避けられたのだが、メロヴィング王国にはそれを可能にする金鉱山がなかった。

かくして貨幣の購買力は弱まり、土地への投資が一層さかんとなる。土地の売却によって得た貨幣が貢租支払いで霧消してしまうのにそれほど時間を要しなかったであろう。農民が生産物を売却して貨幣を容易に得るための市場が成立する前提条件たる物資輸送、とりわけ遠距離のそれは劣悪な条件のもとに置かれていた。したがって農民の対応は限られていたであろう。賃労働によってなにがしかを得るか[151]、あるいは貨幣または貴金属の形で貯えているささやかな財貨を貢租支払いに充てることである。あとは政治的な影響力をもつ有力者に托身して、貢租徴収を事実上回避するほかはない。

貨幣による貢租徴収は、メロヴィング期ガリアの人民大衆の中に古代以来蓄積されている財貨を吸いあげ、これを教会および請負的形態で徴収を行った少数の官職担当者のもとに蓄積せしめた。彼らは慢性的な貨幣価値の低下という六世紀末・七世紀初頭の状況下で、所有者から引き離され、流動化していた土地の買得を選択したのであった。七世紀初頭から顕著となるイングランドとメロヴィング王国との交易、とりわけイングランドからの奴隷輸入は、このようにして急速に肥大化した所領規模と当該領主が自由にしえた労働力との不均衡――資本主義的労働市場が成立していない時代にあっては、論理的には一時的であっても現実にはかなり長期にわたることも想定される――を是正することを目的としていたのではなかっただろうか。

（1）ゲルマン諸部族における国家形成の多様な形態については、かつてA・デーマントが鋭利な分析を行っている。A. Demandt, "Die Anfänge der Staatenbildung bei der Germanen", in *Historische Zeitschrift*, Bd. 230, Heft 2, 1978, pp. 266-291 参照。

（2）王国分割をフランク族の国制というより、むしろ優れて政治的な原因に求める見解として I. Wood, "Kings, kingdoms and consent", in *Early Medieval Kingship*, ed. P. H. Sawyer/I. N. Wood, Leeds, 1979. 特に pp. 6–10 がある。

（3）B. Guérard, "Des impositions publiques dans la Gaule", in *Bibliothèque de l'Ecole des Chartes*, t. 1, 1839, pp. 33–342.

（4）*Ibid.*, p. 337.

（5）F. Dahn, "Zum merowingischen Finanzrecht", in *Germ. Abh. für K. Maurer*, 1893, pp. 335–373.

（6）F. Lot, *L'impôt foncier et la capitation personnelle sous le Bas-Empire et à l'époque franque*, Paris, 1928.

（7）*Ibid.*, p. 84.

（8）Id., "Un grand domaine à l'époque franque: Ardin en Poitou. Contribution à l'étude de l'impôt", in *Recueil des travaux historiques de F. Lot,* t. 2, Genève/Paris, 1970, p. 207.

（9）Lot, *L'impôt foncier*, p. 107.

（10）*Ibid.,* pp. 103–106.

（11）*Ibid.*

（12）F. Thibault, "L'impôt direct et la propriété foncière dans les royaumes francs", in *Revue historique du droit français et étranger,* t. 31, 1907, p. 49.

（13）*Ibid.*, pp. 49–71 et 205–236.

（14）H・Φ・コレスニツキー「初期階級諸社会の構造によせて」『歴史評論』松木栄三訳、一九七三年八月号、八〇―九六頁。

（15）W. Goffart, "From Roman taxation to medieval seigneurie: three notes", in *Speculum*, vol. 47, no. 2–3, 1972, pp. 165–187 et 373–394.

（16）R. Kaiser, "Steuer und Zoll in der Merowingerzeit", in *Francia*, Bd. 7, 1979, publiée en 1980, pp. 13–14.

（17）九世紀中葉以降サン・ドニ修道院を中心として、ダゴベルトを発給者と称する大量の偽文書が作成された事実を、「ダゴベルト信仰」との関連で検討した研究として L. Theis, *Dagobert. Un roi pour un peuple,* Paris, 1982, pp. 42–65 参照。

（18）*Ibid.,* pp. 15–16.

（19）J. Schneider, "Aspects de la société dans l'Aquitaine carolingienne d'après la Vita Geraldi Auriacensis", in *Comptes rendus de l'Académie des Inscriptions et Belles-Lettres,* 1973, p. 12 参照。

（20）M. Rouche, *L'Aquitaine des Wisigoths aux Arabes, 418–781. Naissance d'une région,* Paris, 1979.

（21）*Ibid.,* p. 349.

（22）Greg. ep. Turo. Historiarum libri X, lib. VII, c. 15; lib. VII, c. 23, in *M. G. SS. r. Mero.,* t. 1, pars 1, p.337 et 343 参照。

（23）*Ibid.*, lib. IX, c. 30, p. 448 参照。

（24）*Ibid.*

（25）*Ibid.,* lib. V, c. 28, p. 234 参照。

(26)　ブルグンド人はクローヴィスの攻撃に対して服属のしるしとして，毎年 tributum を支払う申し出をした (Greg. ep. Turo. Historiarum libri X, lib. II, c. 32, p.78 参照)。ザクセン人は同様にクロタール一世に毎年五〇〇頭 (この数字は Chronicarum Fredegarii, lib. IV. c. 74, *M. G. SS. r. Mero.*, t. 2, p. 158) を納める約束をしている (Greg. ep. Turo. Historiarum libri X, lib. IV, c. 14, p. 146)。ブルトン人は Vannes を自らの支配下に置くという条件のもとに毎年 tributum を支払うとされている (Greg. ep. Turo. Historiarum libri X, lib. V, c. 26, pp. 232–233)。イタリアのランゴバルド族はキルデベルトに定期的に tributum の納入を約束している (Greg. ep. Turo. Historiarum libri X, lib. IX, c. 29, p. 447)。テウデベルトはシチリア島に遠征し，服属のしるしとして tributum を得ている (Greg. ep. Turo. Historiarum libri X, lib. III, c. 32, p. 129)。

(27)　"…Armentarius ludaeus cum uno sectae suae satillite et duobus christianis quas ei propter tributa publica…ex comite vero Eonomius deposuerant, Toronus advenit…", *ibid.*, lib. VII, c. 23, p. 343.

(28)　"Gaiso vero comes eiusdem temporis, accepto capitulario, quem anteriores scriptores fecisse comme-moravimus, tributa coepit exegere…", *ibid.*, lib. IX, c. 30, p. 449.

(29)　*Ibid.*

(30)　*Ibid.*, lib. X, c. 21, p. 514 参照。

(31)　"Eunte autem comite ut debitum fisco servitium solite deberet inferre…", *ibid.*

(32)　ウィカーリウスについては本書第八章参照。

(33)　Greg. ep. Turo. Historiarum libri X, lib. VII, c. 23, p. 343 参照。

(34)　トリブーヌスについては本書第七章参照。

(35)　"Tribunus, qui exigit tributa et super unum pagum uel duos sit.", G. Baesecke, "De gradus Romanorum", in *Festschrift für R. Holtzmann*, Berlin, 1933, p. 2.

(36)　"Tempore autem Theudachildae reginae Nunninus quidam tribunus ex Arverno de Francia post reddita reginae tributa revertens,…", Greg. ep. Turo. Liber in gloria confessorum, c. 40, in *M. G. SS. r. Mero.*, t.1, pars 2, p. 323.

(37)　"Loquebantur tunc multi hominum, Medardum tribunum in hoc scelere mixtum fuisse, eo quod et ipse a ludaeo pecuniam mutuassit.", Greg. ep. Turo. Historiarum libri X, lib. VII, c. 23, p. 344.

(38)　P. Classen, *Kaiserreskript und Königsurkunde*, Thessaloniki, 1977. とりわけ p. 188 以下参照。

(39) Greg. ep. Turo. Historiarum libri X, lib. V, c. 28, pp. 233–234.

(40) "...Marcumque referendarium qui haec agere iussus fuerat, interficere voluit,...", *ibid.*

(41) *Ibid.,* lib. V, c. 34, p. 240 参照。

(42) "...post congregatus de iniquis discriptionibus thesauros...", *ibid.*, lib. VI, c. 28, p. 295.

(43) *Ibid.,* lib. X, c. 7, p. 488 参照。

(44) "...Multum enim iam exactores huius tribuit expoliati erant...", *ibid.*

(45) 本書第八章参照。

(46) 本書第七章参照。

(47) レフェレンダーリウスの課税台帳管理の任務は Greg. ep. Turo. Historiarum libri X, lib. V, c. 34, p. 240 に明示されている。ここにも referendarius Marcus が登場し，王妃フレデグンドの命令で，王妃の領地に属する civitas の課税台帳を差し出している。

(48) Rouche, *op. cit.,* p. 344 参照。

(49) 註42参照。

(50) "...a rebus quas a fisco meruerant[Gallomagnus et Sunnegiselus]...", Greg. ep. Turo. Historiarum libri X, lib. IX, c. 38, p. 459.

(51) Greg. ep. Turo. Liber vitae patrum II, c. (1), in *M. G. SS. r. Mero.*, t. 1, pars 2, p. 219.

(52) "Quod ille execrans ac refutans, hoc obtenuit, ut Arverna civitas quae tributa in specie triticea ac vinaria dependebat in auro dissolveret, quia cum gravi labore poenu inferebantur imperiali.", *ibid.*

(53) "Alius quoque tributa publica deferens, sacculum pecuniae, dum iter ageret, neglegentur amisit. Adpropinquans autem civitati recognoscit, se amisisse publicum quod ferebat. Tunc prostratus coram sepulchris beatorum, cum lacrimis deprecatur, ut perditum eorum virtute reciperet, ne ipse coniuxque ac liberi ob id captivitati subigerentur. Egresus autem foris in atrio virum, qui hanc pecuniam in via iacentem repererat, nanctus est; scrutatusque diligenter, illius horae tempore hic sacculum invenisse se dixit, quo iste martyrum auxilium flagitavit.", Greg. ep. Turo. Liber in gloria martyrum, c. 43, in *M. G. SS. r. Mero.*, t. 1, pars 2, p. 67.

(54) Wattenbach-Levison, *Deutschlands Geschichtsquellen im Mittelalter. Vorzeit und Karolinger, Heft 1, Die Vorzeit von den*

Anfängen bis zur Herrschaft der Karolinger, Weimar, 1952, p. 127, n. 304 参照。

(55) "Tunc adveniens ex palatio Theodorici regis suo permissu homo sevissimus Warnarius nomine, avariciae turpis lucri cupidus, superbiae nimis deditus, ut urbem vel pagum Biturigum sub tributo eius temporibus censeret et aurum atque argentum, quod unusquisque secundum suam personam desolveret, ipse regi deferret et eos tributarios faceret.", Miracula Austrigisili episcopi Biturigi, lib. 2, c. 2, in *M. G. SS. r. Mero.*, t. 4, pp. 200-201.

(56) "...ut eos de nefanda consuetudine liberaret et...", *ibid.*

(57) この奇跡譚のM・G版の編者B・クルシュは、このワルナリウスを『フレデガリウス年代記』四書第四〇章に初めて登場するブルグンド王国の宮宰ワルナカリウスと同一人物と註記している(Chronicarum Fredegarii, lib. IV, c. 40, in *M. G. SS. r. Mero.*, t. 4, p. 200)。この人物については H. Ebling, *Prosopographie der Amtsträger des Merowingerreichs*, München, 1974, pp. 235–238 参照。

(58) Greg. ep. Turo. Historiarum libri X, lib. IX, c. 30, p. 449 参照。

(59) *Ibid.*, lib. X, c. 21, p. 514 参照。

(60) Greg. ep. Turo. Liber in gloria confessorum, c. 40, in *M. G. SS. r. Mero.*, t. 1, pars 2, p. 323 参照。

(61) "...et monetarius adhuc aurum ipsum forna cis coctionem purgare, ut iuxta ritum purissmus ac rutilus aulae regis praesentaretur metallus,...", Vitae Eligii ep. Noviomagensis, lib. 1, c. 15, in *M. G. SS. r. Mero.*, t. 4, p. 681.

(62) M. Rouche, *L'Aquitaine*, p. 347.

(63) P. Berghaus, "Die frühmittelalterliche Numismatik als Quelle der Wirtschaftsgeschichte", in *Vorträge und Forschungen, Bd. 22, Geschichtswissenschaft und Archäologie*, Sigmaringen, 1979, pp. 420–421.

(64) E. Zöllner, *Geschichte der Franken*, München, 1970, p. 174; D. Claude, "Zur Fragen der merowingischen Geldgeschichte", in *Vierteljahrschrift für Sozial -u. Wirtschaftsgeschichte*, Bd. 48, 1961, p. 237 参照。

(65) *Ibid.*

(66) *Ibid.*

(67) *Ibid.*

(68) *Ibid.*

(69) Claude, *op. cit.*, p. 238.

(70) Zöllner, *op. cit.*, p. 173.
(71) *Ibid.*, p. 172.
(72) *Ibid.*, p. 173.
(73) *Ibid.*
(74) *Ibid.*; R. Doehaerd, *Le Haut Moyen Age Occidental. Économies et Sociétés*, Paris, 1971, p. 301.
(75) Zöllner, *op. cit.*, p. 173 参照。
(76) Doehaerd, *op. cit.*, p. 301.
(77) *Ibid.*, p. 300.
(78) X. Barral I Altet, *La circulation des monnaies suéves et visigothiques. Francia "Beiheft"*, Bd. 4, München, 1976, p. 69 参照。
(79) M. Labrousse, "Exploitation d'or et d'argent dans le Rouergue et Albigeois", in *Fédération historique du Languedoc méditerranéen et du Roussillon. Congrès de Rodez*, 1958, pp. 91–106; M. Rouche, *L'Aquitaine*, pp. 192–201 とりわけ p. 197 図一九参照。
(80) Rouche, *ibid.*, p. 304.
(81) Doehaerd, *op. cit.*, p.301.
(82) Zöllner, *op.cit.*, p. 172.
(83) Doehaerd, *op. cit.*, pp. 307–308.
(84) *Ibid.*, p. 301.
(85) 専ら七世紀に関してであるが、W・ブライバーは恒常的造幣地と一時的造幣地とを区別し、両者の組み合わせが所与の地域の経済のあり方を示すと考えて重視している。W. Bleiber, *Naturalwirtschaft und Ware-Geld-Beziehungen zwischen Somme und Loire während des 7 Jhs*, Berlin, 1981, pp. 23–31 参照。
(86) Doehaerd, *op. cit.*, p. 301.
(87) R. Sprandel, "Grundbesitz-und Verfassungsverhältnisse in einer merowingischer Landschaft", in *Festschrift für G. Tellenbach*, Freiburg/Basel/Wien, 1968, p. 49, n. 83 による。同種の見解は A. Engel, R. Serrure, Ch. Robert によっても唱えられている。Bleiber, *op. cit.*, pp. 32–33 参照。
(88) 註53参照。王権のこうした指向に対して、価値ある動産、すなわち貴金属の秘匿も盛んに行われたようである。『歴史十書』にはこの種の事実を物語る逸話が数多く見られる。例えば大公ムンモルスは antiquus thesaurus を発見し、そこから金三〇ポンド以上、銀二五〇ポンドを手に入れたと伝えられている。Greg. ep. Turo. Historiarum libri X, lib. VII, c. 40, p. 363 参照。

(89) Rouche, *L'Aquitaine*, p. 339. ルーシュは処女、既婚夫人一般もその中に加えているが、後述するようにメロヴィング期には賦課の対象とされたと考えられる。

(90) Greg. ep. Turo. Historiarum libri X, lib. IX, c. 30, p. 448 参照。

(91) "...et ob hoc viduis orfanisque ac debilibus tributi pondus insiderat. Quod hi discutientes pauperes ac infirmus illos quos iustitiae conditio tributarius dabat censo publico subdiderunt.", *ibid.*

(92) Vita Balthildis, c. 6, in *M. G. SS. r. Mero.*, t. 2, p. 488 参照。

(93) Praeceptum de Clericatum, in *M. G. LL. Formulae Merowingici, et Karolini Aevi*, pp. 55-56.

(94) Concilium Remensis, a. 627–630, c. VI, *M. G. LL. Concilia*, t. 1, p. 203.

(95) A. Dopsch, *Die Wirtschaftsentwicklung der Karolingerzeit*, Bd. 2, 1921[2] pp 351–352; H. Brunner, *Deutsche Rechtsgeschichte*, Leipzig, 1892, Bd. 2, pp. 68–69 参照。ブルンナーは『小ロルシュ年代記』の "in die autem Martis campo secundum antiquam consuetudinem dona illis regibus a populo offrebantur" を引用して、これがメロヴィング朝期「三月」軍会の折に王に差し出されたとしている。

(96) トゥール司教グレゴリウスは munera なる用語でこうした現象を表現している。Greg. ep. Turo. Historiarum libri X, lib. IV, c. 42, p. 174; lib. VIII, c. 18, p. 285 参照。

(97) "VI. Ut, si quis iudex cuiuslibet ordinis clericum publicis actionibus inclinare presumpserit aut...", *M. G. LL. Concilia*, t. 1, p. 203.

(98) F. Thibault, "L'impôt direct", *op. cit.*, pp. 52–63 et pp. 67–71 参照。

(99) Greg. ep. Turo. Historiarum libri X, lib. III, c. 36, pp. 131–132.

(100) *Ibid.*, lib. VII, c. 15, pp. 336–337.

(101) F. Lot, *L'impôt foncier*, pp. 92–92.

(102) Thibault, *op. cit.*, pp. 63–71 参照。

(103) クレルモンの comes をめぐっての Nicetius と Eularius の競争 (Greg. ep. Turo. Historiarum libri X, lib. VIII, c. 18, pp. 384–

385)、ジャヴォルのそれをめぐる Palladius と Romanus との争い (*ibid.*, lib. IV, c. 39, pp. 170–171)、アキテーヌ地方ではないが、モーの comes 職をめぐる Gundovaldus と Werpinus の争いは有名である。*ibid.*, lib. VIII, c. 18, p. 385 参照。

(104)　オーセールの comes Poenius と彼を裏切って comes 職を得た息子の Mummolus の事例が挙げられよう。*ibid.*, lib. IV, c. 42, pp. 174–175 参照。

(105)　以上については F. Vittinghof, "Die Struktur der Spätantiken Stadt", in *Vor-und Frühformen der europäischen Stadt im Mittelalter,* Teil 1, Göttingen, 1973, p. 96; R. Ganghoffer, *L'évolution des institutions municipales en Occident et en Orient au Bas-Empire,* Paris, 1963, pp. 122–124 et p.150 参照。

(106)　M・ルーシュによればサンス、オルレアン、トゥール、ル・マン、パリ、それにブルゴーニュ地方でも存続した。Rouche, *L'Aquitaine,* pp. 262–263.

(107)　R. Kaiser, "Steuer", p. 7.

(108)　W. Bleiber, *Naturalwirtschaft,* pp. 32–33 の要約によれば、両者はメロヴィング朝期の造幣所がなぜあれほど多かったかを説明する仮説として、造幣人が同時に貢租徴収の請負人であったとする見解を打ち出している。「彼らはそれぞれの集落で農産物、貴金属工芸品、諸種の貨幣など様々の形態で貢租を徴収する。そしてその一定額を差し出した。その際造幣人は自らがその地で造幣した貨幣でそれを行う。彼らは刻印する名前によって貨幣の価値を保証し、造幣地名により貨幣の由来がわかるようにした」。請負という徴収方法についての洞察は的を射ているが、それを造幣人と結びつけるのはメロヴィング古銭学、および貢租徴収についての通説的見解と相容れない点が多い。

(109)　F. Lot, "Un grand domaine", *op. cit.*, p. 207.

(110)　"Praesenti quoque anno Armentarius Iudaeus cum uno sectae suae satillite duobus christianis ad exgendas cautionis, quas ei propter tributa publica Iniuriosus ex vecario, ex comite vero Eonomius deposuerant, Toronus advenit. Interpellatisque viris, promissionem accepit de reddendo pecuniae fenore cum usuris,...", Greg. ep. Turo. Historiarum libri X, lib. VII, c. 23, p. 343.

(111)　"Loquebantur tunc multi hominum, Medardum tribunum in hoc scelere mixtum fuisse, eo quod et ipse a Iudaeo pecuniam mutuassit.", *ibid.*

(112)　Rouche, *L'Aquitaine*, p. 205.

(113) "Constat me a vobis accepisse, et ita accipe, debere, et debeo, hoc est solidos tantos, pro quos solidos spondio me quamdiu ipsus post me retenuero, annis singulis per singulos solidos singulos treantis vestris partibus esse redditurum...", Marculfi Formulae, lib. II, no. 26, in *M. G. LL. Formulae*, t. 1, p. 92.

(114) J.-N. Biraben, *Les hommes et la peste en France et dans les pays européens et méditerranéens*, t. 1, Paris, 1975, p. 29 の中世初期ペスト流行の史料に見られる限りでの一覧表によれば、五八〇、五八一、五八二年と三年続けて、地中海沿岸のナルボンヌと、やや内陸のアルビでのペスト猖獗の記録が見られる。典拠はいずれもグレゴリウスの『歴史十書』であるが、これにはトゥール地方での流行は記されていない。

(115) "In supradicta vero urbe Childebertus rex omnem tributum tam eclesiis quam monasteriis vel larga reliquis clericis, qui ad eclesiam pertinere videbantur, aut quicumque eclesiae officium excolebat, larga pietate concessit. Multum enim iam exactores huius tributi expoliati erant, eo quod per longum tempus et succedentum generationes, ac divinis in multis partibus ipsis possessionibus, colligi vix poterat hoc tributum; quod hic, Deo inspirante, ita praecipit emendare, ut, quod super haec fisco debitur, nec exactore damna percuterent nec eclesiae cultorem tarditas de officio aliqua revocaret.", Greg. ep. Turo. Historiarum libri X, lib. X, c. 7, p. 488.

(116) 註44参照。

(117) Lot, *L'impôt foncier*, p. 84.

(118) Kaiser, *op. cit.*, p. 7.

(119) *Ibid.*

(120) Greg. ep. Turo. Historiarum libri X, lib. IX, c. 30, p. 448. ポワティエ司教マロヴェウスの要請で、貢租負担の適正化のために宮宰フロレンティアヌスと宮廷伯ロムルフスが派遣され、その衝にあたった。その際彼らが行ったのは各人の貢租負担額を確定することではなく、誰が負担するかを確定することであった。そこに課税台帳の負担人名簿としての性格が読みとれる。

(121) *Ibid.*

(122) F. Graus, "Die Gewalt bei den Anfängen des Feudalismus und die "Gefangenenbefreiungen" der merowingischen Hagiographie", in *Jahrbuch für Wirtschaftsgeschichte*, 1961, Teil 1, p. 155.

(123) Greg. ep. Turo. Historiarum libri X, lib. X, c. 7, p. 488.

(124) 註53参照。

(125) "Illi vero quos de captivitate redemni, et antea ingenui fuerunt, et modo pro pretio servire videntur, tam viri quam mulieres de villa Boalcha omnes a servitio relaxantur.", Testamentum Bertranni ep. Cenomanensis, a. 616., in Prdessus, *Diplomata, Chartae, Epistolae, Leges*, réimp. Aalen, 1969, no. CCXXX, t. 1, p.214.

(126) Bleiber, *Naturalwirtschaft*, p. 75参照。

(127) 貢租の支払い不能即妻子の captivitas への転落が自明と観念されている。なお註53参照。

(128) Bleiber, *Naturalwirtschaft*, p. 75参照。

(129) プロヴァンス地方に勢力を張る名門セナトール貴族に属する。詳しくは K. F. Stroheker, *Der senatorische Adel im Spätantiken Gallien*, Nachdruck, Darmstadt, 1970, Prosopographie, no. 112 et 113参照。

(130) "Multitudinem aureorurn meorum amplius quam sedecim milia in hoc libellare reconditam tibi commendo, quod tuum esse poterit, si mihi filiam tuam praestiteris disponsari.", Greg. ep. Turo. Historiarum libri X, lib. IV, c. 46, p. 181.

(131) *Ibid.*, lib. V, c. 48, pp. 257–258参照。

(132) "...refertus praedis...", *ibid.*, p. 258.

(133) "...non modicos thesauros adgregavit.", *ibid.*

(134) 註42参照。

(135) "...resque eius fisco conlatae sunt.", *ibid.*, lib. VI, c. 28, p. 295.

(136) *Ibid.*, lib. VIII, c. 43, p. 409; lib. IX, c. 28, p. 295.

(137) クレルモンの comes Eularius の妻 Tetradia は夫の全財産をもって逃亡した(*ibid.*, lib. X, c. 8, pp. 489–491)。このほかトゥールの comes Leudastis (*ibid.*, lib. VI, c. 32, p. 303)、dux Mummolus (*ibid.*, lib. VII, c. 40, p. 363) の場合もこうした事例として挙げられよう。

(138) メロヴィング朝期の遺言状全般に関する研究として U. Nonn, "Merowingische Testamente. Studien zum Fortleben einer römischen Urkundenform im Frankenreich", in *Archiv für Diplomatik*, Bd. 18, 1972, pp. 1–129がある。

(139) グントラムの referendarius Flavus はシャロン・スュル・ソーヌ司教(Venanti Fortunati Carminum lib. VII, XVIII, *M. G. A.A*, pp. 172–173)、クロタール一世の referendarius Baudinus はトゥール司教(Greg. ep. Turo. Historiarum libri X, lib. X, c. 31, p.

533)、Javol の comes Innocentius はロデス司教(*ibid.*, lib. VI, c. 38, p. 309)、Saintes の comes Gundegisilus (Dodo) はボルドー司教にそれぞれ就任している。*ibid.*, lib. VIII, c. 22, pp. 388–389 参照。

(140) この厖大な内容全体を仔細に分析するのはそれ自体非常に重要な作業であるが、ここでは専ら財をいかに利用したかという観点からのみ問題にする。その完全な分析は M. Weidemann, *Das Testament des Bischofs Berthramn von Le Man vom 27 März 616*, Mainz, 1986 により果たされた。なお佐藤彰一「メロヴィング朝期ル・マン地方の土地変動と司教管区――司教ベルトラムヌスの遺言状(616年)を中心に」田北廣道編著『中・近世西欧における社会統合の諸相』九州大学出版会、二〇〇〇年、三二三―三五七頁も参照。ベルトラムヌスの人物史的研究として U. Nonn, "Eine fränkische Adelssippe um 600. Zur Familie des Bischofs Berthram von Le Mans", in *Frühmittelalterliche Studien*, Bd. 9, 1975, p. 185 参照。

(141) Pardessus の刊本では六一五年となっているが、U.Nonn, W.Bleiber らのその後の研究では六一六年とされているのでそれに従う(Nonn, "Merowingische Testamente", p. 28; Bleiber, *op. cit.*, p. 171)。ちなみにこの年代決定は G. Busson/A. Ledru 編の *Actus pontificum in urbe degentium* の年代決定をそのまま踏襲したもののようである。原本はフランス大革命の折に失われたが、それ以前に現物を目にした P. Renouard なる人物の証言によれば、これは何枚もの羊皮紙を張り合わせて作られた幅五〇センチ、長さ七メートルに達する大きさで巻物状に保管されていた。場所はベルトラムヌスが創建したル・マン近郊の La Couture にある聖ペテロ・パウロ修道院である。Nonn, "Merowingische Testamente", p. 294 参照。

(142) Testamentum Aredii, a. 573 (Limoges), in Pardessus, *op. cit.*, t. 1, p. 138; Testamentum Bertranni, a. 616 (Le Mans), *ibid.*, p. 205; Testamentum Burgundofarae, a. 632 (Meaux), in Pardessus, *op. cit.*, t. 2, p. 16; Marculfi Formulae lib. II, no. 20, Vinditio de area infra civitate, in *M. G. LL. Formulae*, t. 1, p. 90; Formulae Turonenses, no. 42, Vinditio de area vel de casa infra civitate, *ibid.*, p. 158 参照。

(143) ル・マン地方の所見については Sprandel, *op. cit.*, pp. 39–42 参照。

(144) トゥールのサン・マルタン修道院へ一〇〇ソリドゥス、アンジェのサン・トーバン聖堂へ五〇ソリドゥス、ル・マンのサン・ヴィクトールとサン・ヴァンサンへ各二〇ソリドゥス、おなじくル・マンのサント・マリー、サン・リコメールへ各十ソリドゥス、この他ル・マンの市域の内外にある六教会に各五ソリドゥス、または相当額の馬を寄進している。Pardessus, *op. cit.*, t. 1, pp. 213-214.

(145) "Similiter villam Pauliacum, quam ego, datis solidis trecentis, a viro venerabili Bobeno abbate, et basilica domni Albini comparavi,...", *ibid.*, p. 208.

(146) "Similiter villam secus Pocilenum vicum, quam genitor Hludovicus, tribunus Bessorum, nobis pro solidis M venundedit, ...", *ibid.*

(147) "Similiter et villas quas in honorem basilicae domni Petri et Pauli comparavi, de pecunia quam gloriosus domnus Clotharius rex nobis dedit, vel nos pro fidei nostrae ratione undique conquisivimus; eae sunt villae ipsae de campo Chunae, Ludina, et Comarigo, vel Cambariaco, sicut venditiones edocent;...", *ibid.*, p. 200.

(148) Greg. ep. Turo. Historiarum libri X, lib. X, c. 31, p. 533 参照。

(149) Rouche, *L'Aquitaine*, p. 304 参照。

(150) "...germanus meus Berthulfus, in expeditione domni Clothari regis interemptus fuit...", Pardessus, *op. cit.*, p. 204.

(151) メロヴィング朝期アキテーヌ諸都市に関して、教会・修道院建設数と当該都市を中心とする地方の経済力とのパラレルな関係がルーシュにより指摘されている。さらに具体的に言えば建設活動の盛んであった都市では貨幣の造幣も活発に行われた。こうした点から、教会建設は都市の下層民や周辺の零細な農民に非熟練的賃労働の対価として貨幣を獲得する機会を与える役割を果たしたとは考えられないであろうか。四世紀から七世紀にかけてのビザンツ社会では、教会その他の「公共建築物造営」は、まさしくそのようなものとして存在したのであった。Rouche, *L'Aquitaine*, p. 298 et 300–301; E. Patlagean, *Pauvreté économique et pauvreté sociale à Byzance, du 4e–7e siècles*, Paris, 1977, pp. 196–197 参照。

第七章　トリブーヌス考

一　問題の所在

初期フランク国家のトリブーヌス tribunus が、その呼称および職務内容に関して帝政末期ローマの軍事官職に由来するという見解はH・ブルンナー以来(1)、今日にいたるまで通説として支持されてきているといえる。ブルンナーが執筆したのを、弟子のCl・Fr・フォン・シュヴェーリンが増補した『ドイツ法制史』第二巻によれば、帝政末期ローマの軍制において「トリブーヌス」はヌメルス numerus と呼ばれる小部隊の指揮官を意味していた(2)。本章中メロヴィング王朝期の史料の検討の際に明らかになるはずであるが、初期フランクのトリブーヌスの主要な機能もまた軍隊指揮・警察権の行使にかかわるものであった(3)。したがってこの官職を、専ら機能的観点から見るならば、末期ローマのそれと初期フランク国家のそれとの間に明確な類似性が認められる。だがこのような認識も、いわば大まかな共通性の側面を強調するかぎりにおいてであって、両者の機能を詳細に比較するならば、そこには少なからぬ差異が存在することがわかる。すなわち初期フランクのトリブーヌスは軍事・警察権力等の王権の実力的手段をになうばかりでなく、王権の財政的側面、つまり国王貢租の徴収の役割をも果たしているのである(4)。またそれは、一定領域を統括する領域支配者という点で(5)、単なる軍隊指揮官であった四世紀のそれとは実体上決定的に異なっている。

ところで両者におけるこうした無視しえない機能上の差異、社会的実体としての大きな隔たり、一言にしていえばトリブーヌス権力の変質それ自体は、五世紀のローマ国制の解体および初期フランク国制の形成という、国制組織の枠組の大きな変動という事実から容易に理解されるであろう。しかしそれにしても新たな国制の中で、なぜこの官職が貢租徴収機能を果たし、領域支配を獲得するにいたったかという、トリブーヌス権力変質・展開の方向に関わる問題は依然として未解決のままに残る。またそもそも極めて軍事的に編成された社会であるはずのフランク国家において、なにゆえにローマ軍制の残滓たるトリブーヌス制を必要としたのであろうか。この問題はメロヴィング朝期の国制構造全体との関わりの中で、そしてこの時代の国王支配の実体との関連において明らかにされなければならないであろう。

さて本論にはいる前に、メロヴィング朝期のトリブーヌスに関する史料状況と史料分析の際の手続について若干述べておく必要がある。われわれの知る限り、この時期のトリブーヌスについて何らかの言及のある史料をすべて数えあげてもに二〇点を越えることはない(6)。この中にはシドニウス・アポリナーリス、カオール司教デシデリウスの書簡における如く、トリブーヌスが大公、伯などの他の国王役人と並んで、書簡の名宛人のひとりとして挙げられているにすぎない場合、すなわち官職機能の具体像の片鱗すら捕捉しえないような史料も含まれているから、実質的に利用しうる史料の数は延べにして十八点程度である。さらにこれら十八点の史料の質について言及するならば、ドイツ中世史学で通例“Traktat über romanische-fränkisches Amtewesen”と呼び慣わされている(7)メロヴィング朝期の『官職要覧』、およびランス司教レミギウス、ル・マン司教ベルトラムヌスの二点の遺言証書を含む広義の法史料を除く残り十五点は、すべてが叙述史料 sources narratives, Erzählendequellen である。その上これら叙述史料の大部分(十二点)が聖人伝、奇跡譚、頌詩の類によって占められていることを言いそえておかなければならない。

このようにメロヴィング朝期のトリブーヌスに関する史料状況は、質量ともにまことに貧寒たるものの如く思われる。研究史のうえで、この時期のトリブーヌスについてのモノグラフィーがほとんど皆無に等しいような状況は、第一に、このような関係史料の「貧困」にあると考えてまちがいないであろう。ところでこの「貧困」の内容にたちいって考えてみるならば、既に指摘したように、関係史料の多くが聖人伝、奇跡譚などの、国制史研究においては一般に軽視されがちな――わが国においては特にそうである――叙述史料であり、この種の史料の証拠能力に対する不信感が史料状況の劣悪さを一層強く印象づけているようにも思われる。だがそれにしても、例えば奇跡譚などがいかにわれわれの合理的精神からは納得しがたい現象を物語っているにせよ、記述内容すべてが、現実から遊離した全くの空想物語であると考える歴史家もまた少ないはずである。問題はまさしくこの種の史料において、そこにどの程度社会の実体が反映されているかを見極めるのが非常に困難であるという点にある。本章の課題は当時のトリブーヌスを中心とする法的・社会的諸関係の解明にあるのであって、必ずしも事実そのものの真偽を問おうとするものではない。したがってこれらの史料にメロヴィング朝期の社会・国制状況が基本的に反映されているという前提で充分である。(8)

いまひとつ研究の前提として確認しておかなければならないことは、先に挙げた約二〇点の関係史料は果して同一の官職、すなわちトリブーヌスに関わる等質の史料であるかという点である。というのは前記ブルンナー＝フォン・シュヴェーリンの『ドイツ法制史』第二巻は、実は軍隊指揮・警察権力を掌握し、貢租徴収を行う「官職」トリブーヌスと領域支配を行う「領域」トリブーヌスとをあたかも二種類の異質な官職として理解している形跡があるからであり、(9)もしそうであるとするならば史料操作に特別の配慮を必要とするわけである。けれどもトリブーヌス関係史料の所見の統一性は、このような想定に対して否定的である。また『官職要覧』のオリジナル・テクストにも一種類のトリブーヌスしか記載されていない。(10)私見によればブルンナー＝フォン・シュヴェーリン流の理解は過度にカテゴリカルな思惟の所産によるものとみなさざるをえない。このような思考様式は、いわゆる「古典学説」の堅牢無比の体系性を産みだした反面、歴史学としての不毛を培ったのではなかろうか。

二 トリブーヌスの機能と性格

G・ベゼッケはその論文「ローマ人の官位について」の中に、メロヴィング朝期に成立した『官職要覧』のオリジナル・テクストから派生したと思われる三種類の写本を収録している。[11] このうちいわゆるザンクト・ガレン本(以下テクストGと略称)とヴァティカン本(以下テクストVと略称)の二写本がトリブーヌス職について言及している。テクストGは、「トリブーヌスは貢租 tributa を徴収し、かつ一乃至二パーグスを統括する」[12]と規定している。一方テクストVには「トリブーヌスは二乃至三パーグスもしくは一〇〇〇人〔を統括する〕」[13]と定めており、官職規定の仕方において両者の間に少なからぬ差異が認められる。だがこの差異は、先に指摘した如く同名異質の二つの官職を指示したというより、むしろ実体上同一の官職でありながら、それぞれの写本成立の時間的、あるいは相互の地理的懸隔、および現実に機能しているトリブーヌスの実体の地域的差異の反映とみる方が妥当である。

さてテクストVにはトリブーヌスが一〇〇〇人を統括する旨が明記されているが、これは言うまでもなく大規模な軍事行動の際に彼が指揮する兵士の形式上の数字であって、必ずしも常にこれだけの人員を統率したとはいえないのだが、いずれにせよそれはトリブーヌス「職」の軍事的性格を明確に示している。

それは叙述史料からも確認される。すなわち『コルンバヌス伝』一書第十九章から二〇章にかけての記述において、六〇九年アウストラシア王テウデリク二世とその母ブルンヒルドに対立する聖コルンバヌスを捕えるべく国王によって派遣された軍隊の統率者はトリブーヌスの称号を帯びていた。[14] 史料にはこの事実が次のように表現されている。「聖コルンバヌスが弟子たちとともに到着した後、〔彼らを追って来た〕兵士を従えたトリブーヌスは〔修道院の〕門が堅く閉ざされているのを知って、アスパシウスという名前の門番に門の鍵を渡すように威嚇した」。[15]「兵士たちがトリブーヌスとともにやって来た。彼らは聖人〔コルンバヌス〕を求めて七つの修道院を探しまわって来たのであった」[16]と。

またウェッティヌス作『ガッルス伝 *Vita Galli*』[17]は、聖ガッルスの死後四〇年を経た時期に、コンスタンツ、アルボン地方がトゥールガウとともにオトゥウィヌスと称する人物の率いる大軍の攻撃をうけ、多くの人々が虐殺されたり、捕虜にされたり家畜や穀物が略奪された事件を伝えているが、この侵略軍の指導者の一人としてトリブーヌス・エルカノアルドゥスなる人物の存在したことを記している。[18]

ところで国家組織として未成熟な段階にあるとされる——例えば同時代の部族国家のひとつである西ゴート国家[19]と比較しても——初期フランク国家においては、警察権力は軍隊指揮権と法的に明確に区別されていなかったように見える。政治的対立あるいは社会的軋轢が武力衝突として現象せざるを得ないような社会状況、権利侵害に対して自力救済が法慣行として承認されているような時代、一言でいえば武力行使が半ば恒常的であった状況下では、国王の軍事力がそのまま警察権力として機能したことは充分理解される。この場合トリブーヌスの指揮下に軍事力・警察力として、すなわち恒常的に軍役義務に拘束された戦士団 milites の存在形態が問題となる。彼らに課された事実上無制限の軍役からして、一般的軍役義務によって召集された農民兵ではなく、職業的な従士集団であったことは明らかである。この問題は、既に第四章で詳しく検討したようにメロヴィング王権下の軍事秩序ひいては王権の権力基盤いかんという国制の根幹に関わるものであり、本章のテーマを大きく越える。ここではその連関を指摘するにとどめる。

トリブーヌスの掌握した包括的な軍事権限の固有に警察権力的な局面として、刑罰の執行及び監獄 carcer の管理が史料から読みとられる。六世紀末のポワティエ地方の事情を伝える『ラデグンド伝 *Vita Radegundis*』一書第三八章はドモレヌスという名前の tribunus fisci について言及している。[20] 限定語「fisci」の意味については以下の論述で明らかにすることにして、ここではこの史料所見をトリブーヌス機能全体にかかわるものとして受けとめたい。

さてドモレヌスはある夜、夢の中で聖女ラデグンドが彼に向かって、「汝が獄につないでいる者たちを、わが命とひきかえに解放してくれるように」[21] と言うのを聞いた。夢の中での聖女の願いを、彼女の死と結びつけて考えることの出来たドモレヌスは、翌朝この事実を妻に語り、さっそく主邑都市ポワティエにラデグンドの消息を知るために出発した。そしてポワティエで、まさしくあの夢の刻限がラデグンドの臨終の時間であったことを確認する。彼はラデグンドの最後の願いを聞きいれた。監獄に出向き、七人の囚人を獄から解放したのであった。[22]

またロデス司教『ダルマティウス伝 *Vita Dalmatii*』第九章は次のように述べている。「聖ダルマティウスがオーヴェルニュ（＝クレルモン）のキウィタスにあるオッピドゥムのウィークス・ブリウドにやって来た時のことである。折りしもこの地では、一人の囚人が、あるトリブーヌスによって絞首台で極刑に処せられようとしていた。ダルマティウスは即座に、この囚人の助命をトリブーヌスに嘆願し始めた。だが全住民の嘆願を斥けていたトリブーヌスは聖証人の正当な願いを聞きいれようとはせず、無慈悲な命令を発した。そこでダルマティウスは囚人の助命のために熱心に主に祈った。この日の第二時（現在の午前八時）頃、その囚人は刑場にひき出され、高く空中に吊された」[23] この囚人は死亡が確認されたにもかかわらず、翌日聖証人の祈りによって蘇生するという聖人伝特有の奇跡譚がこの後に続くのだが、それはさておき、ここでは前記の引用からトリブーヌスの刑罰執行機能を確認しておきたい。このほかにパリ司教『ゲルマヌス伝 *Vita Germani*』[24]、カンブレー司教『ガウゲリクス伝 *Vita Gaugerici*』などにおいても、これら二司教の積極的な囚人解放活動を語るエピソードの中で、トリブーヌスは囚人を収容する獄舎の管理者及び脱獄した囚人の追跡隊の統括者として登場している。

ところでこれらのトリブーヌスは、これまでの史料所見から読みとられたように、自らは裁判を主宰することのない、単なる執行役人にとどまっていたのであろうか。この官職の者が裁判を主宰したことを明示的に示す史料は存在しない。だが前記『ガウゲリクス伝』は、トリブーヌスを後に iudex と言いかえており[25]、このユーデクスなる術語は裁判権の掌握者を意味しているのである[26]。そして旧来の iudex を伯 comes もしくはグラフィオ grafio にのみ限定するような理解の仕方は、結論的に言えば克服されているといってよい[27]。したがってトリブーヌスが裁判を主宰した可能性をまったく否定し去るわけにはいかない。だがこのことはトリブーヌスが常に裁判権を掌握していたことを意味するわけでもない。たとえば『ガウゲリクス伝』に登場するトリブーヌス・ワルカリウスはカンブレーの伯ワドーの下僚であって、単なる執行役人にすぎなかった[28]。同伝記第八章に出てくるユーデクスは明らかに伯ワドーだからである[29]。おそらくトリブーヌスの地位は、事実上所与の地方の制度的枠組によって異なっていたと考えられる。

当然のことながら、トリブーヌスがユーデクスとしても機能し、裁判を主宰したような地方では、その管轄内容が領域性を帯びることが予想される。ローマ的な秩序・社会構造が比較的根強く存続した地方の制度的状況を反映していると思われる『官職要覧』において、既に見た如くトリブーヌスが領域支配者として位置づけられているのは、フランク人およびその他の部族定住者ラエティ laeti が大量に定着したロワール川以北の地域を適用領域とし[30]、また初期フランクの秩序を端的に示す『サリカ法典』にトリブーヌスが全く姿を見せないのとまさしく対照的である。ブルンナー＝フォン・シュヴェーリンの概説書は、「領域トリブーヌス」の存在をネウストリアの地に求めているが[31]、私見によればこのようなトリブーヌスの存在はネウストリアのみならず、広くセーヌ・ロワール川以南の諸地方に特有の現象とみることが出来る。だがトリブーヌスの領域管轄についてのこのような理解の仕方に対して、おそらく次のような反論が可能であろう。すなわちテクストVの「トリブーヌスは二乃至三パーグスもしくは一〇〇〇人〔を統括する〕」[32]の文言は、あくまでトリブーヌスが軍事活動の際に指揮下に置く――おそらく名目上の――兵員数を指すもので、この文言中の「二乃至三パーグス」の意味は単にこの兵員数を動員しうる領域的規模に換算した数値であり、トリブーヌスの特定領域に対する支配を証明するものではない、と。

このような見解に対しては史料の記述様式、すなわちこのテクストVにおいてもトリブーヌスの管轄領域数の記載が最初にあって、その後に兵員数が出てくること、またテクストGにはそもそも兵員数の記載が存在しない[33]などの理由から、パーグスが単なる換算単位として記されているのではないと主張できる。だがその根拠をより説得的に明らかにするには、トリブーヌスの存在形態に関する所見をさらに史料の中から掘り起していかなければならない。

先に引用したロデス司教『ダルマティウス伝』第九章は、オーヴェルニュ地方のウィークス・ブリウドで聖人があるトリブーヌスに遭遇するのであるが、この地がオッピドゥムと形容されていることに[34]、まず注目しておかなければならない。というのはパリの聖女『ゲノヴェファ伝 *Vita Genovefae*』第三六章に登場するダッシヴスなる名前のトリブーヌスもまたオッピドゥム・アルキアカ oppidum Arciaca (= Arcis-sur-Aube) にその居を構えているからである[35]。また『ラデグンド伝』に登場したトリブーヌス・ドモレヌスもまた oppidum とは形容されていないものの、『ダルマティウス伝』のそれと同じく vicus に居住していた[36]。後に若干の検討を加えるオーヴェルニュ地方に勢力を張っていたと思われるトリブーヌス・ヌンニヌスの居所もまた vicus であったと思われる形跡がある[37]。これら四つの史料所見に共通しているのは、トリブーヌスがいずれもパーグスの中心地たるウィークスあるいはオッピドゥムに居を構え、ここから当該パーグスを支配していたらしいということである。『ゲルマヌス伝』にある「トリブーヌス及び彼の配下の有力者たち tribunus vel seniores coeti illius」[38]なる文言は、オッピドゥム・アルキアカがトリブーヌスと彼の支配に服する在地有力者の政治的拠点であったと推定する余地を残している。

ところで前記オーヴェルニュ地方のブリウドはウィークスであると同時に、オッピドゥムとも形容されていた。oppidum の語源は quod ob pedes est[39]、すなわち自然の地形を利用した高台の要塞化された集落を意味しており、その軍事的性格は明白である。[40] ブリウドにしてもアルキアカにしても、いずれもローマ街道の道筋に沿う要衝に位置し、両者とも遅くともローマ軍制の弛緩が顕著な現象となり、ローマ側の軍政上の基本方針が「都市の要塞化」システムに移行した四世紀には[41]、ローマ帝国の軍隊駐屯地として機能していたはずである。これらの軍事諸施設は原則として国家領に位置していた。そして更にこの時期のガリア属州軍のかなりの部分が、この国家領に入植した「ラエティ」によって担われていたという事実も[42]、あわせて指摘しておく必要があろう。六一六年に作成された長大な所領目録とも言うべき、ル・マン司教ベルトラムヌスの遺言状に登場するルドヴィクスは、このル・マン地方に入植した laeti Bessorum（ベッシ人ラエティ）のトリブーヌスであった。[43] 思うにここにトリブーヌスの実体が明確に示されている。すなわちロワール川沿岸地方から以南の諸地方にかけて存在したトリブーヌスは、ローマ帝国からフランク王権に継承された国家領に定着したラエティの統括者であり、フランク的要素の稀薄なこれらの地方において、自らの支配するラエティの軍事力をもって軍役に参加し、警察権を行使したのであった。したがって、その権限は第一義的にはラエティに対するものであり、その管轄領域は帝政末期から民族移動期にかけてガロ・ローマ人のパーグスの間に、そしてまた国家領の内部に新たに形成された「部族パーグス」[44]であったのである。

ところでガロ・ローマ地方では、パーグスはキウィタス領域の下位区分を成している。[45] 既に述べた如く、その政治的中心地がウィークスである。このウィークスの数を手がかりにして、たとえば六世紀末のトゥールのキウィタス管区を復元してみると、それは少なく見積もっても約二七パーグスの集積から成っている。[46] 仮にこの数値をガロ・ローマ地方の平均値として考えると、『官職要覧』テクストVに示されたトリブーヌスの管轄領域はキウィタス領域全体の十五分の一ないし十分の一である。(47) この数字は帝政末期以降のセーヌ・ロワール以南の部族定住者の土地占拠の数字として充分納得できるものではなかろうか。『官職要覧』に示された諸官職の管轄領域の中でトリブーヌスのそれが「一乃至二パーグス」あるいは「二乃至三パーグス」といったように不確定であるのも、現実にキウィタス領域内での「部族パーグス」の占める平均的な数値にとらわれた結果とも言えよう。

次にトリブーヌスの貢租徴収機能の側面について若干の検討を試みよう。既にたびたび引用している『官職要覧』のトリブーヌスに関する解説・規定について、テクストGは"tribunus qui exigit tributa"(48)と記し、トリブーヌスの「貢租 tributa」徴収機能を明示している。それでは、この tributa とは何か。メロヴィング朝期の諸史料にあらわれる tributa は決して一義的なものではなく、それぞれ異った法的根拠と内容を持っているが、概ね以下の三種類に大別されるであろう。第一は、フランク王権によるブルグンド、ザクセン、ブルトン、ランゴバルド等々の異部族の軍事的制圧に基づき、これらの諸部族から服属のしるしとして定期的にもたらされた、いわば貢納という意味での tributa。(49) 第二は、王権による保護の代償として教会・修道院からもたらされた上納金としての tributa。(50) 第三は、フランク人、(51) ラエティ、あるいはガロ・ローマ人の国家領への定着および国家領内での土地保有に起因する、地代としての性格をもつ tributa(=tributa publica)(52)である。このうち前二者は、それぞれの部族あるいは部族国家の外交使節によってもたらされ、また教会自身の手で引渡されたと考えられる。したがってトリブーヌスの機能との関連で問題となるのは第三の範疇、すなわち国家領の用益に基づく tributum であり、このことはまさしくトリブーヌスが国家領に定着したラエティの統括者であったという、われわれの推定と整合的である。(53)

これら国家領の地積(54)とその土地保有農民を記載した台帳が libri discriptionum、capitularium、(55) もしくは polipticum[56]と呼ばれるものである。そしてフランク国家領に生産手段を有するガロ・ローマ系土地保有農民およびラエティの法的地位は、『サリカ法典』に登場する「romanus tributarius」[57]にかなり近いものであったと推定される。ローマーヌス・トリブターリウスが同法典においてpuer regis, romanus milesなど国王従者団的諸勢力の成員と同額[58]の人命金を保持している事実は、これら軍事的社会集団と同じく、ローマーヌス・トリブターリウスすなわち国家領土地保有農民が、国家領の用益を媒介として王権に直属していることをも示唆しているのである。おそらくガロ・ローマ領域でトリブーヌスが統括した社会集団は、このような王権への直属性によって規定されうるような極めて特殊な集団であった。繰りかえすが、これら国王直属集団の主たる活動の場が国家領fiscusであったのである。それゆえ前に指摘した『ラデグンド伝』に登場したトリブーヌス・ドモレヌスが、tribunus fisci と fisci なる限定語を付されていたのは、トリブーヌスの国家領統括の側面を強調した表現にほかならない。また『ダルマティウス伝』においてトリブーヌスの存在が確認されたウィークス・ブリウドについて、他の史料は、六世紀にこの地に造幣所が存在し、国庫役人がいたことを証明している[59]。このウィークスは、周辺地方からの貢租徴収の中心地であり、集積地であったのである[60]。五九〇年に、最初にサントSaintesの都市伯、後に宮宰となったワドーの二人の息子達に急襲され殺害されたうえに、財産を強奪されたトリブーヌス権力の掌握者vir tribunitiae potestatisも、これまで述べて来た如きトリブーヌスであったにちがいない[61]。

さてトゥール司教グレゴリウスの手になる『聖証人の栄光を讃えて』第四〇章は、「その頃ヌンニヌスと称する、王妃テウデキルドのトリブーヌスはオーヴェルニュ〔クレルモン〕を発って〔フランキアに赴き〕、王妃に貢租を引き渡した後で帰途につき、宗教上の理由でオーセールにやって来た[62]」と述べ、トリブーヌスみずからが貢租を宮廷に輸送した事実を証言している。だがこの一節の史料価値はこれにとどまるものではない。それはトリブーヌスと王権との関係をも示唆しているように思われるからである。すなわちこの場合ヌンニヌスは王妃テウデキルドのトリブーヌス Theudechildae reginae Nunninus quidam と表現され、その地位が王妃個人に対する勤務・服属関係によって規定されるが如き印象を受けるのである。D・クラウデはトリブーヌスに任命したのは伯ではないかと考えているが(63)、われわれは既に第五章での検討から、その任命者が王妃その人であったことを明らかにした。

ところでこの場合トリブーヌスは地方において国家領を統括し、宮廷に管轄領域内の tributum publicum をもたらし、一方ドメスティクスは国王宮廷において国王財政の処理を司る宮廷役人であり、活動の場こそ違え同一の機能をになった一系列の役人の如く思われる。『エリギウス伝』一書第十五章は、ドメスティクスがリモージュ地方にある国家領ソリニャック Solignac で census（=tributum）を徴収した事実を伝えている(64)。この場合は何らかの特別の事情によってトリブーヌスによる徴収が出来なかったための措置であろうが、そのような折にドメスティクスが代行した事実は前記の推測を裏づけるものである。

おわりに――初期フランク国制の独自性――

初期フランク国家の国制組織を統一的に理解し、体系的に描き出すことはそもそも不可能である。なぜなら、この時期のフランク支配領域において、統一的な国制組織それ自体が存在しなかったからである。『官職要覧』に示された如き「官職」の体系は、地域的差異や地方による特殊事情を一切捨象したところの擬制であったからである。たとえばAなる官職によって体現される組織・制度が甲地方にあって乙地方になく、Bなる官職担当者の統括する組織が乙地方にあって甲地方に存在しないといったような状況が、この時代の制度的現実であったといえるのである。この制度的枠組の地域差をもたらしたのは、他ならぬフランク人をはじめとする諸部族集団ラエティによる定住・土地占拠密度の地域的偏差である。フランク人やラエティの大量に定着したセーヌ川以北の地方では、社会構造が頻繁かつ緊急の軍事・警察活動をすみやかに、効果的に遂行しうるように編成されており、ガロ・ローマ領域で軍事・警察権の行使をもその核心的機能としていたトリブーヌスは、セーヌ以北にあっては都市を中心として活動する執行役人にとどまっていた。フランク部族の国制を知るうえで最も重要な史料であり、かつこの地方を適用領域とする『サリカ法典』にはトリブーヌスは全く姿を見せないのである。この地方でトリブーヌスに代って軍隊を統率し[65]、裁判集会で下された判決を執行し[66]、国家領の管理にあたり[67]、同時にパーグスの支配者であったのはグラーフ Graf であった[68]。

ところでセーヌ川とりわけロワール川以南の地方の制度状況はこれと異なっている。この地方ではガリア北部に比較してフランク人およびラエティの土地占取は、はるかに稀薄であった。私見によれば、この地方ではさらにフランク人がラエティに比しても少数であった[69]。実はこの点、すなわち初期おいては、この新征服領域たる国家領を確保するための、少数のフランク戦士団だけが定着したという点が重要である[70]。それは個別的な土地占拠にとどまり、定住団体としての独自の社会組織を形成するに至らなかった。彼らはかなり早い時期に、軍事植民者として共通の社会組織をもつラエティ社会に吸収され、その制度的枠組のうちに同化したと見ることができる。それゆえフランク人とラエティはそれぞれ部族法典上の法的地位こそ異なっているが、社会的実体としてはほぼ同一の存在と考えて差しつかえない。

従来の初期フランク国制史研究は、部族法典の人命金秩序を過度に厳密に処理した反面、社会構成上少なくともフランク人と同等、あるいは地方によってはフランク人以上に重要な要素をなすラエティの存在を不当に軽視して来たように思われる[71]。このラエティと呼ばれる部族定住者は、質的にも量的にも帝政末期ローマの軍隊において重要なファクターをなしていたのである。[72] 国家領に定着した半封建的軍事集団（A・ヴァラディ）たるこれらラエティの統括者は、帝政末期のローマ官職体系の中でトリブーヌスと同等の地位にあったとされるが、[73] 彼自身「トリブーヌス」なる肩書を帯びていたことは容易に推定できるのである。[74] そしてメロヴィング朝期になるとそれが実際にトリブーヌスと称されていたことは、ル・マン地方のラエティ・ベッシ人の統括者たるルドヴィクスの例からも明らかである。したがってわれわれは、トリブーヌスおよび彼が統括する集団の実体に関して、古代末期からポスト・ローマ期にかけての連続、両者の実体上の同一性を結論することができる。

だが問題はその先にある。初期フランク王権はなにゆえに自らの部族支配秩序の中にトリブーヌス制を融合し、支配領域全体にまたがる統一的な組織を樹立しえなかったか、その理由は、まず固有の意味での領域的トリブーヌス制の確認されるロワール川以南の諸地方での、国王が何らかの形で直接的な支配をおよぼしえたところの定住フランク人の量的僅少さである。第二は、初期フランク王権の国家権力としての未成熟という局面に関わるが、このような条件のもとで国王支配の対象となった存在を人的側面と領域的側面について考えてみると、人的要素としては国王支配の究極的な基礎はフランク人一般ではなく、その中でも専ら国王と特別な従属関係をとり結ぶ「国王従士団 puer regis」にあったという事情が考慮されなければならない。すなわちフランクの部族秩序の内部においては、このような点で初期メロヴィング王権の支配は「貴族」のゲフォルグロイテに対する支配と本質的に同質のものであり、[75] 極言するならば貴族支配の特殊形態の域を越えるものではなかったということである。

他方領域的側面についてみるならば、初期フランク王権はローマ帝権のガリアにおける後継者として旧ローマ皇帝領、国家領に対する所有権を有していた。それゆえ国家領に定着したラエティを母胎とし、トリブーヌスを統括者とする部族定住団体は、法的には王権の家産的支配に組み入れられ王権の軍事的・財政的基盤となるべきはずであり、事実ロワール以南の地方においてはトリブーヌス制はそのようなものとして機能したのである。ところがフランク人が比較的大量に定住したセーヌ川以北の地では、こと国家領内部においても王権の家産的支配の論理が法的にも事実上も容易に貫徹しえない状況が存在した。それは言うまでもなく、王権を本質的に自らと同質・同位の権力体とみなす「貴族」勢力の伝統的な法思想と、それにもとづく彼らの自立的な存在形態である。このように「貴族」勢力との競合関係におかれた王権にとって、被支配民はアプリオリに支配領域に遍在するものではなく、自らの支配従属関係のうちに不断に取り込むことによってまさしく創出しなければならないものであった。その核となったのが国王従士団であり、ラエティ、あるいはガロ・ローマ人たる国家領土地保有農民である。彼らは国王直属集団として国王権力の唯一の実質的基盤であり、王法秩序のうちにからめとられ、被支配民創出の基体となるべき存在であった。

だがメロヴィング王権のこのような指向・政策は結局自己を貫徹しえなかった。先に述べたようなフランクにおける伝統的な法思想、すなわち公権力の多元性を克服するに足る強力かつ排他的な「王法」支配の論理も、またそのための具体的な前提・手段をもメロヴィング王権は生みだしえなかったのである。七世紀以後、様々のレベルでの公権力(＝裁判権)保持者の自立化が特に顕著となってくる。ロワール以南の地で国王直属集団を統括するトリブーヌスも同様である。彼らは国王直属の性格を脱落させ、在地の支配関係一般の中に融合してしまう。領域支配者の呼称としてのトリブーヌスは以後全く消滅し、いかなる痕跡も史料の上にとどめていない。彼らはおそらく、ガロ・ローマ領域に多く見出されるウィカーリウス vicarius のうちに身を没したのであろう。(76) 一方アレマニエン、アルザス、ラエティア地方では、八世紀以降トリブーヌスなる呼称の在地役人が史料に登場し始める。(77) だがその内容は極めて多様であり、(78) 在地の、すなわちゲルマン語で示された多様な「官職」名を一定の方向に整序すべく、この時期にラテン語の名称たる tribunus が導入された結果とみなさざるをえない。(79) それは本章において検討したトリブーヌスとは別個の存在であることを付言しておきたい。

（1） H. Brunner/Cl. Fr. von Schwerin, *Deutsch Rechtsgeschichte*, Bd. 2, 2 Aufl., Berlin, 1958, p. 241; E. Zöllner, *Geschichte der Franken*, München, 1970, p. 144. こうした通説的見解に対する異論として，フルコートレンの，トリブーヌスを帝政末期の都市官職たる assertor pacis の機能を継承する存在とみる見解がある(F. Vercautren, *Étude sur les Civitates de la Belgique Seconde*, Bruxelles, 1934, pp. 413–414)ことを指摘しておく。

（2） Brunner-v. Schwerin, *ibid.*, pp. 241–242.

（3） 詳しくは後述。

（4） *Ibid.*, p. 243. また本書第六章参照。

（5） R. Folz et al., *De l'antiquité au monde médiéval*, Paris, 1972, p. 244.

（6） ①Sidonius Apollinaris, Epist. I, 3. ②Greg. ep. Turo. Historiarum libri X, lib. II, c. 9. ③*Ibid.*, lib. VII, c. 23. ④*Ibid.*, lib.X, c. 21. ⑤De Vita S. Radegundis, lib. I, c. 38. ⑥Vita Genovefae Parisiensis, c. 36. ⑦Vita Columbani abbatis, c. 20. ⑧Vita Dalmatii, c. 9. ⑨Vita Gaugerici Camersacensis, c. 8. ⑩Vita Galli auctore Wettino. ⑪Vita Galli auctore Walahfrido, lib. II, c. 1. ⑫Greg. ep. Turo. Liber in gloria confessorum, c. 4. ⑬Greg. ep. Turo. Miracula de virtutibus S. Martini, c. 11. ⑭De gradus Romanorum. ⑮Testamentum Remigii. ⑯Testamentum Berchtramni. ⑰Vita Germani, c. 46. ⑱Fortunatus, Opera poetica, pars 1. ⑲Vita Corbiniani. ⑳Desiderii Cadurc. Epist. II. 8.

（7） このテクストの由来と成立に関しては Wattenbach-Levison, *Deutschlands Geschichtsquellen im Mittelalter: Vorzeit und Karolinger. Beiheft; Die Rechtsquellen von R. Buchner*, Weimar, 1953, p. 60. 本章では G. Baesecke, “De Gradus Romanorum”, in *Festschrift für R. Holtzmann*, Berlin, 1933, pp. 2–8. に収録のテクストを利用する。

（8） 聖人伝，奇跡譚などのいわゆる Hagiographie と呼ばれる史料のディスクールの構造に関しては，Michel de Certeau, *L'écriture de l'histoire*, Paris, 1975, pp. 274–288 参照。また本書第三章参照。

（9） Brunner-v. Schwerin, *op. cit.*, pp. 241–243.

（10） Baesecke, *op. cit.*, pp. 2–8; F. Beyerle, “Das frühmittelalterliche Schulheft vom Ämterwesen”, in *ZRG. GA.*, t. 69, 1952, pp.10

−11 参照。

(11)　Baesecke, *op. cit.*

(12)　“Tribunus, qui exigit tributa et super unum pagum uel duos sit.”, *ibid.*, p 2．実は上記引用の文言に関して Baesecke のテクストでは …et super… の間に cui centoriones ministrant unius civitatis, quanti fuerunt et が入るのであるが、Beyerle のテクスト・クリティックではそれが明らかに余白への書き込みであるところから、原テクストにはなかったものとみられている。したがってこの場合削除した。Beyerle, *op. cit.*, p.11 参照。

(13)　“Tribunus, qui super duos uel tres pagos uel super mille.”, Baesecke, *op. cit.*, p. 2

(14)　Vita Columbani abbatis discipulorumque liber 1, c. 19 et 20, in *M. G. SS. r. Mero.*, t. 4, pp. 61–152.

(15)　“Perveniens ergo beatus Columbanus um suis simulque et tribunus cum militibus, fores obseratas reppererunt Aspasiumque nomen querunt, ut claves largiatur;…”, *ibid.*, p. 90.

(16)　“Venientes ergo milites cum tribuno, peragrantur septa monasterii, virum Dei perquirunt;…”, *ibid.*

(17)　Vita Galli auctore Wettino, c. 35, in *M. G. SS. r. Mero.*, t. 4, pp. 276–277.

(18)　“Adprehens: ligabantur, vincti in habita cula sibi non optata trahebantur, ac iuventus eorum miserabiliter in capitivitatem ducebatur. Quae per diligentiam Erchanoldi cuiusdam tribuni sunt prodita, cui propter vicinitatem omnia ipsius heremi fuerunt nota…”, *ibid.*

(19)　P. D. King, *Law and Society in the Visigothic Kingdom*, Cambridge, 1972, とりわけその第11−四章を参照。

(20)　De Vita S. Radegundis. lib. 1, c. 38, in *M. G. SS. r. Mero.*, t. 2, p. 376.

(21)　‘…Et videbatur sic rogare: “per meam vitam ut propter me relaxesillos quos habes in carcere”…’, *ibid.*

(22)　‘…Evigilans tribunus quod viderat coniugi; dicens “Vere credo, quod hac hora exigit sancta de saeculo.” Dirigit ad civitatem, ut per hoc vera cognosceret; transmittit ad carcerem qui septem reos ibi retentos admonitas relaxaret.”, *ibid.*

(23)　“Videlicet in Brivatensem vicum, Arverne civitatis oppidum, Dalmatius sanctus advenit, ubi a quodam tribuno reus ad patibulum ultimo dampnatus supplicio ducebatur. Rogare tribunum beatus antestis pro vite huius indulgentia coepit instanter; qui omnino negavit nec voluit iusti preces confessoris accipere, sed durum peragi praecepit imperium. Ille tamen Dominum pro eius vita fideliter exoravit. Hora paene diei secunda reus ad dampnationem producitur hac sublimitate ultima aeculeo sublevatur.", Vita Dalmatii ep. Ruteni, c. 9, in *M. G. SS. r. Mero.*, t. 3 , p. 548.

(24) Vita Germani episcopi Parisiaci auctore Venantio Fortunato, c. LXVI, in *M. G. SS. r. Mero.*, t. 7, p. 412; Vita Gaugerici ep. Cameracensis, c. 8, in *M. G. SS. r. Mero.*, t. 3 , pp. 654–655. メロヴィング朝期における司教の囚人解放の意義については F. Graus, "Die Gewalt bei den Anfängen des Feudalismus und die "Gefangenbefreiungen" der merowingischen Hagiographie", in *Jahrbuch für Wirtschaftsgeschichte*, 1961, t. 1, pp. 61–156 参照。

(25) "Dehinc, illis ereptis, tribunus civitatis saevire coepit in milites, deputans, eorum fuisse neglegentia quod viro sanctissimo deputatur ad gloriam. Quo conversa in custodes iracundia iudicis, qui solebant adservare, tradet servandus in carcere, et ablatis clavibus iudex fit custus custodibus.", Vita Germani, *ibid.*

(26) 本書第八章参照。

(27) D. Claude, "Untersuchungen zum frühfränkischen Comitat", in *ZRG. GA.*, Bd. 81, 1964, pp. 38–45.

(28) "Quoddam itaque tempore, cum triduano conventu rogationis, quas cunctos excolit populus veneratione plenissima, ieiuniis, elymosinis atque psallentis praeparatus, videretur excolere diligentissime, et dum basilicas cum suum clerum psallentis, deferentes crucibus, multo populo prosequente, circuirent et ante ostium carceris praeterirent, ubi tres vincti iussionibus iudicis tenebantur, precans Walchario tribuno, ut eos de ipso carcere eieceret absolutos, et cum nullatenus potuisset beatus pontifex obtinere, ut vinctos de vinculo carceris tribunus ipse deberet absolvere…", Vita Gaugerici, *ibid.*, pp. 654–655.

(29) Vita Gaugerici, c. 7, *op. cit.*, p. 654.

(30) Zöllner, *op. cit.*, p. 146.

(31) Brunner-v. Schwerin, *op. cit.*, p. 242.

(32) "Tribunus, qui super duos uel tres pagos uel super mille.", Baesecke, *op. cit.*, p. 2.

(33) "Tribunus, qui exigit tributa et super unum pagum uel duos sit.", *ibid.*, p 2.

(34) 註23参照。

(35) "Deinde cum Arciaca oppidum[Genovefa]fuisset ingressa, occurrit ei quidam tribunus nomine Passivus, depraecabatur eam, ut uxorem suam, Iongo iam tempore paralisi egritudine detentam, suam visitacione sanaret. Obsecrante ergo tribuno vel seniores coeti illius, in domo eius ingressa, ad lectum egrotantes femine accessit statimque, ut sibi sine intermisione mo-

ris erat, oravit.", Vita Genovefae, c. 36, in *M. G. SS. r. Mero.*, t. 3, p. 230.

(36) "Commemoretur et illud nobile factum. Per somnium tribunus fisci cognomento Domolenus die qua sanctissima migravit de saeculo, dum graviter suffocationis totus languore deficeret, videbaturipsi quod sancta in vicum eius dignabiliter accessisset.", De Vita S. Radegundis, *op. cit.*, p. 376.

(37) Greg. ep. Turo. Liber in gloria confessorum, c. 40, in *M. G. SS. r. Mero.*, t. 1, pars. 2, p. 323.　および G. Fournier, *Le peuplement rural en Basse Auvergne durant le haut moyen âge*, Paris, 1962, p. 172 参照。

(38) 註24参照。

(39) L. Harmand, *L'Occident romain (Gaule-Espagne-Bretagne-Afrique du Nord), 31 av. J. C-235 ap. J. C.*, Paris, 1970, p. 292.

(40) *Ibid.*, p. 293.

(41) L. Várady, "New evidences on some problems of the late Roman military organization", in *Acta Antiqua*, Budapest, 1961, p. 333.

(42) *Ibid. passim.*　帝政末期からポスト・ローマ期にかけてのガリアにおける軍事力の担い手をどのような社会層に求めるかという問題は、特に初期フランク王権の実体を考察する上で重要である。この点については第四章のほかに Ordinamenti militari in Occidente nell'alto medioevo をめぐって行われた報告・討論を収録した同名の書第一巻、とくにE・ガッバとK・F・ヴェルナーとの間に交された質疑応答が興味深い指摘をしている。*Ordinamenti militari in Occidente nell'alto medioevo,* Spoleto, 1968, t. 2., pp. 195–197.

(43) "Similiter villam secus Pocilenum vicum, quam genitor Hludowicus tribunus Bessorum, nobis pro solidus M. venundedit ...", Testamentum Bertranni ep. Cenomanensis (a. 615), in Pardessus, *Diplomata, Chartae, Epistolae, Leges*, t. 1, réimp. Aalen, 1969, p. 208.　なお現在では遺言状作成の年は六一六年とされている。この遺言状の現時点での最良の刊本は M. Weideman, *Das Testament des Bischofs Berthramn von Le Mans vom 27. März 616*, Mainz, 1986 である。また R. Sprandel, "Grundbesitz-und Verfassungsverhaltnisse in einer merowingischer Landschaft: die Civitas Cenommanorum", in *Festschrift für G. Tellenbach: Adel und Kirche,* Freiburg, 1968, p. 38 参照。

(44) 部族パーグスの概念と内容については Claude, *op. cit.*, p. 19 参照。

(45) A. Grenier, *Manuel d'archéologie gallo-romaine,* 1ère partie, Paris, 1931, p. 145.

(46) トゥール司教グレゴリウス著『歴史十書』の巻末には、歴代トゥール司教の事績の簡潔な記述があり、六世紀末、すなわちグレゴリウスの在職時までの教区教会の建立されたウィークス名が挙げられている。その数は総計二七に及ぶ。教区教会の建設されなかったウィークスも存在したかも知れないが、この数字から最小に見積もっても二七パーグスがトゥールのキウィタスに存在したことが推定されるわけである。Greg. ep. Turo. Historiarum libri X, lib. X, *op. cit.*

(47) $\frac{2\sim3}{27\ \text{pagi}} \fallingdotseq \frac{1\sim1}{15\sim10}$

(48) Brunner-v. Schwerin, *ibid.*, pp. 241–242.

(49) Greg. ep. Turo. Historiarum libri X, lib. II, c. 32, *op. cit.*, p. 78; lib. IV, c. 14, *op. cit.*, p. 146; lib. V, c. 26, *op. cit.*, p. 232; lib. IX, c. 29, *op. cit.*, p. 447.

(50) "Unde reverentissime, ut dignum est, supplicantes quesmus, ut hoc nostrae petitioni divino intuitu piaetas vertra non deneget, ut tam rectores ecclesiarum vestrarum, quam universi clerici atque aetiam. secularis sub regni verstri conditioni manentis nec non ad domnorum regum patrum restrorum domnium pertinentis, de eo, quod in sorte vestra est, et quod habere proprium semper visi sunt, extraneos non permittatis existere, ut securus quicumque propritatem suam possidens debita tributa dissolvat domino, in cuius sortem possessio sua pervenit.", Concilium Arvernense, a. 535 in *M. G. LL. Concilia.*, t. 1, p. 271.

(51) 当初、国家領に定着したフランク人は地代を免除されていたが、六世紀中葉には事実上 tributum を課されていたらしい。フランク人に tributum を課した宮宰と思われるパルテニウスは、フランク人の怒りをかい、トリーア市内で殺害された。この事実は実質的にフランク人が tributum を徴収されていたことを物語るものである。Greg. ep. Turo. Historiarum libri X, lib. III, c. 36, *op. cit.*, pp. 131-132 参照。

(52) たとえば Greg. ep. Turo. Historiarum libri X, lib. VI, c. 45, *op. cit.*, p. 318; lib. VII, c. 15, *op. cit.*, p. 337; c. 23, *op. cit.*, p. 343; lib. IX, c. 30, *op. cit.*, p. 449 参照。

(53) トゥール司教グレゴリウスは『歴史十書』の中で、トゥールとポワティエの都市住民に対する tributum publicum の賦課及びその徴収の経緯に関してかなり詳しい叙述をしている。都市住民が国家領の領民に課される tributa を支払っているのは奇妙に思われるかも知れない。この点について若干註記しておく。周知のごとく、フランク国家領は帝政末期ローマの皇帝領・国家領の系譜を引いている。コンスタンティヌス帝の治世以後、都市共同体が所有する都市領は皇帝により没収され、一時ユリアヌス帝の時代に返還されはしたものの、ヴァレンティニアヌス、ヴァレンス両帝のもとで、その三分の二が再び皇帝領に編入された。したがって、ほとんど全ての都市領域内に皇帝領が存在したのであった(A. H. M. Jones, *The Later Roman Empire 284–602. A Social, Economic and Administrative Survey*, Oxford, 1964, vol. 1, p. 415)。かくして初期メロヴィング時代に、かつての皇帝領、すなわちフランク国家領に耕地を保有し、都市に居住する、いわゆる農耕市民が多数存在したのであり、彼らが農村地方に居住する国家領民同様に tributum publicum を徴収されるのは、国家領の用益者の負担一般から当然導き出される結論である。リヨンは皇帝レオの時代に、市壁外三ローマ哩(約四キロ)以内の tributum を免除、グレゴリウスの時代にもそうであり続けたが、この事実は、当時リヨン市民の多くが市壁外四キロ圏内に土地を保有する農耕市民であったことを意味していると思われる(Greg. ep. Turo. Liber in gloria confessorum, c. 62, *op. cit.*, p. 334)。ただ都市に居住するトリブートゥム・プブリクム負担者のそれは、通常は都市伯により徴収されていたようである。(Greg. ep. Turo. Historiarum libri X, lib. VII, c. 23, *op. cit.*, p. 343; lib IX, c. 30, *op. cit.*, p. 449; lib X, c. 21, *op. cit.*, p. 514)

(54)　五二八年のキルデベルト一世の証書には "Dedimus ergo ei[=monachi Carileiphi nomine] de fisco nostro Maddaldo, super fluvium Ansola, in loco qui vocatur Casa-Cajani, per locis descriptis et designatis..." とあり、国家領の地積が台帳に記載されていることを推定せしめるものである。Pardessus, *op. cit.*, t. 1, p. 75.

(55)　F. Dahn, "Zum merowingischen Finanzrecht", in *Germ. Abhand. für K. von Maurer*, 1893, pp. 349–350.

(56)　"Praecipientes. ergo iobemus, ut, se memoratus ille de caput suam bene ingenuus esse videtur et in poleptico publico censitus non est, licentiam habeat comam capitis sui tonsorari et ad...", Marculfi Formulae, lib. 1, no. 19, Praeceptum de Clericatum, in *M. G. LL. Formulae.*, t.1, pp. 55–56. この書式の内容は国王に tributum を負う、国家領土地保有農民が国王の許可なしに僧籍に入ることを禁じたものであるが、この禁令は国王支配の実質的基盤が、あらゆる意味で国家領の支配に依拠しており、その経営を安定的に維持するのが、メロヴィング王権の最も重要な課題であったことを示唆しているように思える。なお polypticum なる語が課税台帳と同時に地代帳の意味ももっていたことは F. Dahn, *op. cit.*, p. 346 に指摘されている。

(57)　"Si quis vero, Romanum tributarium occiderit〈cui fuerit adprobatum〉mallobergo ualaleodi sunt, MM(D) denarois qui faciunt solidos LXXII(semis) culpabilis iudicetur.", Pactus legis Salicae, in *M. G. LL.*, sectio 1, t. 4, pars 1, p. 157.

(58)　"I. Si quis puerum regis aut libertum occiderit, solidos C. culpabilis iudicetur 2. Aut Romanum ingenuum uel tributarium aut militem, solidos C. culpabilis iudicetur.", *ibid.*, p. 263.

(59) Fournier, *op. cit.*, p. 162.

(60) *Ibid.*, pp. 162–163.

(61) “Filii autem ipsius Waddonis per Pictavum vagantes, diversa comittebant scelera, homicidia furtaque nonnulla. Nam inruntes antehoc tempus super negutiatores, sub noctis obscuritate eos gladio trucidante abstuleruntque res eorum: sed et alium tribunitiae potestatis virum circumventum dolis interfecerunt, deripientes res eius.”, Greg. ep. Turo. Historiarum libri X, lib. X, c. 21, *op. cit.*, pp. 513–514.

(62) “Tempore autem Theudachildae reginae Nunninus quidam tribunus ex Arverno de Francia post reddita reginae tributa revertens, Audissiodorensim urbem adivit causa tantum religionis.”, Greg. ep. Turo. Liber in gloria confessorum, *op. cit.*, p. 323.

(63) Claude, *op. cit.*, p. 20.

(64) “Erat enim tempus quo census publicus ex eodem pago regis thesauro exigebatur inferendus. Sed, cum omni censu in unum collecto regi pararetur forendum vellet domesticus simul et…”, Vita Eligii, lib. l, c. 15, in *M. G. SS. r. Mero.*, t. 4, p. 681.

(65) “Anno decemo regni Dagoberti, cum ei nunciatum fuissit, exercitum Winitorum Toringia fuisse ingressum, cum exercito de regnum Austrasiorum de Mettis urbem promovens, transita Ardinna, Maguncia cum exercito adgreditur, disponens Renum transire, scaram de electis viris fortis de Neuster et Burgundia cum ducebus et grafionebus secum habens.”, Fredegarii Chronicarum, *op. cit.*, p. 158.

(66) Pactus legis Salicae, 50, 3 et 4, 51, 1–3, *op. cit.*, pp. 192–197.

(67) grafio が judex fiscalis と同一の実体であることは H. K. Schulze, *Die Grafschaftsverfassung der Karolingerzeit in den Gebieten östlich des Rheins,* Berlin, 1973, p. 37 参照。

(68) Pactus legis Salicae, 50, 3, *op. cit.*, p. 192 参照。

(69) ロワール川以南の地に定着した laeti については Grenier, *op. cit*, p. 398–402 参照。 なお Schulze, *op. cit.*, p. 42 も参照のこと。

(70) Schulze, *ibid.*

(71) メロヴィング朝期の軍制における laeti の役割を積極的に評価しようとする研究として B. S. Bachrach, *Merovingian Military Organization*, Mineapolis, 1972 がある。

(72) Várady, *op. cit.*, pp. 343–348.

(73) *Ibid.*,p. 344.

(74) 帝国領内に定着した蛮族兵の統率者は tribunus gentis と呼ばれていた。R. Grosse, *Römische Militärgeschichte von Gallienus bis zum Beginn der Byzantinischer Themaverfassung*, reprinted, New York, 1975, p.145. なお gens と laeti の概念内容については Várady, *op. cit.*, pp. 343–348 参照。

(75) Schulze, *op. cit.*, p. 21. ここでの貴族の概念はフランク社会の有力者というほどの意味であり、中世社会の貴族に連なるような存在とは異なる。

(76) 本書第八章参照。

(77) Brunner-v. Schwerin, *op. cit.*, p. 243.

(78) G. Köbler, "Amtsbezeichnungen in den frühmittelalterlichen Übersetzungsgleichungen", in *Historisches Jahrbuch*, 1972, pp. 346–347.

(79) 八世紀中葉に、フランク国制史において最も重要な官職 grafio も史料から姿を消す。H・K・シュルツェによれば、その原因はグラフィオの地位上昇によって、comes civitatis と同じくグラフィオにも comes の称号が付与された結果であるという(*op. cit.*,p.39)。だが私見によれば、それはトリブーヌスの場合と同じく、ラテン語を官職名表現のために導入した結果なのであり、その背後にあるのは法思想や官職観念の変動にあるように思われる。この問題は初期カロリング王権の支配理念を探る上で興味深いテーマであろう。

第八章　フランク時代のウィカーリウスとウィカーリア

一　問題の所在

九世紀から十一世紀のフランスにおいて、わけてもロワール川以南の諸地方に関わる史料の中に「ウィカーリア vicaria」なる語が頻繁に登場する。ウィカーリアは主に証書史料に登場し、通常は不動産の所在地を示すための書式「…甲パーグス、乙ウィカーリア、丙ウィラ …in pago illo, in vicaria illa, in villa illa…」として用いられる。このような用法からも明らかなように、それはパーグス pagus――カロリング期には伯領を意味する言葉となっている――の下位区分を意味する領域呼称であった。(1)

ウィカーリアが最初に史料に登場するのは、知られる限りカロリング朝初期(八世紀中葉)の『ブールジュ地方書式集 *Formulae Bituricenses*』においてである。(2) その後、十一世紀頃になり次第にその領域的意味を喪失し、ウィカーリウス vicarius あるいはその後継者とされる城主の領主的諸権利や、(3) 種々の封建的賦課租の別称に転化するようになるまで、(4) オルレアンを中心とするロワール川中流域地方、(5) ベリィ、(6) ポワトゥ、(7) リムーザン、(8) オーヴェルニュ、(9) ヴレ、(10) ブルゴーニュ、(11) ラングドック等、(12) ロワール以南の諸地方のほぼ全域で伯領の下位区分を示す呼称として使用された。

ところで、このウィカーリアおよびその統括者たるウィカーリウスの起源についての通説的見解は、その成立をシャルルマーニュ治下の地方支配機構の改革のうちに求めている。(13) すなわちウィカーリウスなる役人はすでにメロヴィング朝期に知られていたが、この時代には主として都市伯 comes civitatis の補佐役人として機能し、かならずしも特定の管轄領域をもたなかった。カロリング朝期にいたって国制組織の整備の結果、ようやく伯の下僚として独自の管轄区である「ウィカーリア」を与えられ、これを統括することとなり、その国制的地位を確たるものとしたとされる。[14] そしてこうした機構改革の結果として「西フランク王国が徹底的にウィカーリアに分割される」(H・ブルンナー)[15] という事態、あるいは「それまで伯領の細分割が行われていなかった地方への導入」(F・L・ガンスホーフ)[16]、そしていささか極端な見方として「伯がパーグスを思いのままにウィカーリアに分割した」(M・ガロー)[17]、とするような事態が生じたとされる。これら通説的見解の論者は、そもそも領域呼称「ウィカーリア」がその統括者「ウィカーリウス」の職名に由来することを、あたかも自明と観念しているかのように思われる。

しかし、たとえば伯領のおなじ下位区分がセーヌ川以北ではケンテーナ centena、あるいは稀にではあるがグラフィア grafia と称されたり[18]、ル・マン地方ではコンディタ condita なる名称をもっているところからも明らかなように[19]、その領域呼称に明瞭な地域的特性があり、さらにその統括者の呼称も異なるという事実は、実はそれらが決して画一的な組織改革の所産などではなく[20]、地域によって異なった形成原理と固有の歴史的条件を背景として形成されて来た自生的領域区画を、この時期にカロリング王権が在地支配の単位として国制組織のうちに編入・統合した結果ではなかろうかという推測を可能ならしめる。

本章の課題は、以上に述べたような展望にたち、ロワール川以南に集中して見られるウィカーリアの実体と在地秩序の構造とを、フランク国制史研究のうえで多くの議論をよんでいるユーデクス judex の問題と関連させつつ素描するところにある。

二　メロヴィング朝期のウィカーリウス

メロヴィング朝期ガロ・ローマ領域の官職組織を網羅したとされる、いわゆる『官職要覧』[21]は、ウィカーリウスについて以下の如く規定している。すなわち「伯 comes がキウィタスの要用で、国王もしくはパトリキウスのもとへ伺候するとき、伯の代理をする者、それがウィカーリウスである」[22]（テクストG）、「伯がキウィタスの要用で国王のもとに伺候するか、または不在の折にその代理をする者、それがウィカーリウスと称される」[23]（テクストV）。

見られるように、いずれのテクストでもウィカーリウスは独自の管轄領域をもたない、伯の単なる下僚・代理役人として官職体系の中に位置づけられている。このようなウィカーリウスのあり方は他の史料によっても確認される。たとえばトゥール司教グレゴリウスが『歴史十書』のある箇所で言及している元《もと》ウィカーリウス・インユリオスス Iniuriosus ex vecario[24]や、あるいは六六一年頃のものとされるキルデリク二世の証書に、ラン Laon の伯ベルトイヌス comes Bertuinus[25]とともに、その被伝達人の一人として記載されているウィカーリウス・ベルテランドゥス vicarius Berthelandus などがそうである。トリーアのザンクト・マクシミン教会から発見された、六世紀末から七世紀初頭にかけての時期のものと思われる碑文にウィカーリウス・ホデリクス vicarius Hodericus なる人物が姿を見せるが、はたして彼が『官職要覧』に示された如きウィカーリウスであったか否かは確認できない[26]。

他方、前記の『官職要覧』の規定にもかかわらず、現実には既に六世紀末に固有の管轄領域を有したと考えられるウィカーリウスが存在した。グレゴリウスは『歴史十書』十書第五章で「そのパーグスを裁判権をもって統治していたこのウィカーリウス・アニモドゥスの裏切りで hoc Animodi vicarii dolo, qui pagum illum judicaria regbat potestate, fuisset」[27]と述べ、トゥール地方のパーグスでウィカーリウス・アニモドゥスが裁判権をもって支配していたことを明らかにしている。おそらくこのアニモドゥスは当該地方をコメスの代理役人として支配すべく、公権力を賦与されて派遣されたウィカーリウスであったと思われる。

したがって実際には『官職要覧』で示された如き、コメスの不在の際にその代理人としてキウィタス領域全体を統治する本来のウィカーリウスと、キウィタスの下位領域パーグスを恒常的に統治し、コメスの支配権を限定された小領域で代行するという意味でのウィカーリウスという、それぞれ異なる範疇に属する二様のウィカーリウスが早くから存在していたことになる。両者がフランク支配の当初から併存していたのか、それともそれぞれの存在形態の間に何らかの年代的な先後関係があったかどうかを、史料に則して具体的に明らかにするのは、ウィカーリウスに関する貧しい史料所見からして、とうてい不可能な作業である。けれども五八五年のマコン公会議決議、およびその二週間後に発布されたブルグンド王グントラムの勅令の文言から、きわめて一般的・概括的にではあるが、ウィカーリウスをめぐる国制状況を把握することはできる。

まずマコン公会議決議第十四条は、国王の側近、あるいは世俗権力の掌握者が、他人の財産を略取したり、細民の農地や家屋敷を不法に占拠しようとしていると糾弾している。[28] この決議に応える形で直ちに発布されたグントラムの勅令には、先の第十四条に正確に対応する王権の側からの回答が見出される。コメスに対してそれは以下の如く命じている。「みずからに委任された領域にわたって、ウィカーリウスもしくは、たとえいかなる者であれ側近の者を任命したり、派遣したりしてはならない。然らざれば彼らは悪しき行いを認めつつ取引をしたり、また何人にたいしても不当な没収をしかねないからである」[29]と。

このように、公会議において不法行為のゆえに諸司教の非難の的となった世俗役人とは、実はウィカーリウスにほかならなかったことが、公会議決議と勅令との緊密な対応関係から明らかとなるのである。このことはまた、六世紀末の時点で、独自の管轄領域を有するウィカーリウスの存在がかなり一般化し、公権力を背景として彼らの行う諸活動、あるいは不法行為が在地の既存の秩序に攪乱的に作用し、深刻な社会的不安を醸成していたことも示唆しているのである。この勅令発布の前年の五八四年に、ネウストリア王キルペリク一世が死去したが、その折、彼の遺児クロタール二世の後見人としてグントラムはネウストリア王国をも支配しており、事実この勅令が発行された場所はネウストリア王国はアミアン地方のペロンヌ Péronne であった(30)。それゆえこの勅令はブルグンド王国のみならず、支配領域の拡大に際して、新たな領土となったネウストリア王国を含めての、おおよそガロ・ローマ領域全体に対する統治の基本方針を表明したものと理解されよう。キウィタス領域が他の地方に比して一般に広大であったロワール川以南のガロ・ローマ地方において、効果的支配を行うために、コメスが管轄領域全体にウィカーリウスを自らの代理人として分散配置する傾向が強かったことは容易に推定しうるところである。

次に、ウィカーリウスが独自の管轄領域を有していたことを、史料によって確認できる唯一の事例であるグレゴリウスの『歴史十書』十書第五章のウィカーリウス・アニモドゥスが統括していた「パーグス」とは、そもそもどのような実体であり、いかなる歴史的性格を有していたかを検討してみよう。

三　パーグスの構造

帝政末期ローマのガリアにおける支配・行政の単位は、周知の如くキウィタスと呼ばれる政治権力の拠点たる都市的中心と、その周辺に広がる農村地方を含んだ比較的広大な領域であった。このキウィタスは、より狭小な領域単位たる複数のパーグスの集積から成っている。(31) いくつかの碑文史料がパーグスの統括者と推定される praefectus pagi, aedilis pagi, magister pagi について言及していることから、ガロ・ローマ期にパーグス自体ひとつの政治的団体を成していたものと推定される。(32)

ところでキウィタスの下位区分としてのパーグスの領域的性格は、民族移動期を経た後も、六、七世紀の南、西ガリアで維持されたことが若干の史料から確認される。例えば七世紀末のポワティエ司教アンソアルドゥスの遺言状の中の不動産処分に関する一節に「その名前が以下のように呼ばれる土地、すなわちパーグス・ブリオシンセのアシナリア、パーグス・インゴリニンセのオルカンドゲル Locella...quorum sunt vocabula, Asinaria in pago Briosinse, Orcandogelu, in pago Ingolininse」(33) なる文言が見出されるが、これら二つのパーグスともポワティエ伯領 civitas Pictaviensis の下位区分である。ル・マン地方、(34) トゥール地方でも同様のパーグスが存在し続けた。トゥール地方の事例は「その頃、トゥールの町に属するパーグス・イシオドレンシスおよびベッラベンシスがひどい略奪・破壊に曝された Graviter tunc pagi Isiodorensis ac Berravensis urbis Toronicae devastati sunt」というトゥール司教グレゴリウスの記述である。見られるように両パーグスともトゥール伯領 civitas Turonensis の下位区分として位置づけられている。(35)

これらガロ・ローマ人のパーグスの間に、帝政最末期から民族移動期にかけてフランク人をはじめとするゲルマン諸部族の定住によって、いわゆる「部族パーグス」(36) の形成が見られたが、その数はおそらく一般に考えられているほど多くはない。ロワール川以南の地方においては特にそうであった。もっともこうした伝統的なパーグス概念と並んで、キウィタスとまったくおなじ意味でパーグスなる語を使用する例も史料に散見されるが、これは明らかにゲルマンの「ガウ Gau」概念のキウィタスへの適用の結果か、あるいは単なる領域を意味する territorium の同義語で、従来のパーグスの内部構造、あるいはキウィタスとパーグスとの関係の変化を示唆するものではない。

それではパーグスの領域的構造はいかなるものであったか。パーグスの中心に小集落であるウィークスがあり、パーグスの名称がそのウィークス名に由来することは、前に引用したトゥール地方のパーグス・イシオドレンシスおよびベッラベンシスが、それぞれウィークス・イキオドルス vicus Iciodorus[37]、ウィークス・ベッラウス vicus Beraus[38]に対応することからも疑いえない事実である。帝政ローマ末期からポスト・ローマ期にかけての、このウィークスなる集落形態の機能と実体が近年とみに研究者の関心をひき、急速に研究が進展しつつあるが[39]、ここでは論述に必要な最小限度の一般的諸特徴を指摘するにとどめたい。

ウィークスの第一の特徴は、それが主要な街道沿いの宿駅にあたる場所、渡船場、渡河地点などに位置していることである。トゥール司教グレゴリウスの『歴史十書』の末尾に記された歴代トゥール司教の事績録には、六世紀末まで教区教会の建立された総計二七に及ぶトゥール地方のウィークスが列挙されているが、その全てが主要街道、河川沿いに見出される[40]。この事実からウィークスが単なる農民集落ではなく、市場集落としての性格を具えた地域流通経済の拠点として機能を果たしていたと推定される[41]。この点で五世紀中葉のウァレンティニアヌス帝の新勅令が、商人が都市を離脱してウィークスや港湾、農村で商業活動を行うようになり、流通税等の租税収入が減じたことを嘆いている事実は非常に示唆的である[42]。おそらく帝政最末期には、これら農村へ脱出した商人を加えてウィークスが周辺農村領域における商品流通・商業活動の拠点となったことは疑いない。ル・マン地方やトゥール地方の事例から推定して、メロヴィング朝期の多くのウィークスは造幣所を具えていたと考えられる[43]。

また他方においてそれは宗教・祭祀の中心地でもあった。そこには小規模ながら神殿や劇場、公衆浴場[44]が建設され、ローマ的生活様式が支配していたのである。初期の司教たちの農村地方での布教活動が、したがって、先ずなによりもウィークスの宗教的機能を、異教的なものからキリスト教のそれに転換することに向けられたのは当然であった。スュルピキウス・セウェルスの著わした『マルティヌス伝』は、ガリアで最高の崇敬をかち得たこのトゥール司教の土着の宗教との熾烈な闘いを、「彼〔マルティヌス〕はあるウィークスで古来の神殿を倒壊させた後、その神殿の近くに生えていた松の木に向かってこれを切り倒すべく進みでた…… Cum in vico quodam templum antiquissimum diruisset et arborem pinum, quae fano erat proxima, esset adgressus excidere...」(45)、「彼があるウィークスで古くからの、有名な神殿に立ち向かったとき……Cum in vico quedam fano antiquissimo et celeberrimo immisiset ...」(46)、「癩者集落という名前のウィークスで、彼は迷信の源であるおなじように壮麗な神殿を倒壊させようと望み、この土地の多くの民が彼に抵抗し…… In vico autem cui Leprosum nomen est, itidem templum opulentissimum superstione religionis voluisset evertere, restitit ei multitudo gentilium...」(47)の如く記している。これらの記述は闘いの場が主としてウィークスであったことを明確に述べている。異教の神殿を破壊したその同じ場所を新たな宗教の中心地とすることは、最も効果的な異教弾圧策であり、キリスト教の布教策でもあったのである。おなじくスュルピキウス・セウェルスは次のように語っている。「異教神殿を破壊したその場所に、教会または修道院を建てた Ubi fana destruxerat, statim ibi aut ecclesias aut monasteria construebat」(48)。

このようにしてウィークスは農村地方教区教会の所在地となった。G・フルニエは南部オーヴェルニュ地方の中世初期定住史研究の中で、この地方のウィークスのほとんど全てが最古の教区教会の所在地であることを論証しているし、R・シュプランデルはル・マン地方のウィークスについて同様の確認を行っている(49)。かくてウィークスを中心とする小領域 pagus は六世紀以降小教区 paroisse としての性格をそなえ、領域秩序の極めて強固な核を形成することになる。G・フルニエが述べるように、「古くからウィークスを特徴づけてきたことは、その行政的・経済的・宗教的諸機能の結果として、それがいわば地方的な小首都の役割を果たしてきたということである」[50]。

在地の裁判秩序に関する若干の検討と、領域呼称ウィカーリアの起源についての仮説の提示が次節の課題である。

四　ユーデクスとウィカーリアの形成

フランク時代のユーデクスに関する旧来の通説的見解は、E・F・フォン・グッテンベルクの一論文のタイトル「ユーデクス、すなわち伯またはグラフィオ」[51]が端的に示しているように、ユーデクスなる用語が実際にはコメスおよびグラフィオを指示する一般的総称であるという点で意見の一致をみていた[52]。これに対してD・クラウデは異論を唱えている[53]。彼はまずコメス、グラフィオがユーデクスと形容されうることを承認しつつも、その逆、すなわちこれら二官職の保有者のみが排他的にユーデクスと表現されたという見解をしりぞけ、トリブーヌス、ウィカーリウス、ケンテーナーリウスなどの下級の裁判主宰者もユーデクスと形容された可能性を指摘した[54]。そもそもユーデクスなる用語は極めて一般的な意味内容をもった語であり、P・D・キングの西ゴート王国に関する所見を引用するのが許されるとするならば、「ユーデクスは単に裁判官を意味する語以外の何ものでもなかった」のである[55]。換言すれば、何らかの意味で裁判権を掌握し、裁判を主宰する者は、こうした機能のゆえにつねにユーデクスと形容されたのである。既に引用したトゥールの一地方のウィカーリウス・アニモドゥスは「裁判権をもって iudecaria potestas」当該パーグスを支配していたが[56]、その裁判機能によって彼がユーデクスと称されたことはまず間違いない。またサリカ法領域においても五九六年のキルデベルト二世の告示第九条「もし誰かケンテーナーリウスたる者、またはユーデクスたる者は誰であれ Si quis centenario aut cuilibet iudices」[57]なる文言から、ケンテーナーリウスがユーデクスと等置されていたことがわかる。

このことと関連して『アンジェ地方書式集』に収録されている、証書類の再交付の手続に関する一連の書式内容はまことに興味深い。[58] 同書式集三一番および三三番には、夜間に盗賊団の襲撃を受けたり、軍事活動または火災等で証書を失った者は、「翌朝ただちにユーデクス・プーブリクスおよび近隣の住民」[59]、「さらに教区民全員を呼び集め」[60]、被害の実情を検分してもらった後に、都市アンジェ Andecavis civitate で遅滞なく承認を得られるように、被害報告書に証人 boni homines の署名を得べきことが指示されている。

ここで被害者が訴えるべきユーデクスは、クラウデも主張している如くコメスではありえない。[61] なぜならここでは、ユーデクス・プーブリクスが常に突発的事件に対応可能なものと想定されているからであり、これに対してコメスの管轄領域の広大さは、このような活動を許さないからである。[62] したがってこれらの書式に登場するユーデクス・プーブリクスは農村地方に常駐するコメスの下僚、もしくは在地の裁判主宰者でなければならない。おそらくこの村落裁判主宰者はウィークスに居住し、ここからパーグス全体の裁判を統括していた。『アンジェ地方書式集』三一番の「某小教区全体 universa parocia illa」なる文言は、ユーデクス・プーブリクスの管轄領域が同時に小教区(=パーグス)であったことも明らかにしているのである。

次にユーデクスの実体がコメス、グラフィオであるのか、あるいはウィカーリウスをはじめとする村落裁判主宰者であるのか、この議論全体に大きな影響を及ぼす六一四年のクロタール二世のパリ勅令について検討しよう。

その第十二条と十九条の規定はそれぞれ、「いかなるユーデクスも他の地域または地方から de aliis provinciis aut regionibus 任命されてはならない。というのはもしユーデクスが違法な裁判を行った場合、彼が不当に取り上げたものが法に従って、彼の財産によって賠償されなければならないからである」[63]、「いろいろの地方に所領をもつ司教及びポテンテースはユーデクスやミススmissusを他の地方から任命してはならない。裁判を司る者が土地の者でない場合は、その地の者に裁判権を返還すべし」[64]と規定している。通説はとりわけ第十二条のユーデクスを一義的に伯(コメス、グラーフ)と理解し、この規定を「伯職が土地所有貴族に引渡されてしまった」という事実、すなわち王権の「貴族」勢力への屈服を意味する規定と考えたのである。[65]果たしてこのような説明は可能であろうか。ことはユーデクスの実体いかんにかかっている。

フランク時代の勅令・告示には、通常当該文書の宛先が明記されている。メロヴィング朝期の勅令の場合も例外ではない。たとえば先に引用した五八五年のグントラムのそれは、「われらの支配領域に配されたすべての司教、聖職者全体、およびあらゆるユーデクス Omnibus pontificibus ac universis sacerdotibus et cunctis iudicubus in regione nostra constitutis」[66]に、五九六年のキルデベルト二世のそれは「貴顕の士たち viris inlustribus」[67]に、またクロタール二世自身のもうひとつの勅令(五八四―六二八年)は、「すべての役人たち Omnebus agentibus」[68]にそれぞれ宛られている。世俗役人に関する場合、それらはいずれもコメス、グラフィオなどの国王役人を意味している。残念ながら六一四年の勅令にはこうした宛先が明示されていない。だが文書の伝達形式というきわめて伝統的な要素が急激な変化を蒙るとは考えられず、また他ならぬクロタール二世のいまひとつの勅令はこうした形式を踏襲しているのだから、六一四年のそれも明示的に指示されていないとはいえ、コメス、グラフィオなどの国王役人に宛てられていたと判断して大過ないであろう。

もしこのような説が成りたつとすれば、第十二条のユーデクスはコメス、グラフィオではなく、彼ら自身がその任命権を有する村落の裁判主宰者であったと考えねばならない。また不法行為の賠償をユーデクス自身の財産をもって行うべしとする規定も、通説の言う如く——この点はわれわれも同意見である——それが土地財産であり、しかもユーデクスがコメスであるとするならば、その広大な管轄領域はこうした規定を全く無意味なものとしている。けだし一介の農民が数十キロ、時として一〇〇キロも離れたところにある土地財産によって賠償されたとしても、それはほとんど実効性のない賠償と言わざるをえない。第十二条の規定は、管轄領域の狭小な村落裁判主宰者を意味することによってのみ、有効な規定として生きてくるのである。

また通説では「他の地域または地方から de aliis provinciis aut regionibus」の文言が、「地域または地方 provincia aut regio」なる表現のゆえをもって「他の伯の管轄領域」と諒解しているが[69]、五一一―五五八年の「キルデベルトとクロタールの協約 Pactus Childeberti et Chlotharii」の第十六条に[70]、キウィタスの下位領域にも比すべき小定住領域の裁判主宰者ケンテーナーリウスの活動領域が、プロウィンキアと表現されていることからもわかるように、下級村落役人の管轄区を指示する表現たりえたのである。

以上の検討からも、パリ勅令に登場するユーデクスがコメス、グラフィオではなく、より小さな領域を管轄区とするウィカーリウスなどの村落裁判主宰者であり、勅令そのものが王権と「貴族」勢力の力関係、すぐれて政治的な過程の所産というよりも、第一節で言及した五八五年のグントラムの勅令において先駆的に示された、下層民の保護[71]を含めての在地の自律的秩序の維持、社会秩序の安定を意図した王国統治の基本原則の表明と理解することができるのである。

ウィークスを中心とし、パーグスを空間的枠組とする小領域は、その統括者の個々の変動を別にすれば、全体としてみると裁判管轄区、あるいは教区団体としてより構造化され結晶化され、充実・発展していったものとみられる。だが言うまでもなくメロヴィング初期にはキウィタス領域全体が、くまなく下位区分パーグスに分割されていたわけではなく、森林・荒蕪地・沼沢地がいまだかなりの比重を占めていた。メロヴィング朝期の証書史料のほとんどすべてがキウィタス名と当該 villa, locus 名の挙示だけで済ませているのは、こうした定住地の量的僅少さに対応するものである。だが七世紀後半から八世紀にかけて、こうした定住状況に大きな変化が生じる。すなわち人口の増大とそれに伴う森林の開墾、荒蕪地の開発、沼沢地の灌漑等によって定住領域が拡大し、これまで政治的・経済的に真空地帯となっていた場所に新たな集落が形成されるようになると、当然ながら同名村落の識別上、また新たなパーグスの創設をも勘案するならば、領域的帰属の一層の明確化が要請されるようになる。おそらくメロヴィング朝末期に成立したと思われる“in pago illo, in vicaria illa, in villa illa”なる書式の登場は、このような要請に応えるものであった見ることができる。この場合のパーグスは、言うまでもなくかつてのキウィタスと同一の領域的広がりを意味している。問題はウィカーリアが何に由来するかである。

この点で示唆的なのは『オーヴェルニュ地方書式集 *Formulae Arvernenses*』第六番である。そこには「オーヴェルニュのパーグス、乙ウィークス、丙ウィラ in pago Arvernico, in vico illo, in villa illa」なる文言が見出される。(72) この場合 in vico illo は in vicaria illa と同一の実体を意味すると考えられるから、ウィークスとウィカーリアとの関連は明白であり、ウィカーリアなる領域はウィークスを中心としてその周辺に広がる領域として形成されたと理解されねばならい。すなわちウィカーリアなる用語は、その統括者ウィカーリウスではなく、パーグスの中心集落ウィークスからの派生語と考えられるのである。この事実はガロ・ローマ領域においてローマ帝政末期以来のウィークスが民族移動期にその姿を消すどころか、その多様な機能を不断に強化し、在地の領域的秩序の核を形成しつつ、その相対的自律性をも維持したことを推定せしめるものである。

おわりに――カロリング朝初期のウィカーリウス――

前節で述べた如きウィークスを拠点とする農村小領域の統括者としてのウィカーリウスに関し、その権限内容について史料が具体的に言及するのはカロリング朝期に入ってからである。すなわち勅令は「ウィカーリウスおよびケンテーナーリウスの面前では、皇帝の巡察使もしくは伯の臨席のない限り、財産と自由について判決されたり、審理されたりしてはならない(73)」とか、「土地財産や人的自由 res et mancipia についてはウィカーリウスやケンテーナーリウスの面前で審理されてはならない(74)」と規定している。従来これらの所見はコメスとウィカーリウスの「裁判管轄の分割」として理解されている(75)。刑事事件、土地及び自由身分に関するカウサエ・マイヨーレス causae maiores(重罪事件)と、その他のカウサエ・ミノーレス causae minores(軽罪事件)とが分離・分割されコメスが前者を、ウィカーリウスは後者のみを管轄するところとなったという論拠を、通説はこれらの規定のうちに求めているのである。

だがこのような把握の仕方は、いささか皮相であると言わねばならない。勅令はウィカーリウスの権限を専ら消極的に限定しているにすぎないからである。既に引用した規定以外にもウィカーリウスへの贈物の禁止、違法行為をなすウィカーリウスの更迭命令、ウィカーリウスの法の熟知と順守等(76)が義務づけられているばかりか、勅令でのウィカーリウスへの言及は、そのほとんど全てがその国法上の不法行為の停止を呼びかける内容のものである。これらの規定はウィカーリウス「職」を担った社会層がカロリング国制にとって、あたかも異質な存在であるかの如き印象を与えている。

われわれは、こうした規定は実は「裁判管轄の分割」というより、むしろカロリング国制組織上コメスの下僚として捉えられることとなった、メロヴィング朝期以来の系譜を引く村落裁判主宰者の管轄権能を制限し、彼らから在地の裁判秩序の内包する「古き権利」を剝奪することにこそ真の意図があったと推定する。[77] ガロ・ローマ領域では、メロヴィング朝期を通じて村落裁判は刑事事件、自由身分、土地等に関する訴訟を含めてすべての審理を行ってきており、王権がそれに制限を加えた形跡はまったくない。こうした裁判秩序はメロヴィング朝期を通じて一貫して維持され、シャルルマーニュの時代に至って初めて領域支配の貫徹を自覚的に追求する支配原理の攻勢を前にして、根底的な変革の危機にさらされたのである。カロリング朝初期の諸勅令に散見されるウィカーリウス規定の意味するものは、それゆえ単なる裁判制度の改革ではなく、伝統的な「在地秩序」に対する王権の直接介入という、ガロ・ローマ領域における国制秩序そのものの転換であったのである。

（1） H. Brunner/Cl. Fr. von Schwerin, *Deutsche Rechtsgeshichte*, Bd. 2, 2 Aufl., Berlin, 1958, p. 238.

（2） "hoc est res proprietatis meas sitas in pago Biturigis in vigarias illas et illas, in villa cuius vocabulum est illa....", Formulae Bituricenses no. 15, in *M. G. LL. Formulae*, t. 1, p. 175.

（3） M・ガローはカロリング期の vicarius と十、十一世紀の城主・城代との系譜上の連続性を、ポワティエ地方の所見に依拠しながら主張する(M. Garaud, "Les constructions de chateaux et les destins du vicarius et de la vicaria carolingiens en Poitou", in *Revue hist. de droit français et étranger*, 1953, pp. 54–78)が、厳密にどの程度一般化しうるかについては疑問なしとしない。

（4） G. Duby, "Recherches sur l'évolution des institutions judiciaires pendant le Xe et le XIe siècles dans le Sud de la Bourgogne", in *Homme et structure du moyen âge*, Paris, 1973, pp. 27–28; R. Latouche, *Les origines de l'économie occidentale (IVe–XIe siècles)*, Paris, 1956, p. 320, n. 1.

（5） オルレアン地方については、Formulae Extravagentes I, no. 10, in *M. G. LL. Formulae*, t. 1, p. 539. またシャルトル地方については A. Chédeville, *Chartres et ses campagnes XIe–XIIIe siècles*, Paris, 1973, pp. 254–255 参照。

（6） G. Devailly, *Le Berry du Xe au milieu du XIIIe siècle*, Paris, 1973, p. 77.

(7) Garaud, *op. cit.*, p. 54 et sq.

(8) *Cartulaire de Beaulieu*, ed. M. Deloche, Paris, 1859, introduction pp. CLXV–CLXXII.

(9) G. Fournier, *Le peuplement rural en Basse Auvergne durant le haut moyen âge*, Paris, 1962, p. 311.

(10) E. Delcambre, "Géographie historique du Velay, du pagus au comté et au baillage", in *Bibliothèque de l'École des Chartes*, vol. 98, 1937, pp. 25–28.

(11) A. Déléage, *La vie économique et sociale de la Bourgogne dans le haut moyen âge*, Mâcon, 1941, t. 1, pp. 624–630; G. Duby, *La société aux XIe et XIIe siècle dans la région mâconnaise*, Paris, 1953, pp. 102–103.

(12) C. Devic/J. Vaissete, *Histoire générale de Languedoc*, éd. A. Molinier, réimp. 1972, t. XII, pp. 194–197; E. Magnou-Nortier, *La société laïque et l'église dans la Provence ecclésiasitique de Narbonne de la fin du VIIIe à la fin du XIe siècle*, Toulouse, 1974, pp. 183–189.

(13) F. L. Ganshof, "Charlemagne et les institutions de la monarchie franque", in *Karl der Grosse*, t. 1, Düsseldorf, 1966, p. 376.

(14) H. Brunner/v. Schwerin, *op. cit.*, pp. 236–238.

(15) *Ibid.*, p. 238.

(16) Ganshof, *op. cit.*, p. 377 et n. 211.

(17) Garaud, *op. cit.*, p. 61.

(18) "...in pago illo in grafia illa, super fluvium illum...", Cartae Senonicae, no 31; "...qui est in pago illo, in grafia illa, in loco qui vocatur ille...", Formulae Senonenses Recentiores, no. 7, in *M. G. LL. Formulae*, t. 1, p. 199 et 214.

(19) R. Sprandel, "Grundbesitz-und Verfassungsverhaltnisse in einer merowingischen Landschaft: die Civitas Cenommanorum", in *Adel und Kirche, Festshrift für G. Tellenbach*, Freiburg/Basel/Wien, 1968, p. 35.

(20) Ganshof, *op. cit.*, p. 376.

(21) R. Buchner, *Deutschlands Geschichtsquellen im Mittelalter. Vorzeit und Karolinger. Die Rechtsquellen*, Weimar, 1953, p. 60 参照。

(22) "Uicarius, qui uice comitis uel quando comis pergit pro necessaris ciuitatis sue ad regem siue patricium,...id est uicari", ed. par. G. Baesecke, "De gradus Romanorum", in *Festschrift für. R. Holtzmann*, Berlin, 1933, pp. 2–3. なお本文のテクストGはザ

ンクト=ガレン本、テクストVはヴァティカン本の相異なる二つの写本を意味している。

(23) "Uicarius qui quando comes ad regem wadit ad causas ciuitatis sue discutiendas, uicem ipsius tenet, et ideo uicarius nominatur", *ibid.*, p. 2-3.

(24) "Armentarius...ad exegendas cautionis, quas ei propter tributa publica Iniuriosus ex vecario, ex comite vero Eonomius doposuerant, Toronus advenit.", Greg. ep. Turo. Historiarum libri X, lib. VII, c. 23, in *M. G. SS. r. Mero.*, t. 1, pars. 1, p. 343.

(25) Diplomata e stirpe Merowingicarum, ed. G. H. Pertz, no. 25, in *M. G. DD*, t. 1, p. 25 参照。

(26) "Hic requies data Hoderici membra sepulcrum, qui capus is nomero vicarii nomine sumpsit. Fuit in pupulo gratus et in suo genere primus. Cui uxor nobilis pro ampre tetolum fieri iussit. Qui vixit in saeculo annus plus menus...L, cui deposicio fuit in saeculo VII, Kal, Augustas.", in *Corpus Inscriptionum Latinarum*, t. XIII, no. 3683.

(27) Greg. ep. Turo. Historiarum libri X, lib. X, c. 5, *op. cit.*, p. 487.

(28) "XIV. Ex interpellatione quorumdam cognovimus calcatis canonibus et legibus hi, qui latere regis adhaerent, vel alii, qui potentia saeculari inflantur, res alienas competere et nullis exertis actionibus aut convintionibus praerogatis miseros non solum de agris, sed etiam de domibus propriis exolare...", Concilium Matisconense, a. 585, in *M. G. LL. Concilia*, t. 1, p. 170.

(29) "Non vicarios aut quosqunque de latere suo per regionem sibi commissam instituere vel destinare praesumant, qui quod absitt malis operibus consentiendo venalitatem exerceant, aut iniqua quibuscumque spolia inferre praesumant.", Guntchramni regis edictum, in *M. G. LL. Capitularia*, t. 1, p. 12.

(30) *Ibid.*

(31) A. Grenier, *Manuel d'archéologie gallo-romaine*, première partie, Paris, 1931, p. 145.

(32) *Ibid.*, p. 146.

(33) J.-R. Pardessus, *Diplomata, Chartae, Epistolae, Leges*, t. 2, no. 438, réimp. Aalen, 1969, pp. 239–240. なおポワティエ地方のpagusに関してはM. Garaud, "Les oirgines des "pagi" poitevins du moyen âge (VIe–XIe siècles)", in *Nouvelle Revue hist. de droit français et étranger*, 1949, pp. 543–561. 参照。

(34) Sprandel, *op. cit.*, p. 35.

(35) Greg. ep. Turo. Historiarum libri X, lib. VI, c. 12, *op. cit.*, p. 283.

(36) 「部族 pagus」の概念については D. Claude, "Untersuchungen zum frühfränkischen Comitat", in *Z.R.G. G. A.*, t. 81, 1964, p. 19 および本書第七章参照。

(37) Greg. ep. Turo. Historiarum libri X, lib. X, c. 31, *op. cit.*, p. 529.

(38) *Ibid.*, p. 530.

(39) この時代の vicus を扱った邦語文献としては下野義朗「フランク時代の《vicus》の実体について」『史学雑誌』第七一編第一号、一九六二年、がある。しかしこの論文における下野氏の問題意識は《vicus》という集落形態そのものの社会的経済的性格、あるいは周辺領域の中で果たす機能よりは、《vicus》住民の法的地位の解明に向けられている。

(40) Greg. ep. Turo. Historiarum libri X, lib. X, c. 31, *op. cit.*, pp. 526–537.

(41) A. Grenier, *Manuel d'archéologie gollo-romaine, deuxième partie*, Paris, 1934, p. 695 et sq.

(42) R. Doehaerd, "Impots directs acquittés par des marchands et des artisants pendant le haut moyen âge", in *Studi in onore di A. Sapori*, t. 1, Milano, 1957, p. 57.

(43) Sprandel, *op. cit.*, pp. 37–38.

(44) Grenier, *Manuel d'archéologie gollo-romaine, deuxième partie*, p. 702.

(45) Sulpicii Severi de Vita beati Martini Liber unus, c. 13, in *Patrologiae Latinae*, t. 20, col. 167.

(46) *Ibid.*, c. 14, col. 168.

(47) *Ibid.*, c. 15, col. 169.

(48) *Ibid.*, c. 13, col. 167.

(49) Fournier, *op. cit.*, pp. 130–190; Sprandel, *op. cit.*, p. 36 参照。

(50) Fournier, *ibid.*, p. 199.

(51) E. F. v. Guttenberg, "Iudex h.e. Comes aut Grafio. Ein Beitrag zum Problem der fränkischen Grafschaftverfassung in der Merowingerzeit", in *Festschrift für E. E. Stengel*, Münster/Köln, 1952, pp. 98–129.

(52) *Ibid.*, passim. H・ミッタイス『ドイツ法制史概説』世良晃志郎訳、創文社、一九五二年、第四版、九七頁参照。

(53) Claude, *op. cit.*, pp. 32–45.

(54) *Ibid.*, pp. 38–45.

(55) P. D. King, *Law and Society in the Visigothic Kingdom*, Cambridge, 1972, p. 80.

(56) 本章第二節参照。

(57) Childeberti secundi, Decretio, c. 9, in *M. G. LL. Capitularia*, t. 1, p. 17.

(58) Formulae Andecavenses no. 31, 32, 33, in *M. G. LL. Formulae*, t. 1, pp. 14–15.

(59) "Proinde necesse fuit sepedicto illo in crastenum maturius mane iudici pupulico, vicinis circa manentis", Formulae Andecavenses no. 33, *op. cit.*, p. 15.

(60) "necesse ei fuit advocare…et universa parocia illa…", Formulae Andecavenses no. 31, *op. cit.*, p. 14.

(61) Claude, *op. cit.*, p. 39.

(62) *Ibid.*

(63) "c. 12. Et nullus iudex de aliis provinciis aut regionibus in alia loca ordinetur; ut si aliquid mali de quibuslibet condicionibus perpetratverit, de suis propriis exinde quod male abstolerit iuxta legis ordine deheat resturare.", Edictum Chlothacharii, in *M. G. LL. Capitularia*, t. 1, *op. cit.*, p. 22.

(64) "c. 19. Episcopi vero vel potentes qui in alias possedent regionis iudicis vel missus discursoris de alias provincias non instituant, nisi de loco, qui iusticia perpiciant et aliis reddant.", *ibid.*, p. 23.

(65) H・ミッタイス前掲訳書、九七頁。世良晃志郎「フランク時代における貴族土地所有」久保正幡編『中世の自由と国家』上巻、創文社、一九六三年、七四頁参照。

(66) Capitularia, t. 1, *op. cit.*, p. 11.

(67) *Ibid.*, p. 15. M・G版では "Childebertus, rex Francorum, vir inluster" となっており、vir inluster は国王の称号と解する他はないのだが、実はJ・アヴェ (J. Havet, "Questions mérovingiennes I. La Formule; N. Rex Francorum V. INL.", in *Bibliothèque de l'École des Chartes*, vol. 46, 1896, pp. 138–149) は、メロヴィング諸王の発した真正証書約九〇点のうち、写本ではなく原本として伝わっている五〇点の証書には国王称号としての vir inluster は記載されておらず、その代わり与格複数型 viris inlustribus が記されており、このことから写本における vir inluster は証書の被伝達人を示す viris inlustribus の省略形 V. INL. の誤写であることを古文書学的に論証している。おそらくこの結論はキルデベルトの告示にもあてはまるであろう。

(68) *Ibid.*, p. 19.

(69) Guttenberg, *op. cit.*, p. 103.

(70) "...centenarii inter communes provincias habeant latrones persequere...", Capitularia, t. 1, *op. cit.*, p. 7.

(71) R. Sprandel, "Struktur und Geschichte des merowingischen Adels", in *Historische Zeitschrift*, t. 193, p. 63.

(72) Formulae Arvernense, no. 6, *op. cit.*, p. 31.

(73) Capitularia missorum Aquisgranense pririmum. a. 810, c. 3, Capitularia, t. 1, *op. cit.*, p. 153.

(74) Capitularia missorum Aquisgranense secundum. a. 810, c. 15, Capitularia, t. 1, *op. cit.*, p. 154.

(75) J. Ellul, *Histoire des institutions, de l'époque franque à la Révolution*, 4 éd. Paris, 1964, p. 79 参照。

(76) Capitula omnibusus cognita facienda a. 810–804 (801–806), Capitularia., t. 1, *op. cit.*, pp. 143–144.

(77) 木村尚三郎「封建社会をめぐる理論的問題」『歴史学研究』二四六号、一九六〇年、二九頁は、causae maiores と causae minores のいわゆる「裁判管轄の分割」に関し、王権によるこの政策の意図を、「伯権力を causae maiores にのみ限定して、伯を抑圧しようと」するためのものであり、そしてこのようにして伯から奪われた causae minores は在地の世俗大土地所有者から採用された vicarius に賦与されたと理解した。vicarius の社会的実体に関しては、われわれもまた木村氏と同意見である。だがその他の諸点については同意できない。第一に、伯によって選任され伯にたいして誠実宣誓を行うウィカーリウスがいかにして伯権力の抑止力たりうるであろうか。第二に、「裁判管轄の分割」に関する勅令の当該条項は、伯権力の抑圧どころか刑事事件、自由身分及び土地に関する訴訟が伯の裁判権に帰属することを繰りかえし注意しているが、いったい刑事事件、自由身分、土地関係の訴訟を除外して具体的にどのような内容の事物管轄権が残るであろうか。われわれは「裁判管轄の分割」の意図を、むしろ征服地の人民掌握の効果的な手段として採用されて、自立的な在地の裁判主宰者(=vicarius)の「王法秩序」への編入に際して、彼らからその「古き権利」を奪うことにあったと考える。

第九章　隷属からもうひとつの従属へ
――フランク王国における奴隷解放と解放自由人(六―八世紀)――

はじめに

社会の基幹部分を構成する勤労大衆の身分規定がいかなる特質を有していたかという問いは、言うまでもなく歴史研究の最も基本的な問題である。この身分の問題を、より広範な連関のもとに中世史研究の具体的問題に置きかえるならば、封建的従属農民が生産の主要な担い手となる社会構成体がいつ、いかにして成立したのか、という問いとして提示することが出来よう。だがこの問題は現実には、主として時代的に先行する奴隷制社会の終焉に関わる問題としてこれまで考察されて来た。確かに、一方の死亡証明書が同時にそのまま他方の出生証明書となるような、無限に継起する時間世界を対象とする歴史研究のありように照らして見れば、奴隷制の終焉のうちに中世の領主制・農奴制誕生のすべての秘密が潜んでいると考えるのは理に適った、妥当な考えであった。

こうした研究のあらゆる出発点に位置するのは、遺稿として一九四七年に発表されたマルク・ブロックの論文「古代奴隷制はいかにして、なぜ終わったか」(1)、であろう。この見事な論文のなかで、ブロックは奴隷制の終焉についての考えうるほとんどすべての論点を提示しているが、さしあたりそのタイトルに掲げた問いに対しての回答として彼が引きだした結論は、「なぜ」に関しては、経済活動の総体的縮小過程下での奴隷労働の非効率性、奴隷制的経営の収益逓減であり、「いかにして」については、奴隷への世帯形成の承認と保有地の賦与であった。[2] そしてブロックは、五世紀から奴隷がその集住区画を出て土地を割当てられる動きが始まり、九世紀には農奴への上昇がほぼ完了したと見ている。[3]

これに対して、戦後の中世史学の旗手として強い影響力をもち続けているG・デュビィは、五〇年代末以後の数多くの論文や著書のなかで、むしろ従属的農民層成立史の側からこの問題を取り上げた。[4] デュビィは奴隷や没落しつつあった自由農民など法的資格を異にする多様な従属的生産者が、罰令権（バン）という強権によってひとしなみに領主権力の一円的な支配に取り込まれることによって、中世特有の農民身分が成立した、すなわち奴隷制が最終的に廃棄されたとする。[5] それは封建的領主層が罰令権という法的・政治的手段を用いて、比較的短期間のうちにドラスティックに敢行した「征服」[6]の成果であり、彼はこれを「封建革命」の名で呼んでいる。[7] デュビィのもとでは史料に基づいて直接に検証されたというより、多分に論理的要請のかたむきがあった奴隷制の存続の議論を、最近G・ボワはマコン地方の寒村ルルナンという極小世界を対象として、古代から封建期への移行を考察した野心的な著作においてさらに推進し、封建革命の汎ヨーロッパ的性格を強調したのだった。[8]

七九年に、P・ドッケスは『中世における解放』を著わし、議論に加わった。近世経済思想史および国際経済学を専門とするドッケスは、基本的にはマルクス主義的国家論と歴史理論を下敷にしながら、経済現象についての独自の解釈を示した。核心となる三点を列挙するならば、第一に奴隷労働の生産性は一般に決して低くはなく、したがって奴隷主による保有地賦与を奴隷制衰退の契機とはみなし難いこと。[9] 第二に、逃散から正面きっての抗争にいたる多様な形態をとった奴隷側の階級闘争が根本的原因であること。[10] そして第三に、このテーマをめぐっての最も重要な認識論上の貢献として挙げうる複数「終焉」説の主張である。[11]

最後に取り上げるのは、ブロックの問題提起を正面から受けとめつつ、これまでの議論全体を総括し、さらにそれを発展させたと評価されるP・ボナシィの一九八五年の論文「中世初期西欧における奴隷制の存続と消滅(四―十一世紀)」である。[12] この論文は現段階における奴隷制終焉研究の到達点を示していると言っても過言ではない。ボナシィはまず部族法典に散見される奴隷規定の量と内容から、ゲルマン諸部族国家において奴隷は大量に存在し、またその苛酷な状況にはほとんど変化が見られなかった点を確認する。[13] 教会の対応も現実の奴隷解放を促進するほどに積極的ではなかった。[14] しかしキリスト教の浸透と奴隷の洗礼が、後者を人間視するという心性の新たな展開を準備し、下層自由人との「連帯」意識さえ育んだとする。[15] とりわけ六世紀から七世紀前半の奴隷供給の構造、すなわち「人間狩り」の様相を色濃く持つ内戦での捕囚は、供給源が近隣の地という事情もあって奴隷とその他の階層との社会的・心理的隔たりを緩和する作用を果たした。ボナシィはブロックをはじめとする多くの中世史家と異なり、中世初期の経済局面を大きく評価し、ほぼ七世紀中頃から「成長」と形容しうる局面に入ったと考えている。[16] 既存の所領の周辺に開墾地が設けられ、労働力の頻繁な移動が要求されるようになるが、これまでの集団方式の奴隷管理ではこうした要請に応えられない。かくして、奴隷の開墾地の割当てと定着が行われ、個別経営への道が開かれたという。[17]

ブロックにあっては奴隷労働の非効率性と経済的停滞が彼らの個別経営を準備したのに対して、ドッケスと同じくボナシィにあってはその一定度の効率性と経済成長こそがそうした結果を生み出したと、全く逆の認識をしめしている。[18] だがマルクス主義的歴史認識を根幹に据えるボナシィにとって、奴隷制廃棄の最大の決定的要因は奴隷による多様な形態での抵抗と闘争である。[19] 彼は締括りとして、奴隷制終焉のクロノロジーを提示している。ドッケスにならって、「終焉」の複数説が奴隷制解体の説明に有用との認識を確認した後、[20] 次のように論を展開する。まず、史料の中で確実に奴隷を指示するマンキピウム mancipium という語の使用は、地域によって五ないし十年の遅速はあるものの、ほぼ一〇三〇年を境に西欧全域から姿を消す[21]。そして約一世代を経た一〇六〇—八〇年頃に、封建的支配体制の先駆である罰令領主の最初の動きが認められる[22]。したがって奴隷制の消滅から罰令領主の支配の間には深い断絶があり、ボナシィはこれをデュビィの表現を借りて「封建革命」と呼ぶのである[23]。

さて、以上のように古代的奴隷制の消滅をめぐってのブロック以後の主要な所説と、その論点をかいつまんで紹介したが、標題からも判るように本章の対象は奴隷制そのものではない。前記のいずれの論者も奴隷制消滅要因としては第一義的重要性を与えていない、いわば「上からの」自由賦与である奴隷解放、その法的・社会的諸連関の解明が本章の課題なのである[24]。しかし解放自由人の問題を、古代末期から中世初期にかけての奴隷層の歴史的変遷の中で位置づけ、提示するためには、解放自由人についての包括的研究が欠けていることもあって、奴隷制の消滅にいたる歴史過程と、そこに介在した諸要因をめぐる議論の紹介が必要であった。だがよく考えてみるならば、一方的な「上からの」自由の賦与と見えるこの法的形式の背後に、奴隷主のどのような動機づけ、心理的強制、力関係、政策が働いているのか、ことはそれほど単純ではないし、また奴隷の抵抗が、爾後の引き続きの従属を代償に奴隷主に解放を選択せしめたという事態が容易に想定されるところからみても、解放行為の分析は奴隷・奴隷主の対抗関係を具体的に照らしだす視座を提供するように思われる。

また多くの論者たちの指摘するように、奴隷解放に対しての教会の消極的姿勢が事実であったとしても、それはあくまで教会が所有する奴隷に関してであって、教会が世俗の奴隷主に「魂の平安」と「罪の償い」に奴隷解放を強く説いたことは、メロヴィング朝期の多くの遺言状から知られるところであり[25]、後に詳論するように解放する奴隷の数も決して少なくはない。ところで、この種の解放行為が所領の構造に変動をもたらしたとすれば、宗教的実践が内包する経済的審級の一つの具体例であるが、七世紀中頃から末期にかけて多くの聖人修道士の行った奴隷の買戻しと解放の結果、解放された人々が労働力不足に悩む修道院の所領組織の拡充に貢献したようなケースもまた、宗教イデオロギーと実践の持つ経済的審級のいま一つの例といえよう。宗教的敬虔の念から発する行為もまた、教会がイデオロギーと実践の意味づけを独占的に操作しているかぎり、必然的に経済的次元を抱え込まざるをえないのである。(26)

一　大量隷属化の諸契機

先にその議論を紹介した論者を含めて、多くの中世史家はこぞってゲルマン部族国家の段階に入ると、末期ローマ帝国のもとで緩和されつつあった奴隷の隷属的地位が再び強化されたのみならず、自由人その他の非奴隷層も、日常的に新たな隷属化の危険に曝されていた事実を指摘している。(27)事実メロヴィング朝期の諸史料、たとえばトゥール司教グレゴリウスの『歴史十書』や聖人伝を読み、書式集などを通覧すれば、不自由人への転落を惹き起す契機がいかに多様であったかが知られるが、このことはとりもなおさず、この時期の人々にとってその危険がいかに日常的であったかをも示している。

一時に最も多くの人々を隷属化させたのは戦争である。メロヴィング朝期の戦争の性格については既にまとまった考察を行っているので、(28)全体的展望はそれに譲ることにして、ここでは人民の隷属化という観点からのみ取り上げることにしよう。

六世紀フランク王国の動きを、最も詳細かつ系統的に明らかにしうる史料である『歴史十書』には、約一世紀の間に分王国間の戦争、ブルグンド、西ゴート、ランゴバルドなどの近隣の部族王国、テューリンゲン、アレマニエンなどの周辺部族への遠征を含めて、五五回の戦争が記録されている。(29)この数字は著者グレゴリウスが記録に留めたものだけであり、特に彼が生まれる前、あるいは知的活動に入る以前の六世紀前半に関して間隔が著しく空いているところから判断すると、記録の欠落の可能性があり、現実に行われた戦争の数はこれより遥かに多かったと考えねばならない。[30] J・P・ボドマーやH・J・ディースナーらの研究者はメロヴィング・フランクのみならず西ゴートやランゴバルドなどの諸王国においても、この時代の戦争が何よりもまず略奪による生活資糧の獲得を目的とし、戦利品の獲得の願望によって強く動機づけられていたとしている。[31] 初期部族国家での戦争のこのような性格は、思うに建国以前に周辺蛮族としてローマ帝国と対峙していた時代に創りだされた対ローマ関係の構造を引きずっている結果なのである。すなわち略奪戦争は世界帝国と蛮族との著しい経済的格差・文化的落差を前提とし、通常の形態での財貨の流通が、ゲルマン世界での経済諸力の未発達、あるいは場合によってはローマ側の政治的配慮によって制約されたという条件のもとでの、暴力による強制流通という性格を帯びていたのだ。[32]

こうした戦争を「人間狩り」[33]と表現するのは、いささか誇張があるにしても、戦利品の中で人間の占める割合は決して少なくはなかった。グレゴリウスが伝えるところでは、テウデリク一世がオーヴェルニュ地方を攻めた際、城砦にたて籠もったヴォロールの住民は捕虜 captivi としてランスに連行され、同様にマルアックの砦に籠った住民は、身代金を支払って解放されるというように大きく明暗が別れたが、いずれにしても敗者の苛烈な運命を示している。[34] また、五七〇年にランゴバルド人の援軍としてガリアに侵入したザクセン人が、侵略したブルゴーニュ地方の女・子供を捕虜にしてアルプスの南に帰還した事実[35]や、五八九年には王グントラムの命令で、西ゴート支配下のセプティマニアを襲撃した大公ボゾの軍隊は、五〇〇〇人の死者を出した上で、二〇〇〇人が捕虜としてスペインに連行された例を[36]、この時代の戦争が人間の隷属化を必ず伴っていたことの証言として引き合いにだすことができよう。

戦時に運良く捕虜になるのを免れても、戦火や略奪によって蒙った被害に起因する生活の逼迫、飢饉や疫病などの自然災害による困窮もまた自由喪失の大きな原因であった。五八五年にガリアを襲った大飢饉が人々の生活に打撃を与え、餓死者も出る惨状の中で、商人たちが穀物を法外な値で売り暴利を貪ったが、対価を払えない貧しい者たちは、僅かの食糧と引換えに商人の奴隷となったのだった。(37)

最近W・ベルクマンは、『アンジェ地方書式集』の原本となった証書類の年代推定を試みているが、たとえばその際、彼が五七九年頃と推定した二五番の書式などは sterilitas et inopie、すなわち貧窮の果てに自己を売却し、隷属的奉仕 servitium を課された人物のものである。(38)この種の自己売却の書式は総計五点を数え、この面で抜きんでている『アンジェ地方書式集』(39)のほかに、パリ地方の慣行を伝える『マルクルフ書式集』(40)、『オーヴェルニュ地方書式集』(41)、『トゥール地方書式集』(42)などにも見られる事実から推して、六世紀から八世紀にかけて、ほぼガリア全域で採用されていた隷属化の手続であったようだ。

基本的には経済的困窮に起因するが、公権力が介在する点でそれとは異なる、罰令金・贖罪金の支払い不能による自由身分の喪失もあった。西ゴート王国では、強姦、女性の不義密通、売春、薬物による堕胎などの特定の犯罪の場合は贖罪不能で、無条件に奴隷身分に落とされるということがあったが、(43)フランク王国の世俗法にはこうした事実が知られていない。ただし、建国者クローヴィスの召集によって開催されたオルレアン公会議(五一一年)の決議第二条に、婦女誘拐の下手人は被害者の奴隷たるべしとされている。(44)この決議がメロヴィング朝期にしばしば見られるように、国王勅令の中に取り込まれ法令として公布されたのか、それとも実効のない単なる決議に終わったのかは、この時代の勅令全体のうち、ごく一部しかその存在が知られていないという史料伝来上の理由から明らかにしえない。いずれにしても公会議の決議にしても、被告の被害者――おそらくはその親族共同体(ジッペ)――への隷属が問題となっているのであって、西ゴート法でのように公権力による自由身分の剝奪とは事情が異なる点に注意しなければならない。フランク人の法に特徴的な当事者主義の原理がここでも働いているのであって、おそらく被害者に対する贖罪金の支払いによって隷属を免れたと思われる。

贖罪金や国王貢租の支払い不能者、債務返済不能者なども請求権者、あるいはこれを代納してくれた人物への隷属をもたらした。後者はひとつ確立した慣行として常態化していたようであり、ベルクマンが書式集から再構成したアンジェ地方の二文書からその具体的形式が見てとれる。[45] また国王貢租に関して言えば、メロヴィング朝期の貢租徴収が実際上は請負的方式で行われており、[46] その支払い不能者は請負人に対して債務を負い、代納してくれる人物を見つけうると否とにかかわらず、最終的には隷属身分への転落を余儀なくされたのである。

二　解放行為の法的・社会的連関

前節で述べたような多様な契機による人民の隷属化が、相当の規模で進行する一方で、これとはまったく反対の方向性をもつ動きが、そもそもの当初から存在した。奴隷的隷属民の解放がそれである。解放の形式は以下に述べるように様々だが、大別すると奴隷主自らが生前に実施するものと、死後の解放を遺言の執行人に託す遺言状による方式に分けられよう。

1　遺言状による解放の諸問題

メロヴィング朝期の遺言状の多くには、この証書作成主体の所有する奴隷の解放が指示されている。[47] こうした遺言状を網羅的ではなく、ごく例示的に作成名義人にしたがって列挙してみると以下のようになる。

すなわち聖レミギウス(五三三年)[48]、アレディウス(五七三年)[49]、エルミントルド(六・七世紀)[50]、ベルトラムヌス(六一六年)[51]、ブルグンドファラ(六三二年)[52]、イダナの名前不詳の息子(六九〇年)[53]、エヒブス(六九六年)[54]、イルミナ(六九八年)[55]、エルメノラ(七一五年)[56]、ウィデラドゥス(七二一年)[57]、アボ(七三九年)[58]などである。

さて遺言状による解放の法的効果はいかなるものであっただろうか。この点で示唆に富むのは、今日までオリジナルのパピルス文書(原本の控え)として伝来している、パリ地方に関わるエルミントルドの証書である[59]。残念なことに欠損部分が多く、奴隷主たるこの婦人が所有する全ての隷属民の姿を捉えることは出来ないのだが、全体で一一三人の境遇を知ることが出来る。これらの人々は社会・経済的観点から三つのカテゴリーに区分される。特定の土地にcolere「貼りつけ」られている保有農民的存在、mancipium と形容される奴隷、そしてリベルトゥス libertus と称される解放奴隷である。以下若干長くなるが、本章の主題に直接関連する部分を抜き出してみよう。

Libertor[um] meoru[m] nomena in his testamento abnecti constitu[o] Medibergane Honorio, 〔以下四一人の名前が続く〕 …; hos omnes cum omni peculiare eo[um], tam areolas, hospitiola, hortell[os], uel uineolas, et cum id quod in quibuslibet rebus habere uidentur, liberos liberasque esse praecipio; quidquid exinde facere uoluerint, habeant liberam potestatem. Similiter Mumolane cum omni peculiare suo, ingenuam esse praecipio: luminaria tantum in ecclisia Bonisiaca ministrare stodeat. Ualacharium cum omni peculiare suo et cum boues, quos bajolat, ingenuum ea condicione esse dibeo, ut ligna tantum ad oblata faciendum ministrare procuret. Gundefredo cum boues duos laborare praecipio unde cera ad baselica domni Sinfuriani conparetur. Martiniano, Thoderuna, cum filio suo seniore, cum peculiare eorum, sicut suprascribti benemereti, ingenuos esse jubeo. Simili modo, pro remedium animae meae et ex demandatione fili mei Deoroualdi, Gygone,

10 Septeredo, 〔以下二一人の名前が続く〕: hos omnes cum omni peculiare, tam areolas, quam hospitiola,
11 uineolas vel hortell [os], cum id quod, praesenti tempore, habere uidentur, ingenuus esse constituo. Baudulfo
12 et Sumthario, cum boues, quos bajolant, laborare praecipio, unde oblata ad baselica dom [n]i Sinfuriani jugiter
13 ministretur...[60]〔下線筆者〕

この遺言状にその名前が記載されている者を、私は私の解放自由人として解放する。すなわち、メディベルガン、ホノリウス〔以下四二人の名前が続く〕これらすべての者たちは敷地であれ、小家屋であれ、菜園であれ、あるいは葡萄畑であれ、自らの固有財産たるものと共に現に有している一切を伴って、リーベルおよびリーベラたるよう命じる。この者たちは爾後、自らが為そうと欲する事柄について、libera potestas を有すべきこと。おなじくムンモラをそのすべての固有財産と共に、インゲヌウスたることを命じる。この者は灯明料をボニシアカの教会祭壇に献げるよう努めるべし。ヴァラカリウスは自らの固有財産および飼育している牛を伴って、インゲヌウスの身分たるべし。教会に供物として木材を献ずるよう努むべし。グンデフレドゥスは二頭の牛をもって労働し、聖シンフォリアヌス教会に蠟を献ずべし。マルティニアヌスとトデルナおよび年長の息子は、固有財産とともに上記の功績ある者とおなじようにインゲヌウスたるよう命ずる。おなじく、わが魂の救済とわが息子デオロワルドゥスの求めにより、ギーゴ、セプテレドゥス〔以下二一人の名前が続く〕これらすべての者たちは、敷地であれ、小家屋であれ、葡萄畑であれ、菜園であれ一切の固有財産と共に、そして現在有しているすべてのものとともにインゲヌウスたることを命ずる。バウドゥルフスとスムタリウスは、彼らが飼育している牛をもって労働することを命ずる。彼は聖シンフォリアヌス教会にいつも滞りなく供物を献げるべし。

この文言は、4行目の Similiter から9行目の jubeo までと、末尾に挙げられている Baudulfus, Sumtharius らの軽微な個別的負担を課せられた者たちを除いても、一見すると二種類の法的カテゴリーの解放自由人の存在を物語るかの如くである。すなわち Medibergane と Honorio 以外の名前を省略した1—2行目の四四人と、9—10行目のあわせて二三人の人々で、下線で表示したように、前者は Libertorum meorum...constituo で始まり liberos liberasque esse praecipio で結ばれているのに対して、後者は ingenuus esse constituo と指示されている。ここから、前者はそもそも解放自由人として不完全な形でしか解放されなかった奴隷、後者は完璧な自由人として解放された者たちというように、自由の度合の異なる二つの集団の創出を結論づけることが許されるだろうか。言いかえると、奴隷と自由人の間に解放自由人という独自の法的身分の存在をここに読み取ることが可能か、ということである。そもそも古代ローマ法では、解放の法的効果は被解放者をして直ちに自由人とまったく同列の存在たらしめるものではなかった[61]。解放奴隷は次の世代になってようやく生まれながらの生来自由人となるのである[62]。だが誤解してはならないのは、解放された奴隷はその社会的・経済的基盤の弱さを補い、必要な助力を得るために解放者の保護下には入るものの、その法的能力は生来自由人と変わるところがないのである。行使しうる権利能力の点では自由人と変わらないというのが古典ローマ法の解放自由人に対する理解であった。その意味で独自の法的地位としての解放自由人は存在しないのが、それまでの伝統的ありようであった。ガイウスの『法学提要』は、

人の法の分類はつまるところ、人間は自由人であるか、はたまた奴隷であるかである。

Et quidem summa divisio de iure personarum haec est, quod omnes homines aut liberi sunt aut servi.[63]

と述べ、古典ローマ法が、法的地位としては自由人と奴隷しか知らなかったことを明らかにしている。

ところが、もしエルミントルドの遺言状における問題の箇所が、二つの内容の違った自由を指し示しているとするならば、liberos liberasque esse praecipio 集団はまさしく解放自由人たるべく解放されたのであり、解放自由人は

紛れもなく一つの法的地位・身分として確立していたということになる。後にふれるように、『バイエルン部族法典 *Lex Baiuvariorum*』やシャルルマーニュのバイエルン部族法典付加勅令(八〇一―八〇三年)においては、解放自由人が半自由人の人命金を伴って一つの法的身分とされているだけでなく、リーベリ liberi とも称されているからである。[64] したがって、解放自由人が liberi なる言葉で表現される事実は確認されるとしても、問題なのは果たしてエルミントルドの時代にそうであったのかという点である。換言すれば、既にその時代に、解放自由人が過渡的状況ではなく一つの法的身分として定立するという、まったく新しい事態が出現していたのだろうか。

ここでエルミントルドの遺言状の作成年代があらためて重要となるが、幸い原本が残されていて、文書の年代確定の大きな決め手となる書体の十分な検討が可能である。メロヴィング草書体解読の第一人者であるJ・ヴザンとH・アツマの新たな年代推定は、こうして従来の七〇〇年頃という旧来の説に対して、早ければ五〇〇年代末、おそくとも六〇〇年代前半がその作成期であるとの新説を掲げたのであった。[65] 極めて精緻な学問的体系をもつ古書体学の見地からの結論であり、その妥当性を疑う理由はない。われわれはこの証書が映し出している現実が、六世紀前半頃のそれであると考えねばならないのである。

さて、この証書の文言の解釈、すなわち二つの法的身分をめぐる問題に関してであるが、まず liberos グループと ingenuus グループとの間に、解放という法的措置に付随してもたらされた奴隷としての特有財産 peculiare に関して、いずれのグループにも耕地、小屋(住居)、菜園、葡萄畑という完全に同一の生産・生活手段の賦与がなされていて、この面ではいかなる差異も認められない。さらに、場合によっては制限された自由しか享受しなかった可能性のある liberos 集団についてであるが、エルミントルドは、「この者たちは爾後、自らが為そうと欲する事柄について、自由な権能 libera potestas を有すべきこと」(3―4行目)と定め、その権利能力が自由人一般のそれに比べて些かも劣らない内実のものであることを明言している。

それではなぜ同一の実体を表現するために、異なる書式を採用するという紛らわしい手段を取ったのか。この理由を推測する手がかりは、被解放者が文言上も二つのグループに分かたれているという事実にあると思われる。おそらく彼らは二つの別々の所領に属する奴隷であり、遺言状作成の段階で校合された二所領からの送達文書における書式の差異と、作成者が送達文書に記されたそれぞれ異なる字句を、そのまま使用したことによって生じた現象として説明されるのではなかろうか。いずれにしても、証書作成過程における物的・外的要因にこそ、一見すると奇妙なこの書式採用の真の理由が求められなければならない。

結局のところ、自由人として解放された前記の七四人の間に違いがあるとすれば、5―9行目と11―13行目の、一定の義務履行を条件に解放された七人とその他の人々との違い、つまり服従条件付解放 manumissio cum obsequio か、無条件解放 manumissio sine obsequio かの差異なのであって、エルミントルドの行為は解放自由人と自由人の二つの異なる法的地位を創出する類いのものではなかったのである。この時期には、解放は権利上十全なる自由人を創りだしたのであり、フランク初期の編纂になる『サリカ法典』に本来の解放自由人 liberti が登場しないのもそうした理由による。[66]

この時代特有の大量隷属化現象の作用は、解放行為の法的効果を思いがけない仕方で補強してもいる。五三三年の聖レミギウスの遺言状には、「母によって生来 ingenuus であることが知られているテナレドゥス」[67]とか、「良き両親から生まれたのに囚われの身となったスンノヴェイファ」[68]などの解説が見られ、また五七三年のアレディウスの遺言状には、「囚われの身であったのを、我らが買戻したエウリア」[69]なる文言も見てとれる。また、六一六年のル・マン司教ベルトラムヌスの遺言状にも、「以前自由人であったが捕囚の身となったのを私が買戻した者たちで、専ら自分の対価のために隷属しているウィラ・ボアルカ villa Boalcha の男であれ女であれ、すべての者が隷属から解放されるように[70]」や、「野蛮なる民から私が買戻した少年、少女など、彼らのために私が解放証書を作成した者たちは完全な自由を保つこと[71]」など記述が知られるが、これらはすべてて、前節で述べたような諸契機、とりわけ「人狩り」としての性格をも具えた戦争の捕囚 captivi となって奴隷の身分に転落した者たちである。ここからも判るように、個々の人々の隷属原因についての記憶がひとり奴隷主ばかりでなく、おそらくは地域社会で生き生きと保持されていた。それゆえ、ひとたび解放されるや、彼らが以前享受していた自由人としての地位を回復するのに、さしたる障害があったとは思われない。

隷属化の危険が遍在し日常化した社会にあっては、今隷属状態にある者が、かつては自由人であったという類推がそれだけ容易であったはずである。解放行為が完全な自由をもたらすのは、逆説めくが、隷属化現象の大量さと日常性のゆえなのである。

2 生前解放の論理と帰結

遺言状による解放が、奴隷所有者の死後にその執行人によって実行されるのに対して、前者が自らの存命中に行う解放行為が生前解放で、これにはいくつかの方式がある。法史学の伝統的な分類法に従えば、この種の解放は、国王の面前で実施される貨幣投げ manumissio per denarium と[72]、ローマ法に基づく方式の二つがあるが、後者はさらに、史料の上でカルタ carta とかエピストラ epistola と呼び慣わされている解放証書の賦与によって発効する世俗的形式と、教会方式とがある[73]。教会が解放主体となる方式では、被解放者はタブラーリウス tabularius と称され、子々孫々にわたって教会の保護支配から離脱しえない[74]。教会および修道院が、自らが所有する奴隷を解放したり、あるいは世俗の奴隷主が自らの奴隷を教会の保護下に置くことを前提とし、聖職者にその解放を託したような場合がこうした範疇に入る。

貨幣投げによる解放の法的効果については、以下の事実が留意されねばならない。すなわち、この方式による解放は国王を保証人とする点が独特で、その結果言うまでもなく被解放者と王との間には一定の庇護関係が生ずる。七世紀後半、サン・ドニ修道院の修道士が編纂したパリ地方の法慣行を示す『マルクルフ書式集』に収録された praeceptum denariale(貨幣投げ方式定め)によれば、この方式によって解放された者は、「自由人として解放された他のマンス保有民 reliqui mansuarii とおなじように[75]」遇され、おそらくは国王から土地を賦与されて王領地に定住したと思われる。

さて以上簡単に述べた三つの方式のうち、教会方式とサリカ法に由来する貨幣投げ方式は、ともに解放主体と被解放者との間に保護関係を基礎とする、支配と服属の関係を創出する契機を強く持っていたことを簡単に確認したが、残る世俗方式はどうであろうか。先に指摘したように、これは奴隷主の被解放者への解放証書の引渡しによって、その法的効力が発生する。この儀式は『トゥール地方書式集』第十二番に見られるように[76]、教会で執り行われる場合もあれば、それ以外の場所でなされることもある。いずれにしても、この方式で解放された人々は、もともとは完全な自由を獲得したのであった。『アンジェ地方書式集』二〇[77]、二三番[78]、『マルクルフ書式集』二書第三二[79]、三三[80]、五二番[81]などの、概して早い時期の各文例には、「あたかも自由人の両親から生まれた如く」という文言が入っており、解放の効果が完全な自由人を生み出すことを、この擬制的表現を用いて強調しているのである。

遺言状による解放ではあるが、たとえば先に詳しく検討したエルミントルドの解放奴隷は、遺言状で言及はされていないが、実際の手続きとして一人ひとりが、解放主と被解放者の名前や解放の事実その他を記載した文書を受領したはずである。この文書は解放直後には一種の身分証明書として必要不可欠ではあるが、やがてはかえって不都合な文書とされ破棄される運命にあり、本質的に残りえない性格のものである。したがって一点も伝来しておらず、その形式を具体的に知ることはできない。だが、先に引用したベルトラムヌスの遺言状に見える、「彼らのために私が解放証書を作成した者たちは完全な自由を保つこと」という文言は、先の推定を裏書きしている。この種の証書はメロヴィング朝期にはcarta,[82] epistola,[83] tabula,[84] ingenuitas[85]など多様な名称で呼ばれた。H・ブルンナーによれば、この証書によって解放された者たちが『リブアリア法典』の第六一章に現われるカルトゥラーリウスcartularius[86]であるとするのだが、六三〇年以後漸次的に編纂されたこの法典の段階では、この方式によって解放された人々は、貨幣投げ方式の解放奴隷と並んで明らかに国王権力の傘下に入りつつあった。双方共に、相続人を欠く場合には国庫がその財産を収納することを定めているからである。[87]

ところで解放の態様や方式にかかわらず、すべての解放奴隷に対して保護的後見機能を行使しようとする要求が、これより早く教会側から声高に主張されている。教会はローマ時代以来一貫して、解放によって自由となった人々への保護を自らの責務と認識し、世俗の諸権力に対してそうした自己の立場を主張していた。[88]それは六世紀の多くの公会議決議に読み取れる。[89]だが六一四年のパリ公会議決議は、それまでの態度をさらに踏み越えて具体的要求を、世俗権力の代表たる王権に突きつけるものであった。その第七条は「解放自由人はすべからく司教によって護られるべきで、決して国庫に帰属されてはならない」[90]と決議している。これをうけて同年クロタール二世によって発されたパリ勅令は、王権の公会議にたいする回答であるが、同じくその第七条で「解放自由人は、解放証書の文言の述べるところに即して、司教によって護られるべきで、司教や教会の代理人なしで裁かれたり、国庫に帰属されてはならない」[91]と、苦心の表現ではあるが実質的に公会議の要求を斥けている。そしてそれから一世代後には、証書による被解放者に関して、差し当り相続人の欠如という場合に限ってだが、国庫すなわち王権への帰属の回路を開いたことは、『リブアリア法典』の前述の規定から知られるのである。

当面は世俗方式による解放自由人をめぐっての、だが教会側の要求が初発からそうであったように、より根本的には一切の解放自由人を包摂するような保護支配を目標とする国王権力と教会とのせめぎあい、角逐は、一方においてはそれぞれの側での被解放者へのそうした実践を強化し、他方では解放自由人がその法的資格の点では自由人であるという本質を忘れさせ、あるいは無視せしめ、そして本来の過渡的状況を固定化し、ついには解放自由人という独自の中間的な法身分の形成を準備したのではなかろうか。

三　「解放自由人身分」の射程

七世紀の三〇年代を過ぎた頃から、ガリアにおける奴隷の供給構造に、ある特徴的な変化が見られるようになる。フランク王国内外への頻繁な軍隊行動、人民の大量の隷属化の元凶であった分王国間の争乱が鎮静化する傾向が見えて来たのである。(92) 代わってイングランドやザクセンから、商品として、異教徒捕虜として王国内に大量の奴隷が流れ込んで来る。(93) 特に目立つのはイングランドからのそれで、W・ブライバーによれば最大の輸出先はソンム・ロワール川間地帯であった。(94) この事実が、ガリアでの古典荘園制的に組織された大所領がこの地域にいち早く出現したこと、あるいは前後するが、六世紀の内訌でこの地方が最も戦火に曝されたと思われることなどと、どのように結びつくかは興味ある問題だが、ここでは詳しく立ち入ることはしない。(95)

ともかくも、これらイングランドからの奴隷の解放をとりわけ精力的に実行したのが、サン・リキエ修道院の創建者リカリウス、ノワイヨン司教エリギウス、ジュミエージュ修道院長フィリベルトゥスなどのネウストリアの聖人たちであったのは、[96]その地が奴隷の大量流入先であったところからいわば当然の事態である。

国王の婚姻関係も、こうした状況を反映している。ダゴベルト一世、クローヴィス二世の父子は、二代にわたってナンティルド、バルティルドなどのアングロ・サクソン人奴隷出身の女性と結婚している。[97]

さて、七世紀には、奴隷は前世紀以上に純然たる商品として自由に売買され、転売されている。例えば、七世紀中葉のシャロン公会議(六四七—六五四年頃)決議第九条は、自らの王たるネウストリア・ブルグンド王クローヴィス二世の王国の境界を越えて売却せぬよう決議しているが、[98]この事実は言うまでもなく、イングランドからネウストリア・ブルグンド領域に売り渡された奴隷労働力が、再度転売されるという現象が頻発し、教会当局が労働力減少への不安を抱いていたことを示している。

ところで、こうした奴隷層の性格変化は、解放の社会的効果にも影響を及ぼさずにはおかなかったと思われる。僻遠の地から到来した奴隷が、はたして以前に ingenuus, ingenua であったかは、それほど自明なことではないし、仮にそうであったことが明白であるにしても、商品として売買されて来た事実のうちに、解放の絶対的効果を曇らせるさまざまの要因が働いたと思われる。だが、この点を強調するのは差し控えよう。

解放自由人が固有の法的身分と見なされていたかどうかを判定する一つの方法として、証書、遺言状のほかにとりわけ土地財産の帰属変動に際して作成される寄進、売買、交換などの文書で、当該土地に従物として帰属する動産、施設などを列挙する、いわゆる従物書式と称される部分があるのだが、[99]この箇所の検討が有効である。この分析を通して当該文書作成時に、作成者の属する世界で解放自由人が独自の法的地位であったか否かが知られるからである。繰り返し指摘するように、解放自由人はその法的能力の点で自由人と異ならない。したがって、そもそも彼らが従物書式に登場することは、第一にもはや奴隷とは違い自由人であり、第二にそれ自体固有の身分ではない、という二つの理由から本来ありえない事態なのである。残念ながらオリジナルで伝来している六世紀の証書は、先のエルミントルドの遺言状を除いては存在していないので[100]、従物書式が完全に読み取れる最古のパピルス文書であるダゴベルト一世の六二九—六三九年頃の証書から引用すると次のようになる。

すなわち土地、建物、奴隷、葡萄畑、森、牧草地、放牧地、流水、動産、不動産およびその他すべてのもの、そしてそれに付属する一切……

hoc est cum t[e]rris, aedificis, mancipiis, uiniis, siluis, pratis, pascuis, aquis aqua[r]umue decursebus, mouilebus et inmouilebus, uel reliqui[s] rebus seu adia[c]entiis ad ipsa pertenenteb[us]…[101]

典型と言っても、記載対象である物件に応じて書式には相応の変動が見られるが、しかしこの時期の従物書式にあらわれる人間は、アリストテレスによって「ものを言う道具」との古典的規定を与えられた奴隷、モノとしての人間たる mancipium のみであるという事実は不変である。

最初の変化はクローヴィス二世の息子のサン・ドニ修道院宛確認文書にあらわれる。文書の終末定式の部分に欠損があり、作成年代が詳しく確定できないが、クローヴィスの三人の息子(クロタール三世、キルデリク二世、テウデリク三世)の治世中であるから、六五七年から六九一年にかけてであることは間違いない[102]。以下がその従物書式である。

すなわち土地、家、奴隷、保有農民、葡萄畑、森、牧草地、放牧地、流水、固有財産、家畜、動産、不動産およびいかなる仕方であれ利益をもたらすもの……

hoc es[t terr]is, domebus, mancipiis, aquolabus, viniis, silvis, pratis, pascuis, aquis aquarumve decursebus, peculiis, presidiis, movile et immovile［vel］qualib［it］beneficia vel quicquid…[103]

従物として奴隷であるマンキピウムの他に、新たにアコラ aquola が付け加わっているのに注目されたい。aquola は accola の歪曲形で、他人の所有する土地に定着し[104]、それを耕作する保有農民を指示する用語である[105]。モノとしての従物を列挙する書式の中に、たとえ自分独自の生産手段を持たないとはいえ、明らかに奴隷ではない階層をも含めてしまうという事実のうちに、われわれは奴隷と自由人という伝統的な法的地位の二分法的観念の解体と、そしてこれを出現せしめた奴隷とも自由人とも異なる社会的存在形態によって特徴づけられる中間的階層の台頭という、時代の趨勢を見て取らなければならない。

以後国王証書においては、この従物書式がほぼ定着する[106]。そしてキルデベルト三世が七〇二年に発給したサン・ドニ宛の確認文書の中で次のような書式に出会う。

その付属物件とともに、いかなるパーグスおよび地域にあるものであれウィラ、家屋、建物、保有農民、奴隷、解放自由人、耕地、葡萄畑、森、牧草地、放牧地、流水……

una cum adiecencias suas in quibuscumquae pagis adquae terreturiis, villabus, domebus, aedificiis, acolabus, mancipiis, libertis, campis, viniis, silvis, pratis, pascuis, aquis aquarumve decursebus,…[107]

この証書はオリジナルが伝来しており、それゆえ後代の改竄、付加など、その史料価値を危うくしかねない欠陥をすべて免れている。この書式が示すように、解放自由人はアコラと並んで、土地の従物として扱われることもあったのだ。少なくともここから、liberti なる概念が、この時期その法学的位相においてもすべて古典的な「自由」の観念で充たされていたわけではなく、そこに「従属」の色合が深く浸透していたのが知られる。

メロヴィング朝期の国王証書の従物書式に解放自由人が登場するのは、これ一例のみであるが、私文書では六三二年のエルメンベルトゥスの寄進証書が早期の孤立した例として別にしても、[108] 六九六年のルーアン司教アンスベルトゥスの文書に始まり、[109] 以後フゴ（七一五年）、[110] ウィデラドゥス（七二一年）、[111] エベルハルドゥス（七二八年）、[112] ゴイラ（七三四年）、[113] アボ（七三九年）[114] のように七世紀の最末期から連続した用例が見られ、解放自由人が様々の呼称を持つ爾余の従属的な階層と並んで、一つの中間的な法的地位を形成したことが窺われる。

国王証書や私文書で確認された前述の動向は、法典や書式集の所見によりつつ、別の角度から検証されるように思われる。先に解放自由人への後見権の所在と関連して『リブアリア法典』に触れたが、その六四章には解放証書によって解放された者が一〇〇ソリドゥスの人命金、すなわち自由人の半額の人命金しか与えられていないこと、[115] また解放後の身分がローマ市民 civis Romanus という別種の規定を受け、さらに居住移転の自由 porta aperta が新たに見て取れる。[116] 時期的にローマに近い段階で成立した『サリカ法典』に、この種の要素が見られない事実を考慮するならば、一見奇異とも映るこれらの規定は、まさに新身分としての解放自由人の誕生を告げるものなのである。

興味深いことに、これと平行した現象が書式集の分野でも観察されるのである。すなわち civis Romanus と porta aperta が、アンジェ地方やマルクルフのそれなど六、七世紀の現実を物語る書式集には見られず、八世紀初頭の成立になるトゥール、ブールジュ、オーヴェルニュなどの諸地方の書式集に出現するのである。[117] この事実は一体何を意味するのだろうか。

居住移転の自由に関して言えば、世俗的解放の絶対的効果に内在する要素であって、新たな権利の賦与と見ることは出来ない。より重要なのは「ローマ市民」なる文言である。この一見すると無意味な時代錯誤の言葉と片付けられかねないもののうちに、王権の解放自由人に対する位置づけが見られる。G・ケブラーはこの「ローマ市民」を、ある特別の自由のもとに解放された者と考えたが、[118] これをフランク法の伝統との関連で理解するならば、『サリカ法典』

における Romanus possessor[119]、すなわち半自由人と見なすことの別の言い方なのである。実際、古い書式集の解放書式に見られた被解放者の完全自由を強調するあの擬制的文言「あたかも自由人の両親から生まれた如く」[120]が、「居住移転の自由」と「ローマ市民」を新たな要素として含む八世紀初頭の書式集から消えているという事実は、初期カロリングの解放自由人への対応を象徴的に物語っている。

ところでこうした解放自由人身分の新たな確定へと収斂する動きは、もともとフランク王国固有の条件、すなわち与えられた法的枠組を支えきれない政治的・経済的基盤の脆弱から発する自律的な過程であるとしても、最終的に新しい身分規定として結晶化するには様々の力が働いたと見なければならない。この点で興味深い事実を、ごく簡単に指摘しておこう。

それは、フランク王国での解放自由人の新たな国制上の位置づけと似たような動向が、同時代の西ゴート王国においても看取されるという事実である。D・クラウデの研究によれば、西ゴート王国において、七世紀末の王エルヴィッヒ(在位六八〇—六八七年)のもとで初めて、解放自由人が自由人の半額の人命金を有する存在としてあらわれ、一つの身分として固定されたという[121]。このことは記憶に留めておく必要がある。というのも、前述の civis Romanus を含む一連の新しい解放書式が[122]、おなじガリアの『アンジェ地方書式集』や『マルクルフ書式集』のそれより、たとえば西ゴートの解放書式(書式集第五番)

汝の誠意ある奉仕に鑑みて、私は汝を自由人かつローマ市民たることを決定し、一切の財産を伴って解放されよう……

Pro qua re vestrae devotionis contemplatus servitia, ingenuos civesque Romanos vos esse decerno; et ideo relaxato omni peculio...[123]

などに、より近い内容であると思われるからである。七一一年のイスラーム勢力のイベリアへの侵入と西ゴート王国の崩壊[124]に続く時期に、とりわけ知識人たる聖職者層がフランク王国各地の修道院[125]や、宮廷に身を寄せたことが知られている。その際典礼・祭式用ばかりでなく、法典その他世俗業務に関わる写本をも携えたことは、十分に想定されることである。この点の具体的な解明は今後の課題として、フランク王国における解放自由人の法的再編に、西ゴートの影響があり得たことを仮説として提示しておこう。

付論　解放自由人とリーベリ・ホミネス

カロリング朝期の解放自由人については、予め設定した本章の課題の範囲を越えており、したがって詳細な検討はここでは断念せざるをえないが、しかしフランク王国における「自由」の実体、「自由人」の存在形態に関し鋭い問題提起を行った国王自由人学説の議論を念頭に置くとき[126]、「自由人」すなわちリーベリ・ホミネス liberi homines と解放自由人の関連について一瞥を与えておくことが、この問題がフランク国制史の分野で持つ重要性を認識する上で必要であろう。

『バイエルン部族法典』の第二章第三節にミノレス・ポプリー minores populi と称される人々についての規定が見られるが、彼らはその贖罪金の額から半自由人であるものの、自由人 liber なる概念でとらえられている[127]。またこのミノレス・ポプリーはJ・フォルモアによれば解放自由人と実体上同一であるとのことである[128]。ここからリーベリと解放自由人との一体性が想定されるわけである。事実八〇一―八〇三年にシャルルマーニュが発令したバイエルン部族法典付加勅令は、その第五章と第六章で教会で解放され、教会の保護下にあるはずの解放自由人、また純粋に解放証書のみによる世俗的方式の解放自由人いずれも明示的にリーベリと称されており、半自由人のそれに等しい彼らの贖罪金四〇ソリドゥスは、国王がその受領の権利を有する旨が述べられている。[129] ここからバイエルン部族法においてはリーベリ・ホミネスには、実体上解放自由人も含まれていることが判る。

こうした現象が確実に検証出来るのは差しあたりバイエルン部族法の世界に限られている。この所見をフランク王国中核地域の国制構造の理解のために類推適用することが許されるだろうか。本章のもととなるフランス語論文を一九八四年に発表した折、とりわけカロリング王権の文書局において作成され、今日まで伝来して印刷刊本としてわれわれが手にし得る文書、すなわち国王証書や勅令などに解放自由人 liberti が余り姿を見せなくなる事実を確認し、後者はカロリング権力が諸身分の再編成を目的として創出したと推定される「自由人 liberi homines」に概念上吸収されてしまったのだと考え、バイエルン地方と類似の状況がフランキアにも見て取れるはずであると想定したのであった。[130]

ところが一九八五年に新たに発見されたルイ敬虔帝の一勅令の、ほぼ同時代のものと推定される写本断簡[131]には liberi homines と liberti が並記されて登場しており、[132] 当時の「官庁」用語の水準でもこの二つの身分集団が、依然として別々の存在として意識されていたことを明白に示しているのである。

確かに、フランク王国の異なる中間的法身分を一括して、共通の名称によって括るには至っていない。けれども、新たに発見された勅令写本は、国王の「公権的」支配に服属すべき、法的・社会的地位の点で一定の共通性を持つ中間的階層の存在を、また前提にもしているように思われる。この勅令断簡の冒頭の二行には、『リブアリア法典』への付加勅令と思しき文言の最後の一行が記載されているが、すぐその後には明らかに別の勅令が、「以下の条項について調査さるべし」という見出しのもとに始まり、続いて十八条から成る簡潔な調査項目が列挙されている。[133] ここには、単に homo と形容される存在から ingenua puella (自由人の娘) そして liberti や liberi homines などが登場し、王権によってその解決が焦眉の急と判断された、それぞれの身分集団が抱えている固有の社会問題が、雑然とした形でではあるが提示されている。(134) こうした諸集団の非体系的な列挙の仕方にこそ、実はその多様な呼称にもかかわらず、王権がその集団が内包する弊害の除去を「公」権力としての自らの課題であると現実に認識した、そしてその意味で一纏まりの「被治者的」階層の存在が浮かび上がって来はしないだろうか。

ところでこの勅令の二条分が解放自由人に充てられている。第十一条は、「蠟もしくは爾余の賃租を教会に納入しセルウスとして処遇されている解放自由人について」(135) であり、第十五条は、「教会の土地のほかは有せず、かつ教会への喜捨を為さざるままに死亡し、その財産が教会に帰属すべき解放自由人について」(136) である。こうした調査を命じた国王の意図は詳らかではないが、おそらく解放自由人の引き続きの教会への隷属の状況を把握し、最終的には王権の直接的支配に取り込むための措置と推定される。こうした推測は第十八条の「教会の土地に居住し自己の所有地を有しないが、インムーニタースの命令が全的に免除していないがゆえに、伯あるいはケンテーナーリウスが何らかの要求をすべきリーベリ・ホミネスについて」(137) によって、さらに強化されよう。ここで要求の対象となっているのは「公的義務 functiones publicae」、なかんずく軍役であり、(138) 解放自由人への王権の関心の核心にあったのもそれであった。

解放自由人の軍役義務は『リブアリア法典』第六五章からも読みとれ、(139) 先に言及した『バイエルン部族法典』の minores populi の出軍、(140)『ザクセン部族法典 *Lex Saxonum*』の半自由人・リートゥスの軍役義務は周知の事実である。(141) カロリング朝支配下のイタリアでは解放自由人がカルトゥラートゥス chartulatus と呼ばれたが、彼らは特別の免除がない限り軍役を提供しなければならなかった。(142) 西ゴート王国では、国王の liberti に軍役義務が課せられていたことが知られている。(143)

もともと自由人と変わらない権利・義務を享受したはずの解放自由人が、自由人に課された軍役を負担したのは何ら異とするに足らない。だが現実には、先に引用した勅令第十一条からも窺われるように、セルウス servus 同然の境遇に置かれた解放自由人も決して珍しくはなかったのだ。だが本質的な点は、liberi homines や liberti の社会的転落の個別事例が単に量的に増加するところにあるのではなく、まさに「自由人」なる概念それ自体の貶価、メロヴィング朝期の ingenuus とは大きく異なる九世紀の liber の規定性にある。そして自由人の新たな身分規定は、ほぼ八世紀初頭に成立した従属的自由人たる解放自由人のそれの絶えざる影響下に形成された(144)、というのが当面のわれわれの見通しである。

おわりに

「自由人」と「奴隷」から成る身分編成上の二分法的思考は、ゲルマン諸部族国家がローマ国制から継承した要素のひとつであり、西ゴート人の『アラリック抄典 *Lex Alarici*』やブルグンド人の『レークス・ローマーナ・ブルグンディオーヌム *Lex Romana Burgundionum*』などの、初期に成立した部族法典がこうした観念の連続を証拠立てている(145)。フランク人に関しても、本章で指摘したように、クローヴィスの治世末期に成立したとされる最古の部族法典『サリカ法典』には解放自由人 liberti は登場せず、したがって他の部族同様二分法的原理を継受したと推定される。

仮に五世紀の『テオドシウス法典』に見えるように、奴隷と自由人の間に中間的な地位としての解放自由人が独自の法身分として設定されることがあったとしても、あくまで一時的でしかなかった。何よりも、より複雑な身分編成を維持するために不可欠の国家機構が、末期ローマに比しても著しく初歩的な水準でしか機能し得なかったからである。

事実メロヴィング朝期前半を通じて、奴隷と自由人という身分の二分法的構造は、自由人の大量で日常的、かつ多様な契機による隷属化現象の遍在によって、むしろ保証される側面があった。というのも身分的転落が日常的な事実であればあるほど、解放された者がかつて自由人であったという類推が容易であり、自由身分への統合への障害が少なかったからである。また奴隷の創出が、地方的枠内において果たされる傾向が強かったことも、解放後の彼らの自由人社会への復帰を容易にしたであろう。解放自由人は独立の法的地位をまだ獲得していないように思われる。

七世紀の中頃から、こうした状況に変化が兆す。人民の一時の大量隷属化の大きな要因であった恒常的な略奪と戦争が鎮静化するにつれて、奴隷の供給構造も徐々に変わってくる。純然たる商品としてフランク世界の外部、とりわけイングランドから大量の奴隷が供給されるようになると、解放行為の法的、特に社会的作用が弱まり、またこうした現象と並行して、教会が解放自由人に対する保護支配の実践を王権と競合しつつ遂行した結果、本来奴隷から自由人へ移行する過渡的状態でしかなかった解放自由人が、奴隷と自由人の中間を占める永続的な一つの法身分として固定化されるようになった。ガリア北部でのこうした新たな状況の出現は七世紀末に想定し得る。

この中間的身分の創出は、フランク王国の国制構造に根本的変化をもたらす契機となった。すなわち八世紀の三〇年代から、フランク王国の実権を掌握した宮宰ピピン一門の主導のもとにフランク王国が——C・ショットの言葉を借りるならば——「国家性」を形成し、それが自由人・解放自由人・奴隷という身分の新しい三層構造を保証する基礎となるのだが、併せて七世紀以降徐々に形成され来たった支配層としての真の貴族層をも、国家的な枠組のうちに統合するのに成功した。貴族の国家生活への登場は、おそらく以前から始まっていた自由人の地位の相対的低下を一層促した。こうした状況の中で、「従士制に依拠する権力機構が国家性を帯びることによって必要となる、支配者と被支配者の法的規定[146]」が当然ことながら要請される。その結果、自由人は国家権力がその上に行使される集団として再定義され、貴族とは深い断絶によって隔てられるのだが、カロリング朝期のこの新たな自由人の身分上の範型となったのが、ほかならぬ中間的身分としての解放自由人であった。

（1） M. Bloch, "Comment et pourquoi finit l'esclavage antique?", in *Mélanges historiques de Marc Bloch*, 2 vols., Paris, 1963, t. 1, pp. 261–285. 邦訳は、M・ブロック、三好洋子・熊野聡訳「古代奴隷制の終焉」『西洋古代の奴隷制――学説と論争』東京大学出版会、一九七四年、二八三―三一九頁所収。

（2） *Ibid.*, p. 263.

（3） *Ibid.*, pp. 267–269.

（4） G. Duby/R. Mandrou, *Histoire de la civilisation française*, t. 1, Paris, 1958, p. 15 参照。

（5） G. Duby, *Guerriers et paysans, VIIe–XIIe siècle. Première essor de l'économie européenne*, Paris, 1973, p. 195.

（6） Duby, *Guerriers et paysans* の第三部は、いみじくも「農民にたいする征服」と題されている。

（7） G. Duby, *Les trois ordres ou l'imaginaire du féodalisme*, Paris, 1978, pp. 181–205. とりわけ pp. 185–187 参照。デュビィの封建革命論構想に関して、とりあえず以下の二点を指摘しておく。①統一的農民身分の成立には、それをイデオロギーの上で支える新たな身分観、すなわち機能的三身分論の創出を伴ったこと。②本来社会関係の法的形式を表現するための用語たる「封建」と、経済学の概念たる「生産様式」とを結合させた「封建的生産様式」という概念にまつわる曖昧さを排除するために、「領主制的生産様式」の使用を提唱していること。後者については、D. Barthélemy, *L'ordre féodal, XIe–XIIe siècle*, Paris, 1989 が、デュビィの提唱に応えている。同書 p. 7 参照。

（8） G. Bois, *La mutation de l'an mil. Lournand, village mâconnais de l'Antiquité au féodalisme*, Paris, 1989, pp. 31–61 et p. 205f.

（9） P. Dockès, *La libération médiévale*, Paris, 1979, p. 162.

（10） *Ibid.*, p. 249f; Id., "Révoltes Bagaudes et ensauvagement", in *Sauvages et ensauvagés*, Lyon, 1980, pp. 145–261.

(11) Dockés, *La libération*, p. 98. ドッケスは古代奴隷制の第一次終焉期として三世紀を、第二次の終焉として五世紀を考えているが、国家権力の強化を背景としたカロリング期の奴隷制の蘇生を認めているのだから、最終的すなわち第三の終焉期として九世紀後半を付け加えてもよいであろう。p. 298参照。

(12) P. Bonnassie, "Survie et extinction du régime esclavagiste dans l'Occident du haut moyen âge (IVe–XIe siécles)", in *Cahiers de civilisation médiévale*, 1985, pp. 307–343.

(13) *Ibid.*, pp. 316–321.

(14) *Ibid.*, pp. 322–324; H. Hoffmann, "Das Kirche und Sklaverei im frühen Mittelalter", in *Deutsches Archiv für Erforschung des Mittelalters*, Bd. 42, 1986, p. 11は、それどころかより一層厳しくなったとしている。

(15) Bonnassie, *op. cit.*, p. 325; S. Sato, "Être affranchi au Haut Moyen Age. Une catégorie juridique dans les mutations politique et sociale du royaume franc (VIe-d but du IXe siécles)"『法経論集・法律篇(愛知大学)』第一〇四号、一九八四年、一—二〇頁参照。

(16) *Ibid.*, p. 332. デュビィも前掲の *Guerriers et paysans*, p. 83 et 85で同じような認識を示している。中世初期の農業成長をめぐる最近の議論については、佐藤彰一「第十回フララン国際研究集会に出席して」『史学雑誌』第九八編第七号、一九八九年、六一—六六頁参照。

(17) Bonnassie, *op. cit.*, p. 334.

(18) *Ibid.*, pp. 334–335.

(19) *Ibid.*, p. 336.

(20) *Ibid.*, p. 338.

(21) *Ibid.*, pp. 340–341.

(22) *Ibid.*, p. 342.

(23) *Ibid.*, p. 343.

(24) これまでその所説を紹介した論者たちは全てフランスの研究者たちであるが、彼らの関心は——法形式による解放をも検討に加えているブロックを除けば——専ら経済史的である。他方法制史的発想の伝統が根強いドイツの研究者は、どちらかと言えば法形式としての解放を問題にする傾向が強かった。「自然史的過程」の帰結としての奴隷制の終焉か、解放による奴隷の消滅か。これは問題の軽重というより、関心とアプローチの差異が、フランス、ドイツでの論点の違いとして出て来た結果のように思われる。
(25) たとえば『アンジュ地方書式集』の解放書式を参照。Formulae Andecavenses, no 23, in *M. G. LL. Formulae*, t. 1, pp. 11–12.
(26) A. Guerreau, *Le féodalisme. Un horizon théorique*, Paris, 1980, pp. 201–210 参照。
(27) Dockès, *La libération*, *op. cit.*, pp. 117–18; Bonnassie, *op. cit.*, p. 326; Hoffmann, *op. cit.*, pp. 10–11; F. Graus, "Die Gewalt bei den Anfängen des Feudalismus und die "Gefangenenbefreiungen" der merowingischen Hagiographie", in *Jahrbuch für Wirtschaftsgeschichte*, 1961, teil 1, pp. 72–77; H. Nehlsen, *Sklavenrecht zwischen Antike und Mittelalter*, Göttingen, 1972, p. 263 参照。
(28) 本書第四章参照。
(29) 同一覧表参照。
(30) グレゴリウスがトゥールの助祭に就任した五六三年を境に、その前後の時期の戦乱の列挙数には顕著な差異が見られる。すなわちこの年以前については十七回の遠征しか挙げられていないのに、五六三年から『歴史十書』の筆を擱いた五九〇年の間には、二七年間に三四回の遠征が記録されており、前者の少なさは時代状況を考慮するならば記録の欠落に原因があると見られるからである。
(31) J.-P. Bodmer, *Der Krieger der Merowingerzeit und seine Welt. Eine Studie über Kriegertum als Form der menschlichen Existenz im Frühmittelalter*, Zürich, 1957, pp. 68–77; H.-J. Diesner, *Westgotische und langobardische Gefolgschaften und Untertanenverbände*, Berlin, 1978, pp. 26–28. 参照。
(32) 本書第四章参照。
(33) Graus, *op.cit.*, p. 76.
(34) Greg. ep. Turo. Historiarum libri X, lib. III, c. 13, in *M. G. SS. r. Mero.*, t. 1, pars 1, p. 154 参照。
(35) *Ibid.*, lib. IV, c. 42, pp. 174–177 参照
(36) *Ibid.*, lib. IX, c. 31, p. 450 参照。
(37) *Ibid.*, lib. VII, c. 45, p. 365 参照。
(38) W. Bergmann, "Verlorene Urkunden des Merowingerreichs nach den Formulae Andecavenses, Katalog Nr. 25", in *Francia*, Bd. 9, 1982, pp. 32–33.
(39) Formulae Andecavenses, no. 2, 3, 9, 19, 25, in *M. G. LL. Formulae*, t. 1, pp. 5–7, 10–11, 12 参照。
(40) Marculfi Formulae, lib. II, no. 28, *op. cit.*, p. 93 参照。

(41) Formulae Arvernenses, no. 5, *op. cit.*, p. 31 参照。

(42) Formulae Turonenses, no. 10, *op. cit.*, pp. 140–141 参照。

(43) P. D. King, *Law and Society in the Visigothic Kingdom*, Cambridge, 1972, p. 162; Lex Visigothorum, III, 3, 1; III, 4, 2; III, 4, 17; VI, 3, 1, in *M. G. LL. Leges Visigothorum*, pp. 139–140, 147–148, 157, 260 参照。

(44) *Les canons des conciles mérovingiens* (*VIe–VIIe siècles*), éd. et trad. par B. Basdevant, 2 vols., Paris, 1989, t. 1, pp. 72–75; O. Pontal, *Histoire des conciles mérovingiens*, Paris, 1989, p. 281 参照。

(45) Bergmann, *op. cit.*, pp. 22–23, Katalog Nr. 4, 5. これは『アンジェ地方書式集』の第一番と第三番に対応する。

(46) 本書第六章参照。

(47) メロヴィング朝期の遺言状全体については，U. Nonn, "Merowingische Testamente. Studien zum Fortleben einer römischen Urkundeform im Frankenreich", in *Archiv für Diplomatik*, Bd. 18, 1972, pp. 1–129 参照。

(48) Testamentum Remigii, in *M. G. SS. r. Mero.*, t. 3, pp. 336–340. この遺言状の最近の研究として M. Rouche, "La destinée des biens de saint Remi durant le haut moyen âge", in *Villa-Curtis-Grangia. Landwirtschaft zwischen Loire und Rhein von der Römerzeit zum Hochmittelalter*, hrsg. von W. Janssen/D. Lohrmann, München, 1983, pp. 46–61 参照。

(49) Pardessus, *Diplomata, Chartae, Epioolae, Leges*, réimp. Aalen, 1969, t. 1, pp. 136–141.

(50) Pardessus, *Diplomata, Chartae, Epioolae, Leges*, réimp. Aalen, 1969, t. 2, pp. 255–258. パルドゥスュはこのパピルス文書の作成年代を七〇〇年頃としているが，最近のファクシミリ版の編者たちは，少なくともこれより一世紀は古いとしている。*Chartae Latinae Antiquiores. Facsimile-Edition of the Latin-Charters prior to the Ninth-Century*, part XIV, France II, ed. H. Atsma/J. Vezin, Zürich, 1982, no 592, pp. 72–78 参照。なおこの遺言状の新しい年代推定を支持する論考として J.-P. Laporte, "Pour une nouvelle datation du testament d'Ermintrude", in *Francia*, Bd. 14, 1986, pp. 574–577 がある。

(51) Pardessus, *Diplomata, op. cit.*, t. 1, pp. 197–215.

(52) Pardessus, *Diplomata, op. cit.*, t. 2, pp. 15–17.

(53) *Ibid.*, pp. 211–212.

(54) *Ibid.*, pp. 240–241.

(55) *Ibid.*, pp. 250–251.

(56) *Ibid.*, pp. 299–300.

(57) *Ibid.*, pp. 323–327.

(58) *Ibid.*, pp. 370–378. この遺言状についてはP・ギアリの新しい版がある。P. Geary, *Aristocracy in Provence. The Rhône Basin at the Dawn of the Carolingian Age*, Stuttgart, 1985, pp. 38–79.

(59) エルミントルドの遺言証書を素材とした最近の分析として、G.-R. Delahaye, "La culture de la vigne dans le Nord-Est de la région parisienne à l'époque mérovingienne d'après le testament d'Ermentrude", in *Paris et Ile-de-France*, t. 35, 1984, pp. 19–28 が挙げられる。

(60) *Chartae Latinae Antiquiores* (以後 *ChLA* と略記), *op. cit.*, pp. 76–78.

(61) M・カーザー『ローマ私法概説』柴田光蔵訳、創文社、一九七九年。

(62) 同書一四四―一四五頁参照。

(63) *Gaii Institutiones*, I, 9, ed. E. Seckel/B. Küblen, Sttutgart, 1969, p. 3.

(64) 後述「付論」参照。

(65) *ChLA, op. cit.*, p. 72 の解説参照。

(66) 『サリカ法典』には liberti は登場しない。第三七章 "De libertus demissis ingenuis" のタイトルのもとに登場するのは実は litus なのである。Lex Salica, in *M. G. LL*, t. 4, pars 2, p. 76. 及び M. Fournier, "Les affranchissements du Ve au XIIe siècle", in *Revue historique*, t. 21, 1883, p. 6 参照。

(67) "Tennaredus, qui de ingenua nascitur matre, statu libertatis utatur.", Testamentum Remigii, *op. cit.*, p. 337.

(68) "Sunnoveifam, quam captivam redemi, bonis parentibus natam", *ibid.*, p. 339.

(69) "Eulia quam redemimus captivam…", Testamentum Aredii, a. 573, Pardessus, *op. cit.*, t. 1, p. 139.

(70) "Illi vero quos de captivitate redemi, et ante ingenui fuerunt, et modo pro pretio servire videntur…", Testamentum Bertranni, *ibid.*, p. 214.

(71) "vel quos postea de gente barbara comparavi, aut adhuc comparare potero, tampueri quam puella qui a me empti noscuntur, et epistolas eis feci, et ipsi in integra ingenuitate perdurent…", *ibid.*, p. 213.

(72) Marculfi Formulae lib. 1, no 22, *op. cit.*, p. 57 参照。

(73) H. Brunner, *Deutsche Rechtsgeschichte*, Bd. 1, Leipzig, 1887, p. 243 参照。

(74) *Ibid.*, p. 244 参照。

(75) “Et quia apostolicus, aut inlustris vir ille servo suo nomine illo per manu sua, aut illius, in nostri presentia, iactante denario, secundum lege Salicae demisit ingenuum, eius quoque absolutionem per praesentem auctoritatem nostram firmamus: praecipientes enim, ut, sicut et reliqui mansuarii, qui per talem titulum a iugo servitutis in presentia principum nuscuntur esse relaxati ingenui…”, Marculfi Formulae lib. 1, no 22, *op. cit.*, p. 57.

(76) *Ibid.*, pp. 141–142.

(77) *Ibid.*, p. 11.

(78) *Ibid.*, pp. 11–12.

(79) *Ibid.*, p. 95.

(80) *Ibid.*, pp. 95–96.

(81) *Ibid.*, p. 106.

(82) Testamentum Burgundofarae, a. 632, Pardessus, *op. cit.*, t. 2, p. 16 参照。

(83) Testamentum filii Iddanae, a. 690; Testamentum Irminae, a. 698, *ibid.*, pp. 211–212, 241 参照。

(84) Testamentum Burgundofarae, *ibid.*, p. 16 参照。

(85) Formulae Turonenses, no 12, *op. cit.*, p. 142.

(86) Brunner, *op. cit.*, pp. 243–246 参照。

(87) Lex Ribuaria, c. 61, in *M. G. LL.*, t. 3, pars 2, pp. 108–112 参照。

(88) J. M. Wallace-Hadrill, *History of the Frankish Church*, Oxford, 1984, pp. 47–49.

(89) Pontal, *op. cit.*, pp. 281–282.

(90) “Liberti quorumcumque ingenuorum a sacerdotibus defensentur nec ad publicum ullatenus re uocentur.”, *Les canons des conciles mérovingiens, op.cit.*, t. 2, pp. 512–513.

(91) “Libertus cuiuscumque ingenurum a sacerdotibus, iuxta textus cartarum ingenuetatis suae contenit, defensandus, nec absque praesentia episcopi aut praepositi aeclesiae esse iudicandus vel ad publicum revocandus.”, Edictum Chlotarii II, a. 614,

in *M. G. LL. Capitularia*, t. 1, p. 22.

(92) 新しい視点に立って書かれた最新の優れた概説書として S. Lebecq, *Les origines franques, Ve–IXe siècle*, Paris, 1990, pp. 123–187 参照。

(93) A. Lohaus, *Die Merowinger und England*, München, 1974, pp. 39–42; Bleiber, *op. cit.*, pp. 77–79; Johanek, "Der Außenhandel", *op. cit.*, p. 243. 参照。

(94) Bleiber, *op. cit.*,p. 79.

(95) S. Sato, "Implantations monastique dans la Gaule du Nord: un facteur de la croissance agricole au VIIe sièrle? Quelques éléments d'hypothèse concernant les régions de Rouen et de Beauvais", in *Flaran*, 10, Auch 1990, p.173 参照。

(96) *Ibid.*, p. 132 参照。

(97) Vita Balthildis A, c. 2, in *M. G. SS. r. Mero.*, t. 2, p. 483; Liber Historiae Francorum, c. 45, *ibid.*, p. 315. また七世紀初頭のアウストラシア王テウデベルト二世の妃となったビリキルドも奴隷出身であった。 Chronicarum Fredegarii, lib. IV, c. 35, *ibid.*, p. 135 参照。

(98) "...ut nullus mancipium extra finibus vel terminibus, qui ad regnum domni Chldouei regis pertinent, penitus non debeat uenundare, ne, quod absit, per tale commercium aut captiuitatis uinculo uel.", *Les canons des conciles mérovingiens*, t. 2, *op. cit.*, pp. 554–555.

(99) B. Schwieneköper, " "Cum aquis aquarumve decursibus." Zu dem Pertinenzformeln der Herrscherurkunden bis zur Zeit Otto 1", in *Festschrift für H. Beumann zum 65. Geburtstag,* Sigmaringen, 1977, pp. 22–56 参照。

(100) フランク王国の領域内で、国王証書や遺言状、売買文書など法的な性格の記載内容 を持ついわゆる証書の類いで、確実に六世紀の作成になるとされるオリジナルは全く伝来していない。

(101) *ChLA*, no 554, *op. cit.*, p. 22. [ ]内は編者による補足を示す。

(102) *ChLA*, no 560, *op. cit.*, pp. 46–49.

(103) *ChLA*, *ibid.*, p. 46.

(104) 通常アコラという名称で呼ばれるのは農村的環境の中に居住する人々だが、例外的にレオドボドゥスの遺言状には、彼がオルレアン市内に所有する市街地 area に住まいしているアコラが見られる。"...areas scilicet in oppido civitatis Aurelianensium, cum dom-

ibus desuper positis, accolabus ibidem residentibus...", Pardessus, *op. cit.*, t. 2, p. 144.

(105) アコラについて多少まとまった研究として A. Dopsche, *Die Wirtschaftsentwicklung der Karolingerzeit*, Bd. 1, Köln/Graz, 1962[3], pp. 273–274. がある。

(106) Diplomata Merowingicarum, no. 46(677), 53(681), 57(688), 67(695), in *M. G. DD.*, t. 1, p. 43, 48, 51, 60.

(107) *ChLA*, Part XIV, France 2, no 584, p. 42.

(108) Charta Ermenberti, a. 632, Pardessus, *op. cit.*, t. 2, p. 15.

(109) Charta Ansberti, a. 696, *ibid.*, p. 237.

(110) Charta Hugonis, a. 715, *ibid.*, p. 302.

(111) Testamentum Wideradi, a. 721, *ibid.*, pp. 324–325.

(112) Charta Eberhardi, a. 728, *ibid.*, pp. 356–357.

(113) Charta Goylae, a. 734, *ibid.*, p. 366.

(114) Testamentum Abbonis, a. 739, *ibid.*, p. 377.

(115) "Et qui eum[=libertum]interfecerit, centum slidos multetur.", Lex Ribuaria, c. 64, in *M. G. LL.*, t. 3, pars 2, p. 117.

(116) "Si quis servum libertum fecerit et civem Romanum portasque apertas conscribserit,...", *ibid.*

(117) Formulae Arvernenses, no. 3, 4; Formulae Bituricenses, no 9; Formulae Turonenses, no. 3, 4, *op. cit.*, pp. 30, 142–143, 172 参照。

(118) G. Köbler, "Civis und ius civile. Untersuchungen zur Geschichte zweier Rechtswörter im frühen deutschen Mittelalter", in *Zeitschrift der Savigny-Stiftung für Rechtsgeschichte, G. A.* Bd. 83, 1966, p. 44.

(119) Lex Salica, c. 69, 7, in *M. G. LL.*, t. 4, pars 2, p. 116.

(120) Formulae Andecavenses, Marculfi Formulae に収録されている全ての解放書式，Formulae, *op. cit.*, pp. 4–25, 39–112 参照。

(121) D. Claude, "Freedmen in the Visigothic Kingdom", in *Visigothic Spain: New Approches*, ed. E. James, Oxford, 1980, pp. 162–163.

(122) 註117に挙げた所見に加えて，Formuale Senonenses recentior, no 9; Formulae Salicae Merkelianae, no. 43, 44; Formulae Salicae Lindenbrogianae, no. 10; Formulae Augienses coll. B, no 42; Formulae Sangallenses, no 6; Formulae extravagantes 1, no.

16, 17, 18, in Formulae, *op. cit.*, pp. 215–216, 257–258, 273–274, 363, 382, 543–544 参照。

(123) Formulae Visigothorum, no 5, *ibid.*, p. 577.

(124) 最近の優れた研究として、R. Collins, *The Arabe Conquest of Spain, 710–797*, Oxford, 1989 参照。

(125) トゥールの南東に位置し、サン・マルタン修道院の娘修道院として八世紀の末に建設されたCormery 修道院は、もともとスペイン(Gothia)から到来した者たちによって組織されていた。Alcuini Epistolae no. 184, in *M. G. EE.*, t. 4, p. 309; E.-R. Vaucelle, *La collégiale de Saint-Martin de Tours, des originesà l'avènement des Valois* (*397–1328*), pp. 40–41 参照。

(126) 国王自由人学説については、最も体系的な批判的検討として石川武『序説・中世初期の自由と国家』創文社、一九八三年、及びこの学説に触発された実証研究を含む総合研究の成果である久保正幡編『中世の自由と国家』上・中・下、創文社、一九六三―六九年、参照。

(127) Lex Baiuwariorum, c. 2, 3, in *M. G. LL.*, t. 3, p. 282.

(128) J. Vormoor, *Ein Beitrag zur Geschichte der sozialen Gliederung des Volkes im Frankenreich*, Diss. Leipzig, 1907, p. 57. 世良晃志郎訳『バイエルン部族法典』創文社、一九五一年、二〇〇頁、註十五による。

(129) Capitula ad legem Baiuwariorum addita, a. 801–813, c. 5, 6, Capitularia, *op. cit.*, p. 68 参照。

(130) Sato, "Être affranchi," *op. cit.*, p.14. 森義信「「インゲヌウス」と「リベル・ホモ」――中世初期の「自由人」の呼称について」『中央大学・人文研紀要』第八号、一九八九年、七二頁もそのように考えている。

(131) 一九八五年六月二五日ロンドンのサザビーズのオークションで初めて公にされ、デュッセルドルフのある書籍商に落札された一葉の羊皮紙がそれである。詳しくはH. Mordek, "Recently discovered Capitulary. Texts belonging to the legislation of Louis the Pious", in *Charlemagne's Heir. New Perspectives on the Reign of Louis the Pious* (*814–840*), ed. P. Godman/R. Collins, Oxford,1990, pp. 437–453 参照。

(132) *Ibid.*, pp. 452–453 参照。

(133) *Ibid.*, p. 452 参照。

(134) *Ibid.*

(135) "De libertis, qui ceram vel alium censum ad ecclesia solvunt et pro servis tenetur.", *ibid.*

(136) "De libertis, qui nihil aliud nisi res ecclesiasticas habuerunt et intestati mortui sunt, ad quem eorum conlaboratus per-

tinere debeat.", *ibid.*

(137) "De liberis hominibus, qui super terram ecclesiasticam sedent et de proprio nihil habent, in quantum eos comes vel centenarius distringere debeat, quia praeceptum immunitatis eos in totum excusat.", *ibid.*

(138) F. Staab, *Untersuchungen zur Gesellschaft am Mittelrhein in der Karolingerzeit*, Wiesbaden, 1975, pp. 360–361 参照。

(139) Lex Ribuaria, c. 68 (65), *op. cit.*, p. 119 参照。

(140) 註127参照。

(141) Brunner, *op. cit.*, p. 239 参照。

(142) P. Toubert, *Les structures du Latium médiéval. Le Latium méridional et la Sabine du IXe à la fin du XIIe siècle*, t. 1, Rome 1973, pp. 475–477 参照。

(143) Claude, "Freedmen", *op. cit.*, p. 176 参照。

(144) こうした自由人概念の変質は、既に述べたように七世紀の後半から徐々に進行していたと思われるが、カール・マルテルの時代が大きな転換期となったのではないかというのが私の推定である。今後、軍制の問題も含めてカール・マルテルの時期の詳細な検討を行うつもりである。

(145) C. Schott, "Freigelassene und Minderfreie in den alemannischen Rechtsquellen", in *Beiträge zum frühalemannischen Recht*, hrsg. von C. Schott, Bühl/Baden, 1978, pp. 51–52 参照。

(146) *Ibid.*

あとがき

本書に収められた序章をのぞく九篇の論文は、左記の初出一覧に記すように一九七〇年代の後半から一九八〇年代の半ばにかけて発表されたものが大半を占めている。第九章だけが、少し離れて九〇年代劈頭に書かれた。これらの論考はみな、西ローマ世界における古代後期から中世初期への歴史的移行がいかなる条件のもとで展開したかを、具体的に解明するという展望に立って、「試掘坑」を掘削するような作業であった。むろんこれらの試みが無前提に開始されたわけではない。

七〇年代の初めに著者が本格的に西洋中世史の研究に志した頃、わが国でのこの分野の研究は、十年以上にわたって第一線の研究者の関心を引きつけた国王自由人学説の批判的検討の大がかりなプロジェクトが一段落し、その学問的余韻の裡にあった。当時は善かれ悪しかれ依然として戦後歴史学の問題関心が主要な潮流をなし、中世研究では初期国制史や封建社会の社会経済史が重きをなしていたのである。もっとも、間もなく若い世代を惹きつけることになる社会史隆盛の兆しはすでに芽吹いてはいたのだが。ともかく古典的通説を全面的に再審下に置こうとする国王自由人学説の論者たちの学問的革新の熱気が、六〇年代末から七〇年代初めの「時代の雰囲気」とどこかで通底するところがあって、著者の心を捉えたのであろう。

国王自由人学説に関するいくつもの優れた論文を読み大きな知的刺激を受けながら、それでも正直のところ聊かの違和感と不満の思いを禁じえなかったのも確かである。それはフランク王国初期を対象にしながら、論者たちの念頭にあるのがもっぱらドイツ領域であって、地理的に王国の核心部に位置したフランスや、時代的に直接に先行する末期ローマの事情があまり考慮されていないように見受けられたからである。新学説がドイツ中世史学から発され、したがってこれを的確に受けとめる能力があったのが、わが国でもとりわけドイツ中世史の専門家であったという背景も判っていた。それでもなお、王国の中核を構成するフランスに視点を据えての発想と、末期ローマの歴史を充分に考慮した研究が必要に思われたのである。

周知のようにヨーロッパ学界では、西欧中世初期の世界をローマの遺産に力点をおいて見るか、それとも過去のわが国の中世史学が概ねそうであったように、ゲルマン人社会の諸要素を重視するかによって、ロマニストとゲルマニストとの意見の対立が、数世紀にわたって繰り広げられてきた。帰趨はいまだ決定的とは言えないものの、審判の針が一九六〇年代に入ってからは明瞭にロマニストの側に傾きつつあるのは、公平に見て確かな趨勢のように見える。六九年から七一年にかけてフランスに留学し、カン大学で民族移動期史研究の第一人者リュシアン・ミュッセ教授に学び、この時代についての手ほどきを受けた著者の見方もおなじであった。ローマの遺産の重みを正当に評価しつつ五、六世紀フランク王国の国制と社会を論ずること、これが本書に収められた諸論文を貫く視座であり、主張である。こうした立場の妥当性は、あえて言えば現在では一層明確になりつつあると言えるであろう。本書のタイトルに付した「ポスト・ローマ期」という時代概念には、そのような意味が込められている。

本書に収録された論文の初出は左記のとおりである。

序章　「ポスト・ローマ世界の系譜」(書き下ろし)
第一章「後期古代社会における聖人・司教・民衆——中世初期司教権力の解明のための一試論」『西洋史論叢』(早稲田大学西洋史研究会)第5号、一九八三年。

第二章「教会登録貧民考――中世初期の教会と社会」『社会史研究』第5号、一九八四年。

第三章「メロヴィング期聖人伝研究の動向――F・グラウス、F・プリンツの所説の紹介を中心として」『駒沢大学外国語部論集』第7号、一九七八年。

第四章「五、六世紀ガリアにおける王権と軍隊」『法経論集・法律篇』(愛知大学)第101号、一九八三年。

第五章「六世紀メロヴィング王権の宮廷と権力構造」『法制史研究』第28号、一九七八年。

第六章「メロヴィング期フランク王国における国王貢租(一)」『法経論集・法律篇』(愛知大学)第99号、一九八二年。

第七章「Tribunus考」『社会科学ジャーナル』(国際基督教大学)第15号、一九七七年。

第八章「フランク時代のVicariusとVicaria」『史観』(早稲田大学史学会)第96冊、一九七七年。

第九章「隷属からもう一つの従属へ――フランク王国における奴隷解放と解放自由人(六―八世紀)」長谷川博隆編『権力・知・日常』名古屋大学出版会、一九九一年。


それぞれの論文の初出の際の標題は、副題を削除したり、表現の手直しをした程度でほぼそのまま踏襲したが、第六章だけは例外である。この章のもとになった論文を書いた当時、七世紀を主題にした続篇を書いて完結させるというのが著者の考えであったが、その後研究の蓄積が手薄なこの時代の国王財政の問題を、確かな見通しをもって論じるだけの確信をもてないままに時が過ぎた。幸いなことに、この論文では六世紀の国王貢租について史料をほぼ網羅的に検討でき、一定の結論を打ち出してもいる。そこで、これを六世紀の国王貢租についての論文として、改題の上第六章として本書に組み込むことにした。本文と註については、表現上の統一と、形式的な齟齬を調整するために、いくつかの論文についてはかなりの部分を書きあらためた。だが論旨には変更を加えていない。

その後、『修道院と農民――会計文書から見た中世形成期ロワール地方』(一九九七年)を著わすことによって、ようやく七世紀というヨーロッパ史の転換期を分析するための全体的構想を得ることができたように思う。著者のささやかな提案である「ポスト・ローマ期」の終焉の時代にあたる七世紀は、現在ヨーロッパ中世初期を専攻する世界中の専門家たちが熱い視線を注いで、その解明に力を傾けている学問的な「暗黒時代」のひとつである。この世紀を覆う厚い霧が晴れて、ようやくヨーロッパの「メロヴィング体験」の真の意味がくっきりと姿を現わすであろう。そのことを願い、力を尽くして新たなフランク国家像を模索し、提示するのが今後の課題である。

本書がこのような立派な形で出版されるにあたっては、岩波書店編集部富田武子、杉田守康両氏のお薦めがあった。とりわけ杉田守康さんには、編集、作図、索引作成にいたるあらゆる面で多くを負っている。心から感謝申し上げる。

本書を、いつも変わらずに励ましの言葉を送ってくれる母に捧げる。

二〇〇〇年三月

遠州灘に臨む豊橋・松端にて

著者

索　引

ア 行

カ 行

サ　行

タ 行

マ 行

ヤ 行

ラ 行

ワ 行

■岩波オンデマンドブックス■

ポスト・ローマ期フランク史の研究

2000年4月20日　第1刷発行
2018年1月11日　オンデマンド版発行

著　者　佐藤彰一《さとうしょういち》

発行者　岡本　厚

発行所　株式会社　岩波書店
〒101-8002　東京都千代田区一ツ橋2-5-5
電話案内　03-5210-4000
http://www.iwanami.co.jp/

印刷／製本・法令印刷

ISBN 978-4-00-730716-4　　Printed in Japan